JN076215

シャーマン・ヒーラー・賢者

南米のエネルギー・メディスンが教える自分と他人を癒す方法

アルベルト・ヴィロルド 著
カミムラ マリコ 訳

ナチュラルスピリット

SHAMAN, HEALER, SAGE
by Alberto Villoldo, Ph.D.

This translation published by arrangement with Harmony Books,
an imprint of Random House, a division of Penguin Random House LLC
through Japan UNI Agency, Inc., Tokyo

私のすべての愛をエレナ・クリールに捧ぐ

謝辞

本書の出版を実現に導いてくださった人々への私の感謝の気持ちは、筆舌しがたいものがあります。

誰よりもまず、恩師ドン・アントニオ。この若い西洋人の人類学者に対して、シャーマンの術の訓練のため、忍耐と根気とヴィジョンをもって接してくださいました。私の編集者であるランダムハウスのパティ・ギフト。彼女もメディスンの教えに傾倒し、最後のインカの長老から学ぶために、私とともにアンデスの高山へ同行しました。本書の出版を現実化させるにあたり、私は彼女に計り知れない恩恵の念を抱いています。原稿の構成を手助けしてくれたローラ・ウッドとノルマンディ・エリス。私を信頼し、私の若い頃の研究をサポートしてくれたスタンレー・クリプナー。強く勇気づけてくれた私のエージェントであるスー・バーガーにも心からのお礼を申し上げます。

最後に、本書の中で語られている技術と実践を構築するにあたり『ヒーリング・ザ・ライトボディ・スクール』の生徒と講師の皆さまにも協力いただいたこと、そしてリサ・サマーロットのひたむきな愛とサポートにもお礼申し上げます。

シャーマン・ヒーラー・賢者　目次

第Ⅱ部　光輝く世界　111

第4章　チャクラ　114

第5章 シャーマンの見方 175

第6章 聖なる空間 217

第Ⅲ部　シャーマン・ワーク　241

第7章　イルミネーション・プロセス　245

第8章 摘出（エクストラクション）プロセス 276

第9章　死、死に逝く過程とその先の世界　323

プロローグ

本書は、インカ（訳注：南米のペルー高原を中心に十五世紀に約二百年続いた帝国・文明）のシャーマンたちのもとで、私が受けたトレーニングと旅の成果をまとめたものです。

マチュピチュを建造した、アメリカ大陸の中でも秀でる文明を築いたインカの民は、雲の中の都市マチュピチュに暮らし、玉石を敷き詰めた道路に水を流すことで毎晩都市が浄化されるシステムをもっていました。インカのシャーマンたちは、エネルギー・メディスンの叡智を、口伝の秘法により五千年以上も代々引き継いできました。

私は二十五年もの間、男女問わず、最高位のシャーマンたちから学んできました。アンデスの高い山々やアマゾンの古代からの伝統に基づいた儀式をいくつも受け、その中には、何カ月もの準備を必要とするものもありました。それらの儀式は、修行者が執着している恐れ、強欲、暴力、そして蛮野な性欲などの問題から解放してくれるものでした。

私をシャーマンの道に導いてくれたのは、ドン・アントニオ・モラレスという名のインカの初老でした。私とドン・アントニオとのアマゾンやアンデス高原のアドベンチャーは、私が以前に出版した本『*Dance of the Four Winds*』と『*Island of the Sun*』（どちらも邦訳未刊）に記録されています。

この本の中で紹介しているスピリットと「ルミナス（光輝く）・ヒーリング」の技法は、古代のヒーリング技法を私が再解釈した現代版の技法です。

シャーマンの見方として私が名付けた解釈は「セカンド・アウェアネス」（第二の気づき）と「エクストラクション・プロセス」（摘出の技法）があり、これは今でも北米・南米両方で使われています。「死の儀式」はアマゾン伝来の知識の一つであり、「時間と死」について我々の理解を超越したシャーマンたちにより見いだされました。

「イルミネーション・プロセス」は、「光輝くエネルギー・フィールド」（訳注：身体の周りの光輝く光体（ライトボディ）の領域）に働きかけることでヒーリングが起きるという、ほとんど忘れ去られていたインカの技法であり、私がドン・アントニオと一緒に発展させたものです。

これらの技法は、非常にパワフルで効果的です。施術する場合には、最も高い倫理観と高潔さが求められます。

第Ⅰ部では、これらの技法がどのような概念に基づいているのか、その背景を紹介しています。

第Ⅱ部では、シャーマン的な見方を習得する技法と、聖なる空間の創り方、そしてセルフ・ヒーリングのために自分で試すことのできる方法を紹介しています。マスター・プラクティショナーからこのトレーニングを受けていない場合は、決して人への施術は行わないでください。

第Ⅲ部では、熟練したマスター・プラクティショナーから実技訓練を受けた施術者のみができるという、上級の技術を紹介しています。各章では、ブロックされていた免疫反応を解放する方法、外から侵入して来たエネルギーあるいはエネルギー体の摘出法、そして愛する人が他界する際、無事に「スピリットの世界」

へ還ることができる手助けをする方法を解説しています。

エネルギー・ヒーリングにおいては、クライアントと施術者双方に危険が伴う場合があります。人間のエネルギー領域の構造をきちんと理解せずにエネルギー・ヒーリングを施している施術者があまりにも多すぎます。癌の診断を受けた人たちがエネルギー・ヒーリングの施術を受け、逆に癌が身体全体に蔓延してしまったというケースを私は知っています。癌がある種のエネルギーの中では繁殖することを、その施術者たちは知らなかったのです。

また他にも、深刻な精神的症状を抱えている人が正式なトレーニングを受けていないヒーラーのところに行き、施術を受けた後に神経症が悪化してしまったり、社会に対する適応障害が以前よりもひどくなってしまったケースも知っています。

一つのケースをご紹介しましょう。子どもを交通事故で亡くした女性が私のところへ来ました。彼女は霊能者に視てもらい、「あなたの小さな娘はいつもあなたの側にいる。ただ心を〝オープンにしていれば〟いつでも彼女を感じることができる」と言われました。その女性はすぐに安堵感を抱いたそうです。

しかし数日経つと、彼女は不眠症に苦しみ始めました。眠れない日々が一週間続いた後、彼女は私のもとへ訪ねてきました。彼女が最初に放った言葉は、「もう死にたい。自殺する心の準備ができている」というものでした。私は彼女の体に侵入しているエネルギー体があるかどうかテストをすると（第8章参照）、「ある」という診断が出ました。非常に衝撃的な死に方をし、その時の混乱と動揺から助けを求めていた女の子のスピリットは、母親の「光輝くエネルギー・フィールド」に付着していたのです。

霊能者が伝えた、心を「オープンにしていれば」というアドバイスは、善意から言ったことではありますが、結果的には感情的混乱と精神的な苦痛を母娘に与えてしまったのです。

私との最初のセッションで、母親は「スピリットの世界」の光へと還る手助けをしてくれる光のヒーラーたちのもとへ娘を明け渡すことを行いました。娘を手放すことは母親として容易ではありませんでしたが、「イルミネーション・プロセス」を行うことで、彼女は、死は無限への扉であることを理解しました。彼女は娘と自分の間の隔たりは、ほんの薄いヴェールにすぎないと確信したのです。

それからしばらくして、彼女はまたぐっすり眠れるようになりました。

その次に、娘のスピリットが侵入していた母親の「光輝くエネルギー・フィールド」に開いていた穴を塞ぎました。このようなエネルギー・フィールドに開いた傷口のように破れた穴が開いたままになっていると、侵入のチャンスを待っているエネルギー体や良からぬエネルギーを知らず知らずのうちに招待してしまいます。私たちは、それから数回のセッションで彼女の哀しみを癒しました。私は彼女に、(愛する人を失った)喪失感から回復する治療を専門とする心理療法士のところへも行くように薦めました。

この母親が、もしも霊能者の助言にずっと従っていたら、自殺をしていたに違いないと確信しています。その反対に、彼女は勇気をもって何よりもまず自分へのヒーリングの道を選び専念したのです。

今では、彼女は才能ある慈悲深いヒーラーとなり、死別で哀しみに苦しんでいる人々を癒す手助けをしています。

ブラック・マジックとホワイト・マジック

私がアマゾンの探険への準備をしていた二十代前半の頃、研究のスポンサーとなってくれている団体から電話がありました。西アフリカのベナンやカリブ海のハイチやアメリカ南部のニューオリンズを中心に信仰されているブードゥー教のヒーラーの研究を、ハイチで完成させる人類学者を必要としていたのです。私は、アフリカ由来のそのヒーリング技法に関してはあまり知識がなかったので、気乗りがしませんでした。その団体は「(旅は) 十日間だけであり、あなたが先輩の人類学者のアシスタントとして行けば、アマゾン探険のスポンサー要望の申請についても検討する」と私を説得しました。そしてその五日後には、私はハイチのポルトープランス空港に到着していました。

先輩の人類学者は、三十代半ばで、一年の半分以上をハイチで暮らしている人でした。彼は、この新時代において、フランスはこの島を最悪の奴隷化植民地にしてしまっていると説き明かしました。アフリカ系の奴隷の平均寿命は、アメリカ大陸に到着したら三十年といわれていますが、不幸にもハイチに到着してしまった奴隷は、たった二年なのです。

彼はさらに、ブードゥー教は、元はアフリカのサハラ砂漠の南部から広がったものであり、敵に呪いをかけるもの、特に冷酷な奴隷化をとりまとめる指導者たちに対して行われていると説明しました。そして、使われる技法はまったく同じなのにもかかわらず、人を癒すことも痛めつけることもできるというのです。悪性腫瘍を免疫システムから取り除く方法と同じ技法で、人の免疫システムに邪気を入れ、肺炎を引き起こさせて数週間で死に追いやることもできるのです。

当時二十代前半だった私は、高い知識を持っていると自負していました。それゆえ、ブラック・マジックは、信じている者だけに効き目があると推測していました。もしもその概念を信じていなければ、その人には影響を与えることができないと思っていたのです。

海辺のカフェに二人で座り、私はこのことを先輩人類学者に当たり前のことだと言わんばかりに話したのを覚えています。彼は私を見てニヤリとしました。「賭けてもいいですよ」と言った私に対して彼は、「よし！賭けよう」と言いました。そこで私は、ブードゥーの呪いにかからないほうに百ドルを賭けたのです。

私たちは、彼がずっと研究を続けているブードゥー教の祭司の家に向かいました。老人の祭司は、町を見下ろす丘の上にある壊れそうな木造の古い小屋に住んでいました。先輩は地元のハイチ訛りのフランス語を流暢に話し、私のことを簡単に紹介した後、私がブードゥーの呪いを信じていないこと、祭司のマジックは信じる者にしか効かないと思っていることを伝え、彼に教訓を与えてほしいと言いました。私はフランス語が少し理解できるので、先輩が「彼に呪いをかけても、痛みは与えないでくれ」と言ったことはわかりました。老人は私のほうを見てニヤリとすると、片言の英語で「信じるようにしようか？」と言い、大声で笑いました。

私たちは、私がカルフォルニアに戻る翌週の月曜日に、老人が呪いをかけることで同意しました。

その当日、私は友人たちと夕食をとりながら、ハイチでの体験談やブードゥー教のヒーリングの力について語っていました。私は思い上がった態度で、病を癒すのも敵に危害を加えるのも、どちらも、信じることそのものが効き目への重要な要素であると弁舌しました。その概念を信じていなければ、それはまったく効果がないのだと説明し、私が生きた証人であり、今この瞬間、意地の悪いハイチの祭司が私に呪いをかけているけれど、まったく効力がないと話していたのです。皆でワイングラスを掲げ、私の健康に乾杯しました。それが月曜日の夜のことでした。

火曜日も水曜日も問題なく過ごしていましたが、木曜日の午後に頭痛が始まり、夕暮れには偏頭痛になっていました。そして夜の八時頃になるとお腹が捩(よじ)れ、固まり、腸に痙攣が起き、吐き気が止まらなくなったのです。

夜中にハイチの人類学者からコレクト・コールがかかって来ました。彼いわく、約束していた月曜日にやることができずに今日行った、というのです。今その儀式が終わりホテルに戻ってきたけど、何か感じているかと聞いてきました。私は唸り声で、ブードゥー教の祭司がかけた呪いを元に戻してくれるように懇願しました。もうその時点では死んだほうがマシと思うほどの痛みでした。

翌朝には、かなり体調が戻りましたが、食あたりだったのではないか、と自分に言い聞かせました。そこで私は大学の医療センターに行き、医者に検査をしてもらったのですが、腸に病原菌は見つかりませんでした。百ドルを賭けて負けたことになったので、大学院生だった私にとっては高額であっただけでなく、人生で最悪の一夜となったのでした。

私はエネルギー・ヒーリングで人を癒すことも痛めつけることもできると気づきました。その後、訓練が不十分なヒーラーは、意図が良いものだとしても、ブラック・マジックと同等の結果を生み出していることを私は学びました。

ブラック・マジックは、ハイチとルイジアナ州の一角だけでなく、人助けをしているつもりの訓練が不十分なヒーラーたちによって、そこら中に蔓延しており、ヒーラー自身が知らぬ間に毒となるエネルギーを受け手に伝達してしまっているのです。私のところに来る生徒の中には時々、「愛は純粋で神聖なものなのだから、人に愛を送っているのなら、それは起きないと思います」と言う人がいます。そんな生徒たちには、愛だと思って行う行為が、時として相手に痛みを与えてしまうこともあるのだ、ということを注意します。

その後私は、私たちが自分自身に行なってしまうブラック・マジックもあることを知りました。それは、ネガティブな思考や信じる概念を持ち続けることで、自分の本来の力を引き出せずに免疫力を破壊してしまう行為です。

私にとってあの夜の重要な学びは、ヒーラーとしての倫理観と意図がいかに大事であるか、というものでした。十年という長いシャーマン修行のほとんどは、倫理観をより高いものへと発展させ、すべての命への価値と、それに対する敬意を献身的に学ぶことに費やされます。それができて初めて、技術を正しくマスターしたといえるのです。

西洋医学の医師もまた同様に、五年以上の月日をかけて技術を学びます。ですから、エネルギー・メディスンのワークショップをたった一週末だけ受けた人に、健康管理を委ねるのは賢明なことでしょうか？

これは、エネルギー・メディスンやシャーマニズムの授業を短期間受講しただけで施術を始めてしまう人々の抱える問題です。もしもエネルギー・メディスンの施術者になることが使命だと感じたのなら、自分が持っているスピリチュアルな才能を伸ばすための知恵と技術、そして誠実さを備えた先生からじっくりと学んでください。

私にとってシャーマニズムへの道は、完全な自分になりたくて、導かれた道です。自分の魂の傷を癒すことで、自分を愛し他人を愛することを学びました。傷ついたヒーラーとしての道を歩むことで、自分に内在していた痛み、哀しみ、怒りや羞恥心を、慈愛の心や強さの原動力へと変換させていきました。私は痛みを知っていたからこそ、人の痛みを感じることができたのです。

私が主宰する『ヒーリング・ザ・ライトボディ・スクール』では、すべての生徒が自分のセルフ・ヒーリングから取り組み、自分の魂の傷をパワーに変換していきます。それにより、痛みの中からパワーを引き出す機会となり、これは生徒たちが後にクライアントに与えることのできる最大のギフトの一つだと気づきます。さらに生徒たちは、ヒーリングとは、ヒーラーが施すことで起きるのではなく、クライアントが自分で起こしていく旅路であることを学びます。

最後に、この本で紹介しているヒーリング技法は、古代のヒーリング法を元に、私なりの解釈で統合した内容であることをここに記述します。私の先生たち、あるいはインカやアメリカ先住のシャーマンたちを代表して語っているわけではありません。

光栄にもインカの最高峰のメディスン・ピープル（訳注：先住民の自然治療師・ヒーラー）からトレーニングを受ける機会を与えられましたが、インカの伝統をそのまま紹介しているわけではありません。本書で紹介するヒーリング技法は、私がシャーマンとしての修行の中で学んだものであり、その美徳と短所、両方に対しての責任は完全に私にあります。

第Ⅰ部

シャーマンたちの教え

アメリカ先住民のシャーマンたちは、エネルギー・メディスンを五千年以上前から実践してきました。彼らのスピリチュアルな伝統は、もっと以前から引き継がれている、と信じているメディスン・ピープルもいます。彼らは地球が若かった頃の話を覚えており、祖母から孫娘たちへと語り継がれているのです。

初期のアメリカ先住民は、複雑な天文学の知識や高度な数学、超絶な建築学の知識を持っていましたが、他の地域とは異なり、アメリカでは文字文化は発達しませんでした。

学者たちは、書物として記録が残っているユダヤ教やキリスト教、仏教を好み、アメリカ先住民のスピリチュアルな伝統については、あまり関心を示しませんでした。たとえば、西洋の神学者たちは仏教について二世紀以上も研究を続けてきましたが、アメリカ先住民のスピリチュアルな教えについて、彼らが真剣に興味を持ち始めたのは、ほんの四十年ほど前からなのです。シャーマニズムの研究に関しては文化人類学者の仕事となりましたが、著名なマーガレット・ミード（米の文化人類学者／１９０１—１９７８）を除いて、その精神を正確に学んだ人はいません。

欧州からの移住者たちによって、北米のインディアンは壊滅され、疫病が蔓延し、特別保留地へと追いやられてしまい、長老たちはそこで密かにスピリチュアルな伝統を大切に守り続けました。当然ながら、長老たちはその伝統を白人の支配者たちに教えようとはしませんでした。

ペルーのインディオ（訳注：ラテンアメリカの先住民族の総称の一つ）も同じような状況でした。スペインからの征服者たちは、黄金を探すためにペルーに来たのが目的だったので、インカのスピリチュアルな伝統にはあまり関心を持たず、インディオたちを脅かすことはありませんでした。しかし宣教師たちが見逃した部分は、征服者が壊滅させようとしました。

黄金を求めて南米大陸に度々訪れる侵略者たちが持っていた信仰は、インディオの人々にはまったく理解できないものでした。

第一に、人間に与えられた神聖な特権として、世界中の食べ物は人間の所有物であり、特にヨーロッパ人は、自分たちは地球上の動物や植物の上に立つ主人であると信じていました。

第二に、人間は川や動物や山々、さらに神とも話すことができないと信じられていました。

第三は、人類が無限を味わうには、時の終わりまで待たなければならないという概念でした。

これは、アメリカ先住民にとってはまったくバカげた話でした。ヨーロッパ人は、彼らこそが神話に出てくる「エデンの園」を追放された者だと思い込んでいましたが、インディオは自分たちが「庭園」の執事であり、守り人であると理解していました。彼らは、今でも唸る川や山々の囁きや風を通して、神の声と語り合っています。

ペルーに住むスペイン人の史官は、スペインの征服者ピサロがインカの皇帝アタワルパと対面した際、聖書を渡し、これが神の言葉だと説明しました。皇帝は、聖書に耳をあてしばらく耳を澄ませていましたが、その後その聖なる書物を床に投げ捨て、「話をしない神とは一体どんな神だ?」と叫びました。

さらにアメリカ先住民たちは、何も語らないヨーロッパの神の性別にも困惑しました。スペインの征服者たちは、男性優位の神話を持ち込み、アメリカ先住民の女性性を敬う伝統を脅かしたのです。

スペイン人たちが到来する以前は、洞窟やラグーン（訳注：ここでは山や陸地の湖沼を指している）など、地面に開いた穴に象徴される母なる地球とその女性的な姿に、神聖な本質があると信じられていました。しかしヨーロッパ人が来てからは、男根、ツリー・オブ・ライフが象徴する男性性こそが神聖な本質であるというのです。

教会の塔は天に向かって尖っています。女性である地球は、もはや崇拝も尊敬もされなくなりました。地球上の木々や動物、森は略奪されていくだけの存在となったのです。


今日、我々はいまだ地球と切り離された世界観の中に生きています。呼吸をしないもの、動かないもの、育たないもの……これらをすべて〝生きていないもの〟と信じているのです。

そしてまた、木や石油、石炭がエネルギーであるという見方をしています。しかし古代の世界では、エネルギーは宇宙を構成する生きた要素であると理解されていました。エネルギーが現実を創造すると、理解していたのです。


この概念を表現した最も重要な公式は、アルベルト・アインシュタイン（理論物理学者／1879―1955）が解いた、質量とエネルギーの関係式「$E = mc^2$」（訳注：エネルギー＝質量×光速の2乗）でしょう。西洋ではすべてを物質的に見分け、それらは有限な性質をもちます。

しかしシャーマンは、すべてがエネルギーという見解を持ち、そしてその性質は無限なのです。

古代のアメリカ先住民と現代人では、もう一つ基本的な相違点があります。

現代の人々は規則を重んじます。我々の社会は、憲法、十戒、選ばれた官僚たちが定めた法律などの文書を元に規則に従うことが、社会のベースになっています。世界を変えたい時には規定や法律を変えます。しかし古代ギリシャ人は、異なった観念を重んじる人々でした。彼らは、規則ではなく理念に深い関心がありました。たった一つの新しい理念で世界を変えることが可能であり、その時代に合った理念こそが最もパワフルであると考えていました。

シャーマンたちは知覚を重んじる人々です。彼らが世界を変えたい時には、人生との関わり方を変えるための知覚的なシフトに意識を向けます。可能性のある世界を心に描くことで、外の世界に変化を与えます。インカの長老たちが座って瞑想する理由は、自分たちの孫の代のために、望む世界を心に思い描くためなのです。


これまで、エネルギー・ヒーリングの実践がかたく守られていた理由の一つとして、西洋の医療の工程と同じように、エネルギー・ヒーリングは一組の技法であると勘違いされる傾向にあったからです。

私たちは、法則を習えばエネルギー・ヒーリングをマスターできると思い込んでしまいがちです。しかしシャーマンにとっては、法則や理念はあまり関係ありません。シャーマンは、ヴィジョンと「スピリット」を重んじるのです。


ヒーリングの技法は、通常それぞれの村によって異なりますが、「スピリット」は不変です。真のヒーリングとは、まさにヴィジョンの中で、ヒーリングが起きている自分に目覚めることであり、無限を体験することなのです。

第1章 ヒーリングと無限性

私たちは何日も歩き続けていた。私は、アントニオに「バスかタクシーに乗る料金を、私が二人分払っても構わない」と言った。彼は、その言葉にはまったく反応しなかった。私は、馬を借りることさえ許されなかったのだ。

彼は「私の民はずっと昔から歩いてきた」と言った。彼は、七十歳近いのに、私を軽く追い越せることを自慢して楽しんでいた。

シルスタニ遺跡に到着するやいなや、私は靴を脱ぎ捨て、氷の張る湖に足をつけた。ここはエジプトの「王家の谷」のように何キロも墓が立ち並ぶ不気味な場所だった。チチカカ湖の畔にあり、巨大な石の塔にはシャーマンと王や妃のみが埋葬されている。最も優れた石工技術は、この土地から来たのだ。世界の最高所にあるこの湖で、どうやってこの技術は開発されたのだろうか？

アントニオは、この墓の塔あるいはチュルパは、シャーマンたちの記念碑であると同時に、彼らがこの世に戻ってくる際に使う、一時的な住まいなのだと説明した。彼らは完全に自由になったパワフルなスピリットで、自分の意思でいつでも自分を具現化させることができるのだ。決して私の気持ちを楽にさせるものではなかった。

私たちは今夜ここで一晩明かし、古代のシャーマンたちへの敬意を払うセレモニーを行うのが目的だった。

「彼らは時間というものの外にいるんだよ」と彼は言った。

そして、「現実の中では時間は一方向にしか流れないと信じているのなら、自分の未来の経験によって君は打ちのめされてしまうだろう」と彼は説明した。

「未来を垣間見て、そこから得た知識に邪魔されずに今を生きること、あるいは行動することは、かなりの力量を要するのだ」

日記より

私は心理学のキャリアから、後に人間の意識に魅了されて医療人類学へと移行しました。一九八〇年代は解剖研究室で何百時間も費やしました。意識がどのように身体に影響を与え、健康や病気を創り上げるのかを知りたかったのです。

当時の私は、伝統的なものでもニューエイジ的なものでも、スピリチュアルなことには一切関心がありませんでした。何よりも科学だけが、知識を得る手段として信頼できるものであると信じ込んでいました。

ある日、私はカリフォルニア大学で脳の細胞を薄く切り、顕微鏡を使ってスライド作りの準備をしていました。脳というものは、身体の中で最も不可思議な臓器です。その断面は、重さ一・五キロ程のクルミを想像させます。幾層にも重なる薄い新皮質（原注：ネオ・コーテックス—「新しい脳」という意味）の谷間や波打つ構造こそが、頭蓋骨を拡大させずに頭の中にうまく納めるために、自然界が織り成した唯一の方法だったのです。より知性の高い脳を求める人類の進化は、すでに乗り越えることが困難な難題に直面しています。骨盤帯からの産道は、これ以上大きな頭を通過させることが難しいのです。

顕微鏡の下では、何万というシナプスが脳内のすべての細胞と他種細胞間を繋げ、驚異的な筋繊維のネットワークを形成しています。これらの神経ネットワークは、稼働する大量の感覚的データを伝達しています。

しかしながら、脳に大きな関心を持つのは西洋人だけです。エジプト人は、脳はまったく価値のないものとして、死んだ後には脳を液化して取り出し、他の臓器は身体とともにミイラ化させたのです。

その日の研究室で、私たちは、人間の意識というものが本当に脳内に納められているのか？あるいは体内に納められているのか？という論議を交わしました。私は、もし脳がシンプルな構造になっていたら、我々の思考もシンプルすぎて、理解ができないようになっているだろうと思いました。

いくらスライド上で綿密に脳を診ても、脳は我々に答えを教えてくれません。私は脳を研究すればするほど、意識というものについて困惑するようになりました。

私は、現代の薬が開発される以前でも人類が生き延びてきた理由は、身体と意識が健康への道しるべを知っていたからだと信じています。私たちは、切り傷からの感染病や滝壺に飛び込んだ時に失敗して骨折するなど、あらゆることから回復しています。

五十年前までは医者にかかるのはリスクがあり、自己治療力に任せて家で療養していたほうが安全でした。二十世紀前半には、診断の分野だけが飛躍的な発展を遂げました。完治までの技術や効果のある薬、外科手術は第二次世界大戦の頃からようやく発展してきました。たとえば、最初の実用的な抗生物質・ペニシリンが登場したのは一九四〇年です。一九〇〇年半ばまで、薬はほとんどなかったのに、我々の祖先はどのようにして何千年もの間、健康を維持して生きながらえてきたのでしょうか？　先住民の社会では、何か我々現代人が忘れてしまった身体と意識についての知識を持っていて、それを今また私たちが研究室で発見しようとしているのでしょうか？

サイコソマティック（心身相関）の病気の概念は、今では明確に確立されていますが、以前は心気症として「すべては思い込みから来ている」といわれていました。研究では、意識がとてもリアルに身体の症状を引き起こすことが証明されています。私たちは、ある意味、幼少期から心身相関の病気を引き起こす達人だったのです。私は六歳の頃から、学校に行きたくない時には、数分で風邪の症状を引き起こすことができていました。

三億年という進化の過程で、私たちの身体の中には生き延びるための直感能力がプログラミングされていますが、サイコソマティックな病気はその能力に反しています。意識とは自衛本能やサバイバル能力のメカニズムを上回る、とてもパワフルなものなのではないでしょうか。

この意識という原資をマスターして、心身相関の健康を築き上げることを想像してみてください！

ここ数十年で、人の情緒や思考や感情が健康にどう影響を与えるのかを研究する専門分野である、精神神経免疫学（ＰＮＩ）の研究は発展しました。

ＰＮＩの専門家は、意識は脳だけに特定して存在するのではなく、身体全体に存在することを発見しました。キャンディス・パート博士（米の神経生理学者／１９４６―２０１３）は、常に血管中の細胞間を流れている分子・神経内分泌ペプチド（訳注：神経ホルモン）がほぼ瞬時にすべての感情やムードに反応し、身体全体を活発に脈動する「意識」に変容していることを発見しました。

私たちは、全身で一瞬一瞬の感情を体験しているのです。意識と体の間にあった隔たりが、たった一種類の分子の発見により解消されたのです。

そして私たちは、心身相関の病がどのように起きるのかも解明しました。落ち込んだ時には身体のすべての細胞がそれを感じ、それにより免疫力が下がり、病気になりやすい状態を作ることを発見しました。私たちは、たとえ笑いが最も有効な薬ではなくとも、（健康になるための）リストのトップに位置することを知っています。

私が研究室を辞めてから何年も経った後に、ＰＮＩの研究者たちは、意識と身体は一つであるということを発見しましたが、これはシャーマンたちがずっと昔から知っていたことです。

しかし、ＰＮＩ研究者たちが見逃した点が一つあります。それは、シャーマニック・ヒーリングにとって「スピリット」が核心的なものであるということです。

スピリットの探求

二十代半ば頃の私は、サンフランシスコ大学の臨床学部で最も若い教授でした。生物学の観点から自己制御を研究する自分の研究室を持ち、エネルギー・メディスンとビジュアライゼーション（視覚化）が、脳にどのような化学変化を起こすのか調査をしていました。

エネルギー・ヒーリングの技術を使うことで、脳内に存在する自然の化学物質「エンドルフィン」（訳注：痛みを軽減させ恍惚状態を形成する物質）の生産を、五割近く増やすことができました。しかし、私と生徒たちは、いくつもの素晴らしい研究成果を成し遂げていたにもかかわらず、私はどんどん幻滅していくばかりでした。脳の化学物質に変化を与えることはできたのですが、生死を脅かすような重病患者を回復させる方法への糸口をまったく掴めていなかったからです。私たちはまるで、泥土と水を混ぜると粘土ができることを発見した、幼い子どものようでした。それよりもう少し発展したもの、たとえばアドビ・ハウス（訳注：サンタフェスタイルとも呼ばれる、土を練って塗り固めた建物）を作る方法か、せめて陶器を作る方法を発見したかったのです。

私は、ある日研究室で、小さなものではなく、もっと大きな方向に進展させないといけないことに気づきました。顕微鏡という道具では、私の答えは見つからないのです。

私は、脳の神経ネットワークよりも大きなシステムを見つける必要がありました。すでにハードウェアを研究している人たちは多くいましたが、私はそのシステムをプログラムする方法を学びたいと思いました。もしも人間の体を治すことのできる、壮大な可能性を持つ「意識」を操作できるようなエキスパートがまだこの世に生きているならば、その人たちを探したいと思うようになりました。彼らの知識を私も得たかったのです。

人類学的な話の中では、ペルーのインカやオーストラリアのアボリジニの人々を含め、そのような知識を持つ人々が世界に存在すると示唆していました。

数週間後、私は大学の職を辞任しました。私の同僚たちは、学究的環境の中で約束された将来を投げ捨てた私のことを、狂っていると噂しましたが、こうして私は研究室に代わって、一組のハイキング・ブーツとアマゾンへの航空券を手に入れたのです。

物質的世界、すなわち測れる知識こそが唯一の現実だと学んできたのですが、顕微鏡では観ることのできない、限界を超えた研究者たちから学ぶために私は旅立ちました。物質間の空間を感知できる人、すべての生命体を活性化させている光輝く糸を視覚できる人たちに会ってみたいと切望したのです。そして、アインシュタインの方程式「$E = mc^2$」のエネルギーを探究している人たちから学びたかったのです。

私の研究は、アマゾンの熱帯雨林から、最終的にはペルーのアンデス山脈へと向かい、そこで当時六十代後半だったドン・アントニオと出会います。西洋の基準と比較すると、彼は貧しい生活をしていました。家にはテレビもなく電気も通っていません。しかし彼は、「無限を味わった」と言いました。

彼は一度私に、「私たちは、星々へと旅する光輝く存在なのだ。でもこれは無限を体験しないと理解できないだろう」と言ったことがあります。このメディスン・マンが最初に、「我々は星を旅する者で、時の始まりの頃からずっと生きてきた」と言った時、私はニコリと笑ったのを覚えています。

その時の私は、「奇妙な伝説だな」と思った程度で、死の訪れを拒んでいる老人のただの感傷だと思っていました。ドン・アントニオの黙想は、心理学者のカール・ユングが説明した精神のアーキタイプ（元型）に似たものだと私は信じていました。私が語る象徴的なものとは違い、アントニオは、彼の知る伝説の解釈をありのままに語っていたのです。しかし、私はそこで彼を挑発しませんでした。

私は、熱心なカトリック信者である祖母に、聖母マリアは実際に処女受胎したわけではなく、イエス・キリストが覚醒した状態で生まれてきたことを表す比喩的表現であり、神の子であることを最上級の形で表現をしているだけだ、と説明しようとしたことがあります。しかし祖母は、その説明を一切受け入れませんでした。彼女にとって聖母マリアの受胎は歴史的事実なのです。

ドン・アントニオの無限についての黙想も、祖母と同じことが起きているのだと、私は思っていました。双方とも、素敵な比喩がドグマ（訳注：宗派独自の教理・教義。独断的な説）に変わってしまったのです。

神話家のジョセフ・キャンベルは、「現実は見透かすことのできない神秘から成り立っている」と言いました。だからこそ、自分のルーツとは異なる文化を研究する人類学者になるのはとても簡単なのです。なぜなら、部外者にとっては、すべてが裸の王様のように透き通って見えるからです。

私はアントニオに対して、王様は実際には裸であり、彼は伝説と真実が混乱しているのだと、何度か説明を試みようとしたことがあります。しかし私のその目論みも、彼が、ある宣教師の死にゆく最期を手助けする場面を目撃した時に終わりました。

村は、丘の中腹にあるかなり大きなインカの遺跡の周りに造られていた。遺跡の所々にある石垣は、合致するように見事に切り出された花崗岩が石同士の摩擦だけで微動だにしないようになっており、何世紀にもわたり維持されている。

アンデス山脈の高原のはずれに、インカの人々は人里離れた集落を築いた。何千年も経った現在、その子孫たちが遺跡に住み着き、村の丘から続く段々畑で農業を営んでいる。遺跡の中庭では鶏や豚、ラマが放牧されている。インカの女性がトウモロコシをすり鉢の中で挽いていた。一人の老人が我々をある小屋の中に案内してくれた。影が長く伸びていて、私たちは、中に入るとしばらくその暗さに目を慣らすのに時間を要した。頭を黒いショールで覆った女性がロウソクを灯し、部屋の中央にある簡素な二本の木材の上に板が置いてあるようなベッドの横で何かを囁いていた。

一人の女性がその寝床に横たわっており、インカ特有の黒い毛布が顎の下まで掛けられていた。その女性はとても衰弱している様子で、年齢はまったく検討がつかない。黄疸のため肌が黄色く、顔の皮膚は骨に張り付いているように見え、首の周りは筋張っていた。髪の毛は短く色はグレーで、窪んだ目の穴から天井をぼうっと見つめている。彼女はまったく動かず、意識があるのかないのか、私たちがそこにいることに気づいていないようだった。

アントニオは、私のほうを向いて私の目を見てロウソクを差し出したので、私は一歩前に出て、そのロウソクを受け取った。彼は彼女の顔の上で手を動かしたが、彼女の目はじっと天井を見つめたまま動かない。ローズ色のビーズのネックレスを首にかけており、先端に付いている銀色の十字架が胸の上にあった。

「宣教師だ」とアントニオは囁いた。「彼女は二日前にインカ人たちによって、下の村からここに連れて来られたのだ」。彼は指で丘の中腹から下のジャングルのほうを指した。

「彼女の肝臓がダメになっている。彼女は昏睡状態だと思う」と私は言った。何かできることがあるのか、と私は聞いた。

「いや、もう手立てはない。彼女は今夜死ぬだろう。スピリットを自由にしてあげることを手助けするだけだ」

泥と藁でできた小屋の中に、二十から三十のロウソクを灯すと、まるで教会のようになった。私は入り口の近くにあったトウモロコシの殻が入ったずた袋の上に座り、反対側に座っているアントニオを見ていた。アドビの厚い壁は、たくさんのロウソクの暖かさによって断熱され、夜の寒さから守ってくれた。

アントニオは彼女の頭のほうに移動し、その頭をそっと優しく持ち上げ、ローズ色のビーズのネックレスを外した。彼はネックレスを彼女の左の手の中に置いて指を閉じた。アントニオはそこで私にロウソクの火を消すように合図を送った。

アントニオが小さな低い声で祈りの歌を唱えている間、私は部屋の周囲を囲うように設置してある棚のところへ移動した。肩越しに彼を見ると、目は閉じ、唇はかすかに動いていて、片手を彼女の額にのせていた。ロウソクは三つの部屋で灯されていて、消したロウソクの煙が部屋に漂っている。

アントニオは、自分の手を彼女の心臓の数センチ上（ハートチャクラ）に移動させた。そしてその上で人差し指と中指で反時計回りに動かし、煙い空気の上のほうへと指を螺旋状に動かした。彼はこれを三回行なってから第三チャクラの太陽神経叢の一センチ程上の位置で、六～七センチくらいの直径の円を描くように、最初はゆっくり、徐々に早く回転させ、螺旋状に最後はすぅっと消えていくように上のほうへと指を動かした。次に彼女の喉のへこみの位置へと指を移動させ、さらに彼女のお腹、そして彼女の額へと移動させ、最後は彼女の頭の天辺でその動作を行なった。

「見ろ」と彼は言った。

私は彼を見ていた視線を、胸が微かに上下に動いている彼女の体に移した。するとアントニオが私の頭を叩いた。

その衝撃で稲妻が走った。彼の肘が上がり私の額に向かって強く鋭い一撃が来たのだ。私の頭は一瞬くらくらした。私は反射的に額に手をかざした。

また彼は言った。

「見ろ」

それは、ほんの一瞬だった。彼女の体全体の表面から何か輝くものが放たれており、体全体の輪郭から二センチくらい上に透明な乳白色な何かが漂っていた。そして、それはすぐに消えてしまった。彼は私の腕を強く掴んで寝床の頭のほうに引っ張った。

「見ろ。焦点を緩めて見ろ」

そこに何かが見えた。ボヤけた視点ながら、ほんの微かに輝いている何かが彼女の皮膚の七〜八センチ上にはっきりと見え、まるで肉体から光輝く塊が浮き出てきているようだった。私はボカした視点を維持しなければならなかった。背骨の下から無意識にゾクゾクした感覚が立ち上ってくるのを感じた。

「これは本当に見えているのか？」と私は囁いた。

「あぁ、そうだよ。本当に見えているのさ」とインカの老人は答えた。

「時の経過とともに理由づけて曇らせてしまった、我々が忘れていた視覚だ」

「これは一体何なんだ？」

「これは彼女だよ。これが彼女の本質、彼女の光体（ライトボディ）だ。彼女はこれを『魂』と呼ぶであろう。彼女はそれを解放したがっている」

アントニオは、また一時間程彼女に働きかけた。彼は先程私が目撃したやり方を繰り返し、辛抱強くかつ力強く、躊躇（ためら）うことなく精魂こめて、その動きを行なっていた。そして彼は彼女の頭の近くで体を折り曲げ、彼女の耳から一センチくらいのところまで口を近づけ、囁いていた。すると突然彼女の胸部が持ち上がり、彼女は口から肺へと喘ぐように思いっきり息を吸い込んだ。呼吸はそこで留まった。

「息を吐いて！」

するとと彼女は、苦しそうに喘鳴を続けながら、最後の息を胸から口へと吐いた。私の目の一角から見えたような気がするが、突然、乳白な発光する何かが浮き上がり、アモルファス（訳注：非晶質）なものに癒合し、形を留めない透明な乳白のオパールのようなものが彼女の胸の上で浮遊していた。その形を留めない何かが、彼女の喉の上にも、そして頭の上にも見えたがすぐに消えてしまった。その小屋は、とても深い平和な感覚に包まれた。

「今のは何だったのですか？」私は囁いた。
「インカでは、これを『ウィラコチャ』という」
彼は彼女の瞼を指で下ろした。
「君にこれを見る機会があって良かった」

ヴィロルドとジェンドレセンの共著
『*Dance of the Four Winds*』（『四方の風の舞』邦訳未刊）より

あれから二十年以上が経った今、あの時インカの老人が「人は無限を味わうことができる」と主張した意味が、ようやく理解できるようになりました。無限を体験することで癒しが起こり、私たちを変貌させることを学び、その体験は私たちを縛っている現世の病や老化、疾患という鎖から解放させることを学びました。

さらに、アンデス山脈とジャングルのシャーマンたちと、二十年間付き合ったことで、私は肉と骨だけの存在ではなく、「スピリット」と光で造られた存在であることに気づかされました。

この理解は、私の身体のすべての細胞に反響しました。またこの体験は、私の病からの回復の仕方、歳の取り方、そして死に方にも、大きな変化を与えたと確信しています。

無限を体験することが、この本の中で紹介している重要なヒーリング技法「イルミネーション・プロセス」の真髄なのです。

ヒーリングvs治療

シャーマンたちから学んでいるうちに、「ヒーリング」と「治療」には違いがあることがわかってきました。治療は是正処置のことであり、何か外的症状が現れた時にその症状を治すことです。たとえば、タイヤがパンクした時にその穴にパッチを当てて修理をすることだったり、蛇に噛まれた箇所を治療したり、化学療法で腫瘍を治療することが当てはまります。治療は、道路に落ちている釘や森の中にいる蛇、腫瘍の原因となった病原体を避ける方法を教えてはくれません。

それに対してヒーリングは、もっと幅が広く、もっと全体的であり完全です。ヒーリングは、人の人生を一変させると同時に、必ずではありませんが多くの場合、身体をも治してくれます。

医療的には治っていても、ヒーリングは起きていないケースを多く目撃してきました。また私は、大きなヒーリングが起きたけれど、本人が他界したケースも見ました。

ヒーリングは、無限を体験した時に起きるのです。ヒーリングの過程で、それが上手く行われているかどうかは、元気度が増した、新しく発見した平和な感覚がある、より自信に満ちた感覚がある、生きているすべての命との繋がりを感じる、などの感覚が起きた時にわかります。

宣教師との事件があった数週間後、私はマチュピチュの近くの山を登っていた時に肺炎にかかってしまいました。抗生物質のフルコースを試してみましたが、症状は一向に治らず、どうにも咳が止まりません。咳をする度にお腹の筋肉が痙攣するのです。

私は鋭い痛みを感じ、ドン・アントニオのところに行きました。インカの老人は、寝床の足元にあった毛皮を広げ、その上に横になるようにと言うと、彼は私の頭の横でクッションの上に座り、ヒーリングを行いました。

まず彼は、四つの方角に挨拶をしてから天と地に向かって祈祷しました。彼は次に両腕を上げ、頭の上で空気を掻き分け、まるで見えないシャボン玉の淵を広げるかのように、ゆっくりと手を下に降ろしています。その動作を繰り返し、見えないシャボン玉を、今度は私の上から布で覆うように降ろしました。私はすぐに居心地の良い安心感に包まれました。私の頭の中で絶え間なく続く思考が消えていき、瞑想する時にしか味わうことのない平穏と静寂の中に入っていったのです。

アントニオの声が遠くから聞こえ、彼の呼吸とリズムを合わせるように言われ、彼の呼吸のペースに合わせて私の呼吸も少し早まっていきます。彼の指が私の喉の下にあるへこみの辺りで反時計回りに動いていて、何か綿飴のような粘りのあるものを取り出しているのが感じられました。

私は、他人ごとのように、あるいは夢の中で見ているかのように、平和な心が邪魔されることなく、すべてを静観していました。すると、私の左腕が勝手に痙攣し始めました。

「それは毒素が体の組織から抜け出そうとしているのだ。怖がらなくていい。動きを自然に任せなさい」とドン・アントニオが言いました。その痙攣は、私の左の肩に移動してから右足に移動しました。それはまったく無意識で、寝始めに時々起きる筋肉の痙攣にも似た感じでしたが、ずっと続いてどんどん強さを増していきました。そして突然始まったのと同じく突然止まり、私は眠ってしまったのです。

一時間近く過ぎた頃、私は目を覚まし、腕時計に目をやりました。アントニオは、私の頭の下に手を置いたまま、まだ私の横に座っています。彼は私に、気分はどうかと尋ねました。私は体に意識を向けると、動けないことに気づきました。でも不思議なことに、それが気になりませんでした。その感覚は、まるで静かな温かい海の上に浮かんでいるようでした。

アントニオは、私の頭皮をマッサージし始めました。しばらくすると、手足を伸ばして動けるようになったので起き上がりました。一晩ぐっすり寝たような気分で、胸にあった痛みも取れていました。私はアントニオに何をやったのかと尋ねました。

「これは『ハンペ』というエネルギー・ヒーリングだ」

そしてニコリとしながら、「この一時間くらいの間、君は無限の中にいたんだよ。でもそれは言い回しにすぎない。実際には時間のないところだから、時間を測ることはできないのだ」と説明しました。

彼のセッションをたった一度受けただけで、割とすぐに咳が鎮まりました。免疫力が向上した感覚があり、回復の兆しを実感したのです。

そしてそれよりも大事なことは、治療を遥かに超えた深い部分でヒーリングが起きたことです。ヒーリング・セッションを受けた後、私は、赦されて祝福されたグレース（訳注：神からの慈しみ、恩寵）の状態としか表現できない平穏と静寂さに包まれ、その状態は何年も続きました。痛み、罪の意識、後悔を伴う過去の記憶と同時に、未来に対する希望や不安というすべての鎖から解放され、自由を味わいました。私は平和を味わったのです。

このようなグレースの体感は、祈りや神の愛という恩恵を通してのみ起きるという信仰の元で私は育ったのです。

「私はグレースとかそのようなものを人に授けているわけではない」

ドン・アントニオはすぐに説明を続けました。

「私は単に聖なる空間を保っただけで、君がそこで無限を体験したのだ。それは私ではなく、君が自分でやったことなのだよ」

彼は、聖なる空間を創っただけで、ヒーリングはその中で自然に起きたのだと私に教えてくれました。その特殊な空間の中で「スピリット」の世界にいる光輝く存在たちと、その空間のエネルギーが助けてくれて、自分で自分にヒーリングを施せるように私に力を貸してくれたのです。

私はここで、シャーマンのやり方とは、「スピリット」の世界と直接的に関わり、そのパワーを活用する道なのだと気づきました。

私は今まで、パワーの道を体験したことがありませんでした。キリスト教を信仰する家庭で育ち、毎晩欠かすことなく暗唱した祈りを唱えていました。その後、瞑想を学びました。今でも祈りと瞑想は、私の生活の中で欠かすことのできないものです。しかし、このパワーの道はまた違います。

この道は「スピリット」の領域、無限の中で「スピリット」との直接的な体験を要します。光輝く世界のパワフルなエネルギーと関わることにより、ものすごいヒーリングが起きるのです。このヒーリングの過程では、私たちは限界のある自己という殻を脱ぎ捨て、限界のないワンネス、創造主とその創造された世界を体験することになります。

私がインカの先住民である師匠から学び、一緒に磨き上げたヒーリングの技法は、奇跡が起きる可能性のある、聖なる空間を創るという古代からの技法です。それは無限の中へ一歩入り、時間のない空間の中でイルミネーション（訳注：チャクラが光輝く状態）を私たちに体験させてくれるのです。これは、この本の中で紹介する「イルミネーション・プロセス」という手法であり、シャーマニック・ヒーリングの真髄です。

無限に入ると過去と未来は消え去り、「今ここ」だけが存在します。私たちはもはや過去のつらい物語に縛られることもなく、未来のシナリオが過去の自分史に沿って形成されることもありません。過去が魔法で削除されたわけではありません。私たちが人生の中で体験した喪失、痛み、悲しみは記憶の中だけに残っています。自分という存在の定義は、もはやその記憶によって定められることはありません。私たちは過去の物語と今の自分は違うものであることに気づきます。

そして無限という体験は、死や病、老化という幻想を崩壊させます。これは心理的、あるいはスピリチュアルなプロセスの中だけで起きるのではなく、身体すべての細胞にこの情報は伝達され、新しく上書きされるのです。私たちの免疫力は躍動し、身体的にも感情的にも、ヒーリングが早いスピードで起こり始めます。奇跡が当然になり、医療の世界が困惑するような突発的な暖和や鎮静が当たり前になっていきます。そしてスピリチュアルな解放、あるいはイルミネーションが起きます。無限の中で私たちは、産まれる前と死んだ後の自分を体験することになります。

私が弟子入りしたシャーマンは、自分の光輝く性質――我々が魂と呼ぶもの――を森の中に潜む鹿をトラッキングする方法と同じやり方で、時の流れの中で追跡できるといいます。

彼は自分の光輝く糸を、ずっと昔、ビッグ・バンが起きた時の始まりまで追っていき、未来についても自分が将来どのような人物になっているか、そしてさらにずっとその先の、宇宙が最初に創造された〝一つなるもの〟へと再度還っていくところまで見た、といいます。

「無限（インフィニティ）」を体験することと、「永遠（エタニティ）」を混乱させてはいけません。「永遠（エタニティ）」とは、「いつまでも続く日々」という意味です。時という枠の中に存在し、歳を取って死んでいくことも含まれています。「無限」――インフィニティとは、時間自体より以前のもの、時の始まりの前から存在するのです。「無限」は、生まれてもいないので死ぬこともありません。私たちの中に在る「無限の自己」は、生と死以前のもので、時間の流れの中には入っていません。それは、あなたの体と一緒に生まれたのではないし、体が滅びる時に一緒に死ぬこともありません。「無限の部分のあなた」は、直線的な時間の枠から出て、聖なる領域に移行します。その部分のあなたは、もはや時間という流れに捉われていないので、身体が老い衰え、最期の日が近づいても死を恐れることはなくなります。この捉われていない自由な状態に到達することが、世界中の多くの神秘的伝統の真髄なのです。

シャーマンたちは、このゴールに到達する実践的な方法を発見したのです。私の師匠は、自分の光輝く性質は恒久的であると理解していました。それが真実であると信じたいし、そうだろうと推測しますが、確実にそうだと言い切れる人は少ないでしょう。本で読んだことがあるだけではダメなのです。

ある時アントニオは、シャーマンにとっては、情報を得ることと真の知恵を持つことは異なる、と私に説明したことがありました。たとえば、水は二つの水素原子と一つの酸素原子から成る（H_2O）というのが情報です。それに対して、水の性質を非常によく理解しているがゆえに、雨を降らせることができるというのが知恵です。

私とドン・アントニオは、スペインの征服者たちや教会によって消滅されかけていたヒーリング技法の基礎となる「イルミネーション・プロセス」を、数年かけて発展させ洗練させていきました。

「イルミネーション・プロセス」は、私たちに「無限」を体感させ、すべての生命に命を吹き込む大元の力を通じて、私たちを再生させることができます。もちろん、むこうずねを擦っただけなら、悟りを体験する必要はありません。ただ傷口を洗ってバンドエイドを貼れば良いでしょう。

しかし、もしもあなたの免疫システムに異常があるとか、愛する人が死ぬ可能性のある病気にかかってしまったとか、人生の中で同じ間違えを何度も繰り返してしまうような経験をしているならば、具象的で有限なものを越えたヒーリング技法で、「無限」を体験してみる必要があるのかもしれません。

第2章 光輝くヒーラーたち

ランチを食べながら、ランチョ教授は砂漠に描かれている巨大な地上絵の歴史について語った。彼はナスカ地区の考古学長で、その地域では最も権力を持つ人だ。この地区における考古学研究のためのすべての採掘作業には彼の許可が必要で、盗掘を監視する地区の警官部隊も彼の指揮下にある。私と彼は長い付き合いだ。

彼が古代遺跡からの盗掘者を捕まえた時は、その盗品を没収し、地域の博物館へ寄贈される。墓の中の物を盗んだ者は刑務所行きとなる。

ここで掘り出される物の中には、何千年も昔の物もある。押収された品の中に私が好きそうな物があると、彼は私のために取っておいてくれた。南米ではそんなものだ。彼は国の法律の代弁者ではない。彼独自の法律があるのだ。さらに私たちは友人だ。

今日、彼は、私に靴箱に入ったギフトを持ってきた。「博物館にもないような品物だよ」と彼は言った。私が箱を開けると、そこにはミイラの前腕が入っていた。手首には刺青が入っており、その柄は高位の女性シャーマンだったことの印だ。

ランチョ教授は、過去に採掘で得たたくさんの面白い工芸品をくれたが、これは最も奇妙な物だ。

アントニオは、高位の女性シャーマンの墓への冒涜を快く思っていない。今夜私たちは、巨大なハチドリの地上絵のある場所で儀式を行う。その際、私はこれを持っていき、また土の下に埋葬し大地に還すつもりだ。

私たちは夜中に儀式を終えた。砂漠に刻まれている巨大な地上絵のところまで歩いていき、シャーマンになるための困難を伴う道を進む上で、必要となる力の象徴であるハチドリのエネルギーを受け取った。そして、アントニオのメディスン・ストーンが包まれているシンプルな織り布の包み（聖具）の端に、私はミイラの前腕を置いた。暗闇の中で見ると、それはまるで私たちに語りかけていて、指が動いているようだった。アントニオは目を閉じて、ラトル（訳注：穀物が中に入った木製の楽器）をシャカシャカと鳴らしながら歌を唱え始めた。彼が私のほうを向いた。彼の優しい、深い茶色の瞳が変貌し、私はまるで鷹の目に見つめられているようだ。

「彼女は苦しんでいる」

アントニオは毅然とした態度で言った。

「彼女は、この場所で、ずっと昔にスペイン人によって虐殺された自分の民に対して深い哀しみを抱いている。彼女を助けなければならない」

彼はまた聖なる空間を開け、口笛を鳴らし始め、歌を唱えながらスピリットたちを招き入れた。

アントニオは目を疑った。霊たちが整列するように私たちの目の前に現れ、砂漠の上の祭壇の前に、霊の群衆が並んでいる。アントニオは彼らに対して、「そろそろゆっくり休んでほしい。〝スピリット〟の世界に還る時が来た」と伝えた。彼は光輝くスピリットたちであるメディスン・ピープルを呼んで一緒に働きかけてくれるように頼み、霊たちは抱えていた痛みから一人ずつ解放されていった。

「彼女は、自分の民が皆、癒され慰められなければ、心が収まらないのだ」とアントニオは言った。父と母を失った子ども、愛する人を失った若い女性、家を失くした男性など、霊たちが1人ずつやって来ると、彼らの心の痛みを私も感じた。

この見送りは一晩中かかった。夜が明ける頃、最後のスピリットが癒された後、アントニオは私に、前腕を土に埋めるように指示した。

「彼女はこれでようやく平和な心を取り戻した。考古学者が君にこの腕を渡した理由はこれでわかったね。彼女は、すべて向こう側の世界からこれを計画したんだよ。彼女は、私たちが今日ここに来て、彼女の民を癒してくれるとわかっていたんだ」

スピリットの計らいは、摩訶不思議だ……。

日記より

インカの末裔として生き残り、アンデス山脈の山頂で孤立して暮らしている数少ないケロ（訳注：南米のアンデス山脈に現存するインカ文明の子孫）の民族と、長年にわたって交流した、北米で最初の人類学者は私です。彼らは今でも純粋なケチュア語を話し、教会や政府ともほとんど接触がない状態で、五百年以上を過ごしてきました。侵略された時代も宣教師たちの教えに染まることなく、従来のシャーマニズムを存続させてきた民族です。

ケロは、インカの預言の伝統を保持してきた民です。私の師ドン・アントニオを含めたケロのメディスン・ピープルは、自分たちの叡智は十万年前からずっと引き継がれてきたと信じており、お祖母さんから孫娘へと語り継がれた、人類が登場する以前の数多くの物語を覚えています。彼らの祖先から伝わる叡智の中には、人生についての学び、死から始まる無限への旅路、光輝くエネルギー・フィールドを通してヒーリングを行う技術などが含まれていました。

初期にアメリカ大陸へ移住してきた人々によって、インディアン文明は破滅に追いやられ、ほとんどのインディアン種族のスピリチュアルな伝統も排除されてしまいました。インディアンの大量虐殺を逃れ、生きながらえたヒーリング技法は、慎重に守られてきました。ゆえにアメリカ・インディアンのシャーマンたちは、白人たちに自分たちの叡智を分かち合うことを当然ながら拒みました。

スペインからの征服者と同行してきた宣教師たちは、クスコ（訳注：ペルー南東の県名。アンデス山脈の標高三千四百メートルにあるインカ帝国当時の首都）のヒーリング・スクールを破壊しました。神殿は取り壊され、その土地の上に神殿の石を使って教会を建設したのです。シャーマンである神官たちは、スペインの征服者たちによって次から次へと迫害され、組織化されたインカの伝統的儀式はもはや維持不可能となってしまいました。インカの神聖な儀式は、すべて口頭伝承されてきましたが、カトリック教会により、異教徒であった彼らの儀式や慣例は禁止され、インカのスピリチュアルな教えは、時代という風の流れに強打された夕ペストリーのようにボロボロにされてしまいました。

しかし、五百年も続いた伝統から残った破片は、生きながらえたシャーマン・ヒーラーたちによってかたく守られてきたのです。

この宗教裁判的な事象はもう過去のことであり、新しい覚醒の時代の到来とともに、この残虐な組織の時代は終わったと人々は思っていますが、大方正しいでしょう。たくさんあったスペインの異端審問所は、一箇所を除いて数年前にすべて閉鎖されました。

まだ残っている一箇所というのが、インカの土地ペルーです。最後の異端審問所は、ジャンヌ・ダルクを処刑したことで知られる、カトリック教の聖ドミニコ教会によって運営されています。この異端審問所は、偶像崇拝の摘発所としても知られています。

最後の一箇所がアンデスの土地にだけ残されている理由は、アメリカ大陸で唯一、シャーマニズムがいまだ盛んに行われている地域だからなのです。

現在ペルーの人口は二千四百万人、主な宗教はキリスト教のカトリックです。二千万人のインディオ（訳注：南米の先住民）たちがカトリックに改宗させられていますが、彼らは五百年前と変わらずシャーマンにヒーリングを求め、インティ（太陽）に毎朝挨拶をしています。

私は、ペルーではいまだに異端審問所が運営されているという点だけとっても、マチュピチュを建設した民族の子孫に興味をそそられました。今でも川や木々と話し、神と対話しているというこのメディスン・ピープルたちに、ますます惹かれていったのです。シャーマンたちは、意識と身体を癒す古代からのヒーリング技法の鍵を握っているかもしれないと思うと、もう抑えきれない気持ちになりました。

こうして私の終わりのない旅が始まり、その旅は、私を原始の庭園であるアマゾンの熱帯雨林からアンデスの山頂まで連れていってくれたのです。そこで私は、古代からのスピリチュアルな教えとして、誰もが無限を体験することができることを知り、その体験こそが私たちを完全にするものであり、さらに地球は私たちの所有物ではなく、むしろ私たちが地球の一部であること、そして私たちは今でも神と対話ができ、生きとし生けるものすべてから神の声を聴くことができるのだと知りました。

ドン・アントニオの案内によって、私はインカ文明のルーツを遡り、「スピリット」と光で人々を癒した五千年前のエネルギー・メディスンの痕跡を辿ることにしました。帝国の古跡は方々に散らばり、散らばった先には古代の手法を知る賢者たちが何人もいました。ドン・アントニオと私は数えきれないほどたくさんの小さな集落や村を訪ね、男女を含め大勢のメディスン・ピープルに出会うことができました。私たちは、彼らの儀式の本質をしっかりと体に染み込ませました。無文字社会で継がれる知恵ゆえに、それぞれの村で個々の味付けが加えられ、独自のヒーリング技法となり生き残っていました。

私たちはアマゾンへも旅をし、私はジャングルのメディスン・ピープルから十年以上訓練を受けました。さらにペルーの沿岸をトレッキングし、ナスカの砂漠に描かれている巨大な動物や幾何学模様の地上絵のある場所から、卓越したソーサラー（訳注：魔術、妖術、幻術などを使う者たちの総称。黒魔術的なニュアンスがある）の多くが住処とする、北方にある伝説で名高いシンベ湖まで歩きました。そして、インカの民が産まれた場所として知られる「世界最高所の海」伝説のチチカカ湖では、そこに暮らす人々のヒーリングの技法や逸話を収集しました。私の師匠が歳を取り、旅が続けられなくなった後も、私は一人で研究を続けました。

アントニオと私は、多種多様なインカの伝統的ヒーリング技法を再構築させました。アントニオは、この再構築の作業を「時代の流れとヨーロッパからの侵略を経て擦り切れた、古代のタペストリーを織り直すようだ」と言いました。そのタペストリーは、修復不可能な程スペインの征服者たちによってズタズタに引き裂かれ、崩壊していくインカ帝国の四隅に散らされていたのです。私たちは、二十五年の研究の末に、生きたシャーマンの知恵という名の織り機の上に糸をかけ、時の経過とともに裂けた部分を織り直していきました。

そこから蘇ったものは、身体を変容させ、魂を癒し、生き方を変え、死に方をも変える、聖なるテクノロジー一式でした。彼らは、私たちが光輝くエネルギー・フィールドに包まれていて、その源は「無限」、肉体の元気の元であり健康を維持するためのマトリックス（訳注：ラテン語では「子宮」を意味する。ものを生み出す機能を持つ母体・基盤）であると説明しています。

私たちはまた、ドーナ・ローラという高地に住むメディスン・ウーマンと、ケロのメディスン・マンとしては最年長者のドン・マヌエル・キスペという賢者たちからも学びました。この賢者たちは、沿岸地域やジャングル、高地から来た先祖をもつ、インカの民のルーツの一つをそれぞれに代表する存在でした。マスターたちの多くは他界しましたが、ドン・マヌエルは私の師として九十歳にしていまだ健在です（著作当時）。

私は人類学者として、直接学びを得てきた人たちが実在すると証明することは重要であると考えています。というのも、著書に登場する人物に、著者以外誰も会ったことがないという本も実際にあるからです。登場する人物と著者が本当に会ったのか、果たして実在するのか……その真偽に対して私は疑問を持っています。

ここから第２章の終わりまでは、私が訓練を受けたメディスン・ピープルについて紹介しています。彼らは、シャーマンになることを実現させました。伝説となるような仕事をしてきた人たちであり、私の恩師でもあります。

ドン・アントニオ・モラレス

アントニオはクスコにある大学で働いていました。私は自分の研究のために、インカの言語であるケチュア語を流暢に話し、シャーマンが語る微妙なニュアンスをも通訳できる人を探していました。そういう意味では、モラレス教授は完璧な適任者でした。

彼はほどほどに筋肉のついた細身の容姿で、一九四〇年代に仕立てられた中古のスーツを着て、胸ポケットにはプラスティックのペン・ケースを差し、ケチュア語を話し、そのうえインディオの詩や哲学の解釈を研究する学者でした。しかし彼は、人類学者とは自分たちの民族の叡智という宝を略奪しにくる現代の「コンキスタドール」（訳注：スペイン語。16世紀にメキシコ・ペルーを征服したスペインの征服者）に匹敵する人たちだと思っており、密かに我々を嫌っていました。そんな彼が、私のために働くことになぜ承諾したのかはまったく不明でした。彼は通訳の報酬は一切受け取らないと言い、旅行中の滞在費だけ出してくれ、と言ったのです。

彼が私との仕事を承諾した理由を、数年後にようやく理解できました。その理由とは、私が彼の通訳をすることになったことです。彼は、私が西洋の世界とシャーマンの教えの架け橋となる人物になることを、見越していたのです。

ドン・アントニオが、じつは大学教授と「シヴィリザドス」（原注：インディオのシャーマン・ヒーラー）というダブル・ライフを生きていたことは、宣教師との事件があるまではまったく知る余地もありませんでした。彼は木製楽器のラトルや羽を、ボールペンと同じように器用に扱っていました。学者として尊敬され、同時にシャーマンとして愛され畏れられている彼は、私が探し求めていたヒーラーであり、彼もまた私を探し当てたのです。

アントニオは幼少期に孤児となり、修道女たちに育てられました。昼間はクスコの教会を掃除し、夜は独学で読み書きを勉強して暮らしていました。そしてアンデスの乾季にあたる冬の間、パウカルタンボというケロの住処である高地の村に出向き、そこでメディスンの道を学び続けたのです。

シャーマンとなる道へ運命的に導かれる方法は、幾通りかあります。最も直接的で死に至ることもある危険な方法は、雷に撃たれることです。

アントニオは十二歳の時、雷に撃たれました。右の耳たぶの一部を損傷し、右肩から胸、左の腰まで傷跡が残っています。その事故から二年間、彼は言葉を発せず、修道女たちは彼が精神衰弱に陥ったと思い込んでいました。そんな彼女たちの予想に反して、彼は十五歳になるまでに西洋のすべての古典書を読み終え、ラテン語とスペイン語を流暢に話せるようになっていました。稲妻が彼の脳内で休眠していた能力を開花させ、クスコに暮らし大学教育を受けたメスティーソ（訳注：インディオとスペイン人の混血）と、純血の山岳インディオたち、両者と完璧に上手くやっていけるようになったのです。

私は彼の左脳が稲妻により見事にチューニングされ、ハイオク指定の高性能な車のようになったと確信しています。お酒を受けつけない体質になったという意味でもあり、彼はビールを半分飲んだだけでフラフラになってしまいます。そんな時は舌が滑って、若い頃の話を語ってくれました。彼は酔っぱらっている時だけ、私の質問にすべて答えてくれました。ただビールを全部飲み干してしまうと、口が開かなくなり寝込んでしまうので、注意が必要でしたが。

アントニオは、私が出会った人の中で最も変わった人でした。彼と数年間会わなかったある時、私は生徒たちを連れてクスコに戻りました。私が町に来ていることを耳にした彼は、朝三時に起きて自分の村を出て、歩いて私に会いに来てくれました。七十歳になってもまだバスに乗ることを拒否し、猫のように強く機敏でした。

彼は朝六時頃、私たちが泊まっていた古びた宿屋に到着すると、私を驚かそうとしてドアをノックせずに入ってきました。私がシャワー室から出てきて目撃したのは、彼が猫のように空中を飛び、まだ寝ているルームメイトのベッドの上に飛び降りたシーンでした。そのベッドに寝ていたのは、中国武道の達人である友人のハンスだったので、私は年老いた師の結末を恐れて目を一瞬閉じました。しかし次の瞬間、目を開けてみると、二人がベッドの上に立って旧友のように握手をしながら笑っているのが見えたのです。

アントニオは「クラク・アクヤク」（訳注：インカのマスター・シャーマンから認められ、与えられる通過儀礼と呼ばれる、シャーマンが到達できる最高のレベルの第七レベル（※）を保有しています。彼は私を弟子として受け入れましたが、西洋の世界での私は、同等の立場にあることも考慮してくれていました。

彼は、シャーマニズムはもはやインディオだけのものではなく、この聖なる叡智は、二十一世紀という時代に新しい哲学とエコロジーを築きあげるため、西洋で必要になると確信していました。彼は私がそれを実証してくれると期待していたのです。

※アンデスのシャーマニズムにおける第一レベルは「アイニカーパイ」と呼ばれ、この段階で生徒は自然界と本来の繋がりを保てるようになりますが、まだシャーマンとしては認められません。第二レベルは「パンパメサヨク」です。パンパとは「低地」という意味、メサとはシャーマンの聖具を意味し、ヨクは「力」という意味です。このレベルでは修行者はメサを持ち始めます。その人はメサの中に入れるメディスンとなる物の収集を終え、大地の管理人となります。第三レベルは、「アルトメサヨク」と呼ばれ、より高位のメサを保持する者となります。アルトメサヨクの責任は、アプ（山）、聖なる山々とインカの叡智に対する

ものとなります。このレベルの中には三段階あり、その人の力と知恵が向上するにつれ、より高い山からの守護を受けることになります。第四レベルは、「クラク・アクヤク」です。クラクは「長老」という意味で、アクヤクは「噛む」あるいは「噛み砕く」という意味です。母親がぶどうを噛んでからそれを子どもに与えるように、このレベルではシャーマンが知恵を「噛み」、人々がそれを「消化」できるようにします。このレベルに到達するには一生かかることもあり、あなたの務めは星々に対するものとなります。ここまで到達するシャーマンは極少数です。このレベルよりも上に行くと「インカ・マイルク」あるいは古代では「サファ・インカ（まばゆい者）」、そして「タイタンチス・ランティ（内側から神光が輝いている者）」と呼ばれます。各レベルは上に行くほど、より卓越した者となり、シャーマンが得た力量によって、どのレベルに到達したかがわかります。

ドン・マヌエル・キスペ

ドン・マヌエル・キスペは、現在九十歳（著作当時）で、生きているインカのメディスン・マンとして最年長者です。

私が最初にドン・マヌエルを知ったのは、一九六二年の雑誌『ナショナルジオグラフィック』のペルー特集でした。当時彼は五十二歳で、ケロ・シャーマンの中では最年長者の一人であり、インカ帝国で使われていた、結び目がたくさんついた数色の糸が繋げてある算盤のような「キプ」を、今でも使って数えられる唯一の人だと書かれていました。しかし、私が彼に会った一九八九年には、そのキプを使って物語を語るだけになっていました。インカ式の算数を忘れてしまったのです。彼の頭の中に残っていたのは、伝説だけでした。

ドン・マヌエルはケロの集落の農家に生まれました。十五歳の時に重病にかかり、父親が村のヒーラーたちのところに連れていきましたが、誰も彼を助けることができず、クスコの町の医療センターの医者に診せてもダメでした。

衰弱した息子をケロの集落に連れて帰る途中、父親は大自然のパワーが強いといわれるフアンカの聖域に立ち寄りました。フアンカの聖域はインカにとって非常に尊ばれた場所で、カトリックの神父たちはこの場所に教会を建てることでインディオを改宗させようとしたほどの聖地です。その場所を訪れたドン・マヌエルに、なんと奇跡が起き、また食べ始めることができて体力も回復したのです。

フアンカは「世界の軸」という意味を持ち、パチャトゥサン山の南斜面の中腹にあります。山の精霊たちはドン・マヌエルに、もう一つのアプ（山）、谷の真向かいにある「ウルル」という名の聖山に登るようにと指示しました。若かりしマヌエルは、数カ月間、仙人のように洞窟で暮らし、洞窟の壁につたう水を飲みながら一人で山々を歩き続けました。この時から、彼はアプと対話を始めたのです。山自体が彼の師となりました。

彼は死の淵まで行き、岸の向こう側で続く人生を体験し、また戻ってきました。それからケロの村に戻り、見習修行を修了し、ケロの名高いシャーマンの一人から、正式に「ライツ・オブ・パッセージ」（訳注：通過儀礼）を受けたのです。

私が彼に初めて会った時、彼の前歯はすでに全部抜けていました。彼は私の師であるアントニオとも面識があったため、私へ教授することを承諾してくれましたが、彼が私に求めたのは、新しい歯一式でした。それを実現させるのは、とても複雑な過程で、想像以上に大変でした。歯医者はまず残っている歯を何度かに分けて抜歯し、そのつど彼はひどい痛みに数日耐えなければなりませんでした。麻酔で二度も死にかけたほどです。そして、毎回体験する痛みを、すべて私のせいだ、と言いました。ようやく新しい歯が全部揃うと、鏡の前の自分に向かってニコリと笑いました。

その翌週から、彼は私に、知っているすべてを教え始めました。アウサンガテ山を二人で登り、私は彼から「ハトュン・カアパイ」と呼ばれる通過儀礼により、「大いなる力の伝送」を授かりました。その儀式が終わると「雌のジャガーのラグーン」という意味の「オトロンゴ・ワーミ・コッチャ」に飛び込めと言ったのです。

私は、まさかという表情で「え？　何をしろって？」と聞き返しました。

「ラグーンに飛び込めと言ったんだ」と彼は答えます。

「これは、わしの歯を全部抜き取った時の痛みのお返しだ」

私たちがいたところは標高約四千三百メートル程あり、真冬で雪がちらついていました。私のバックパックに付いていた温度計を見ると、マイナス十度。ラグーンの水は、池の中央にある青い氷河が溶けた水です。

この標高と気温では、絶対に心臓麻痺を起こすだろう、と私は確信しました。

そのため、「歯医者があなたに十分な麻酔を与えなかったのは私のせいではありません」と私は言って、彼が他の試練をくれることを期待したのです。

「わしはこの山の麓で死にかけたが、このアプがまたわしに命を戻してくれたんだ」

彼は新しい歯を少し見せてニヤリとしました。

「わしはおまえを聖山に連れてきてやった。『カアパイ』も授けた。アプがおまえにも命を与えてくれるか試そうじゃないか」

そしてさらに、池の底にある氷に唇をつけて戻ってこなければいけない、とまで言うのです。青い氷のある池の底までは二メートル程度でしたが、私はそこまで息が続くかどうか疑いました。

「あまり長い間入っているなよ」と、彼は言いました。

「もうこんなことできる歳ではない……」

そう思いましたが、私は何か内側からの力に動かされ、気がつくとジャケット、フリースのパンツ、保温下着まで全部脱いでいました。肌に噛みつくような寒さです。全身鳥肌が立ち、両手を胸の前で交差させた状態で、氷水の中の丸石の上に立っていました。

「こんなことをしても意味がない」

そう思いながらも、私は池に飛び込み、ひどく冷たい水のせいで呼吸困難に陥りました。どうにか池の真ん中まで辿り着きましたが、息が続きません。そこから私は潜り、まるで夢の中にいるような感覚で氷河にキスをしました。

ドン・マヌエルは後に、私にアンデス・シャーマンの通過儀礼について説明しました。それによると、七つのレベルの大きな通過儀礼（59ページ脚注参照）があります。ヒーラーは最初の二つのレベルだけ受ければよく、マスター・シャーマンは第四レベルまで受ける必要があります。第七レベルまでのすべてを完了した人は非常に少ないのです。今、生きているシャーマンの中で七つの通過儀礼すべてを成し遂げているのは、ドン・マヌエルとドーナ・ローラ、そしてドン・アントニオだけです。

メディスン・ピープルとなる者は、第一レベルで宇宙を司る原理とされる七つのアーキタイプを授かり、下位の四つのチャクラに蛇、ジャガー、ハチドリ、コンドルのスピリットを体現化します。そして上位の三つのチャクラに、それぞれ下の世界、中の世界、上の世界の原理を象徴する三人（訳注：インカの君主。上界のキーパー：パチャクティ、中界のキーパー：ケツァクワトロ、下界のキーパー：フワスカル）の光輝く存在たちを体現化します。

生徒たちはさらに、ヒーラーがクライアントから毒となるエネルギーを受けないように、「バンド・オブ・

パワー」という防御力を授かります。

そして次に、シャーマンとしての視覚を開花させる「カワック・ライツ」という通過儀礼を受けます。私は、生命の光輝く領域である光体（ライトボディ）を見るための「第二の視覚」を開花させる技法（第５章参照）を、この儀礼を元に応用させ追加しました。

アンデスでは、第二レベルを「パンパメサヨク」と呼びます。この通過儀礼では、地球と生きとし生けるものすべてを守っていくことに人生を捧げてきた、代々のメディスン・ピープルの力を授かります。この通過儀礼を受けた後は、ヒーラーは決して一人で働くことはありません。常に光輝く存在たちがサポートする中で、ヒーリングを行うことになります。この光輝く存在たちとは、時間や文化を超えた存在です。この通過儀礼はあなたを認識し、あなたが呼びかけた時に反応してくれる先代の光輝くヒーラーとを繋げるものです。

私が震えながら座って洋服を着ようとしていると、「本当はラグーンに飛び込む儀礼は必要なかったんだ」とドン・マヌエルが言いました。

「ただ君の決意をテストしていただけだ」

その夜、私は彼が眠っている間にテントに忍び込み、彼の入れ歯を隠したものです。彼がそれを見つけ出すには二日かかりました。

ドン・マヌエルが老いて旅ができなくなるまでの七年近く、彼と私は北米の私の生徒たちに、「クラク・アクヤク」を教え続けました。

二人の旅の思い出のハイライトは、世界で最も大きなゴシック建築として知られる、ニューヨークのセント・ジョン・ザ・ディヴァイン大聖堂の主祭壇でした。私たちはそこで地球を癒すセレモニーを行なったのです。何百人という人々が集まりました。ドン・マヌエルは、その夜一晩中、微笑みが絶えませんでした。彼はキリスト教の祭壇で、自分がセレモニーを行うことになるとは、夢にも思っていなかったのです。

ドーナ・ローラ

ドーナ・ローラは、アントニオのヒーラーとしてのパートナーでした。二人は、高地に住む同じ先生たちに学びました。アントニオは町に移り住み、ローラはさらなる僻地である、インカの聖山アウサンガテの雪線より上のほうへ移り住みました。彼女は非常に強い気質の老女で、私が出会った中で最も怖い一人でした。彼女は完全に人を見抜くことができるのです。ロウソクの灯りに照らされる彼女の鼻は鳥のくちばしに変貌したり、目は鷹の鋭い目つきのようになりました。

彼女はアントニオが私に教授していることに対して、インディオの主義に反すると非難していました。しかし、私が通過儀礼を「クラク・アクヤク」のレベルまで修了すると、ようやく彼女は私のことを「坊や」と呼ばなくなり、友人として認めてくれました。

私は彼女の傲慢無礼な態度を個人的に受けたことはありませんが、彼女は生徒に非常に厳しく、特に愚かな間違えを犯した生徒を棒で叩いたこともありました。彼女が一瞬でも微笑みかけてくれることは、どの先生からの褒め言葉よりも価値あるものだったのです。

彼女はドン・アントニオなど同じランクのメディスン・ピープルの中のチーフでした。さらにシェイプ・シフター（訳注：姿を変貌させるシャーマンの能力の一つ）でもありました。ほとんどのシャーマンたちは、鷲やジャガーの姿のスピリットとして夢の中を旅することができますが、彼女は起きている状態で真っ昼間に姿を変貌させることができたのです。コンドルと合体し、自分の意思を持って巨大な鳥の姿で空を飛んだり、渓谷へと急降下したり、何キロも上空を飛び、上から景色をゆっくりと眺めることができるのです。

ある時アウサンガテ山の麓で、一人の生徒が彼女に挑発的な発言をしました。マリアノという名のずんぐりしたインディオの男性で、ユーモアのセンスに富んでいて、薬草を採取するのは得意でしたが、それ以外のことはことごとくできない生徒でした。彼はローラに、「コンドルの体の中に先生が本当に入っているのか、空想ではないと証明できますか？」と聞いたのです。

私はドン・アントニオと一緒にキャンプ・サイトにいて、彼らとは四メートル程離れていました。突如として電気が走るような空気感になり、アントニオがニヤリとしています。誰もがその老女に挑戦するべきではないことを知っていたので、私たちは全員、彼女の反応をじっと待ちました。

「現実と想像に違いがありますか？」

彼女は穏やかな口調で言いました。私たちは少しがっかりした表情で、お互いの顔を見ました。

日が落ちてきた頃、六名程の生徒で、小枝やマスト、非常に高い山では燃料として使われる乾燥したラマのフンを集め始めました。三十分経って、マリアノ以外の全員がキャンプ場に戻ってきました。ローラの生徒のほとんどが女性だったので、たった二人の男性の生徒たちは、不在時には女性の名前のあだ名で呼ばれていました。

「マリアはどこ？」

生徒たちは面白がっています。

「迷子になってしまったんじゃない？」と、一人が苦笑しました。

私はアントニオが心配しているのを察知しました。南米で二番目に高い山の冬季だったからです。あと三十分もしたら気温は零下になります。彼は、私ともう一人の男性に「探しに行け」と合図をしました。

そして、私たちが探しに行こうと準備していた時、マリアノがキャンプ場に向かってよろよろと歩いてきたのです。彼の顔は真っ青で立っているのもやっとでした。私はこんな状況に備えて、応急処置キットをバッグパックの底に常備していました。私の師は西洋の薬を使うのを嫌がりますが、この標高では薬草も生えていません。私たちのいた場所は、樹木が育たない限界線よりも遥かに高い場所だったので、植物はまったく生えていませんでした。私たちの目の前には、所々岩が見える氷に覆われた不毛の地が広がっていました。

マリアノをテントまで連れていった時、ジャケットの後ろが裂けていることに気づきました。その中綿に、血が着いていたのです。彼の上着の上から皮膚まで届くほどの深い三本の切り傷があり、それはまさに動物の爪跡のような傷でした。

「何が起きたのか」と私たちが聞いても、マリアノはただ頭を振り、「転んで顔を氷で切っただけだ」と言い張ります。

私はその夜、マリアノがドーナ・ローラに謝っている声を耳にしてしまいました。どうやら大きなコンドルが来て、彼を空へとさらって行こうとしたようです。コンドルは十分に成長した大きな羊などをさらい、足の爪で掴んだまま数百メートル飛行して、最後には岩に落として殺すことで知られています。

数年かけて私とドーナ・ローラは友情を築いていきました。ある日彼女は、私にシェイプ・シフトの秘密を教えてくれました。その秘密とは、「自分と宇宙に存在するすべてがまったく同等で、優劣はないと気づくこと」、さらに「自分がすべてのものと完全に同じであり、虫よりも大切な存在でもなく、太陽よりも劣った存在でもないことを細胞レベルで理解できたなら、コンドルでも木でもどんな姿にも自分を変えることができるのだ」とのこと。

私たちは、他の人には見えない透明人間にさえなれるのです。彼女は、「シャーマンは自分が注目されないように、存在を隠す技を身につける必要がある」と説明しました。アントニオはこれをマスターしていました。彼は、カトリック教会には見えない存在となっていたからです。誰も彼のことを知らなかったので、世界を自由に変えることができたのです。

ドーナ・ローラは私に一度こう言いました。

「自分が行なったことを他の誰かの手柄にみせることができたなら、どんなことでも成し遂げることができる」

ドン・エドワルド・カルデロン

ドン・エドワルド・カルデロンは漁師でした。彼はペルーの北部沿岸、かの有名なシンベ湖(ラグーン)の畔に暮らしており、生まれながらにして自然界の光輝く本質が見える力を持っていました。

彼は千年程前に栄えた、素晴らしいモチェ文化（訳注：紀元前後から七〇〇年頃まで繁栄したインカに先行するプレ・インカと呼ばれる高度な文化の一つ）を築いた北ペルーのモチェ・インディアンの子孫でした。彼は自分の持つ才能を何年もかけて発展させ、人を見ただけで、その人の表向きの人生と、誰もが抱える裏に潜む物語の両方を見抜く力を持っていました。

エドワルドの眼力とヒーラーとしての評判は、ペルー中で知られており、上院の議員たちも彼を訪ねるほどでした。

アントニオは、私に何度かエドワルドのところに行って彼から学ぶことを勧めました。沿岸部に暮らすシャーマンたちは、「スピリット」の世界を見る能力に長けていることで知られていました。これはアンデスでは途絶えてしまった技術です。アンデスのシャーマンの多くは、代わりにコカの葉（訳注：南米の薬草。高山病の防止としても現地では一般的に使われている）を読んで預言をする手法を活用していますが、あまり優れた手法ではありませんでした。

私はアントニオの勧めに対してあまり積極的にはなれませんでした。アントニオとの訓練で精一杯でしたし、アマゾンでの時間でも「死の儀礼」を学んだり、死の向こう側へ旅する方法なども習っている最中だったからです。

するとと突然、アントニオが姿を消してしまったのです。

私はペルーに戻ると三カ月の間、彼と山で過ごしてきました。しかし彼は大学から長期休暇を取っており、誰も彼がどこにいるのか、いつ戻るのかを知りませんでした。アマゾンでは雨季に入っていて、移動は非常に困難です。私はしぶしぶ荷物をまとめ、数年前に会い師事していたエドワルドの住む場所へと向かいました。

私が到着した日の翌日、彼はヒーリング・セレモニーを行うことになっていました。夜、海岸に、病気を抱えた人たちとその家族が集まり、二十五人から三十人くらいの人が輪になっていました。エドワルドの両側には彼の助手が座っていました。一時間が経過した頃、私は足を伸ばしたくなり、海岸を歩くことにしました。そして私が輪に戻ると、エドワルドの助手の一人がいなくなっていることに気づきました。その男性は途中で体調が悪くなり、毛布に包まって近くで寝ていました。エドワルドは私に、代わりに横に来るように合図をしました。

エドワルドの横に座った瞬間から、クリスタルのような澄んだ世界の中に入ってしまいました。私には、まるで誰かが灯りをつけたかのように明るく見えました。アントニオとアンデスにいた時に見えていた光輝く形とは、比べものにならない程はっきりと見えたのです。

彼の横から数十センチ離れただけで、また真っ暗な夜の世界に戻ってしまいます。つまりそれは、エドワルドの光輝くエネルギー・フィールド（訳注：光体（ライトボディ）の領域）が、私の視覚を鮮明なものにしていたのです。エドワルドは私のほうを見ると、「君には才能がある。でももっと訓練して明晰にしていく必要がある」と言いました。

その夜、私は初めて、勝手に侵入してきた霊体を見ました。その霊は、ある女性の光輝くエネルギー・フィールドの中に留まっていました。その女性の生命力を吸い取るような、寄生虫的な霊でした。彼女は鬱状態と絶望感に苛まれ、エドワルドのところに助けを求めてきたのです。彼は立ち上がり、祭壇から剣とクリスタルを取ると、その女性の症状の原因となっている霊体を摘出する作業を始めました。

彼は私のほうを向いて、こう言いました。

「この霊を癒す必要がある。この霊は彼女の弟で、車の事故で数カ月前に死んでいる。彼は自分が死んでいることに気づいておらず、お姉さんに助けてほしくて来てしまったのだ」

次にエドワルドは、この死んでいる男性の霊を癒し、悪夢から目を覚まして、「スピリット」の世界への旅を遂げられるように手助けしました。

「キリスト教の神父だったら悪魔祓いをして、この魂をまた闇の世界へと放り込んでしまっただろう」と、エドワルドは言いました。

その夜、私は、今まで受け入れることを拒んでいた世界に対して、心の目を開くことができました。私はナイーブで、「スピリット」の世界には天使たちと光輝く存在たちだけがいるのだと信じていたのです。私が一番知りたくなかったこと、つまり身体的あるいは感情的な症状が、勝手に侵入してくる霊によって引き起こされる場合があるという実態を目の当たりにしました。

私は「スピリット」の世界の、〝低俗〟な霊とは一切関わりたくないと思っていました。それでも、その「見方」は習いたかったのです。そしてエドワルドは、その見方を極めた達人でした。

私がこの目で見てわかったことは、人は死んだら自動的に神聖な存在になるわけではない、ということです。この物質界と同じくらい、向こう側の世界にも問題を抱えた人たちがたくさんいることを知りました。

私はエドワルドから見えない世界が見えるようになる能力を目覚めさせる通過儀礼を教えてもらいました。この部分がまさに、アントニオも私もずっと探していたパズルの一片であり、それこそ「カワック・ライツ」、あるいは「見える者」になるための儀礼だったのです。

第3章 光輝くエネルギー・フィールド

私にとってサンペドロ（訳注：インカのシャーマンが儀式の際に使う幻覚作用のあるサボテンを原料とした飲み物）は、吐き気を催す以外何の作用も感じない。粘液に似たネバネバした液体のせいで、飲み込む時に喉につかえる感じだ。とても癖のある味だ……。内容成分を分析してみたが、セレモニーで飲んだとしても、私も他の誰にとっても効果のある成分はそれほど入っていない。そのため、私がセレモニーで意識変容状態になるのは、ドン・エドワルドの歌のせいだと確信している。さらにセレモニーの空間に呼び込む蛇、ジャガー、ハチドリ、コンドルのスピリットたちのエネルギーの効果もある、とエドワルドは主張した。

私はそれがある種の催眠術ではないという確信は持てないし、彼が楽しい旅を誘導しているのかどうか、またクライアントが自分の病状の改善を望んだうえでシャーマンに認知されたから改善された、という確信も持てない。

後催眠暗示（訳注：覚醒後にある合図で特定の行動をとるように暗示をする催眠術の一種）――私は、ある男性が後催眠暗示にかけられ、大勢の人の前で洋服を脱いで、ついにはパンツ一枚になったのを見たことがある。

私が説明できないのは、〝エネルギーが見える〟という点だ。私がドン・エドワルドの横に座った時にだけ、エネルギーが見える。彼から数十センチ離れると、もう何も見えなくなる。まるで彼が電子空間に包まれているようで、その中では空気が実際にビリビリするのだ。彼の空間に入っている時の私は、彼が見えているものすべてが見える。

昨晩、エドワルドは若い女性を治療していた。彼女は私たちから二メートル程離れたところに子どもを抱きながら立っていて、エドワルドは歌っていた。すると突如、五、六本のタコの足のような巻きひげ状のものが、女性のお腹から出てきたのだ。我々は、そのタコの足のようなものの一本が、彼女の横に見える、乳白色のゆらゆらしている〝何か〟のお腹の辺りに伸びていき、そこと繋がったのを目にした。エドワルドいわく、その〝何か〟とは、彼女の元旦那で、娘の親権を奪いに来ようとしている、というのだ。

「この男があなたを傷つけている。子宮を通してあなたは彼と繋がっている」

逞しい（たくま）体つきのエドワルドはそう言うと、自分のメディスン・ストーンの後ろから飛び上がり、祭壇の剣を取って女性の横に降り立った。彼が女性のお腹に剣の先を当てると、彼女の光輝くフィールド全体が明るくなった。それはとても不気味な光景で、まるでラバランプ（訳注：米国で子ども部屋によく置かれている照明器具。色あいが強く中が揺れ動く）が突然点灯したような感じで、彼女の皮膚の表面の数センチ上で電流が渦巻き状に流れ、明るくなったり暗くなったりしていた。そして彼が剣をサッと切るように動かすと、その暗いコードが即座に霊体の腹部に引っ込んだ。その霊体の、まさに「はらわた」に、だ。

エドワルドは、女性の腹から出ている他の巻きひげ状のものを吸い込み、その毒のあるコードを自分の口の中に大きな音を立てながら入れ始めた。彼はこれを一分近く行なってから、輪の外に出ていった。激しく吐いている音が聞こえる。

彼女に目を戻すと、暗い紐束のようなたくさんのコードはもうなくなっていた。ゆるゆると回転していた彼女の第二チャクラが、どんどん調子を上げ、自己調整されていき、円錐形の回転へと戻っていくのが私には見えた。

エドワルドが祭壇へ戻ってきて、私の横にどさっと座った。かなり疲労している様子だ。

「相棒よ。見たか？」

そう彼は私に言った。

日記より

私たちは誰もが、身体の周りに「光輝くエネルギー・フィールド」を持っています。そのフィールドは、ガラス板の上に散りばめた砂鉄(さてつ)が、下から磁石を当てると電磁場に引き寄せられる動きをするのと同じように、私たちの肉体に情報を引き寄せます。

私たちの「光輝くエネルギー・フィールド」は、時の始まりの前から存在しています。それは宇宙に創造された光がまだ現れていない時から、その光と一つであり、無限に生きながらえることができます。時間の外にも存在しますが、時間という流れの中でも、新しい肉体を創造し、何度も繰り返し人生を経験することができます。

青、緑、赤紫、黄色の振動する光でできた半透明な球体が、腕を広げたくらいの幅であなたを包み込むように広がっている様子を想像してみてください。あなたの皮膚の少し上には金色の光が流れ輝き、経絡の中にもその光が流れています。あなたの皮膚と「光輝くエネルギー・フィールド」の膜の間には、輝く光線が渦状に流れ、またいくつかの光の渦巻きと融合しています。この活力の貯水池のような光の渦巻は、生命力の源であり、血管の中を流れる酸素や栄養素と同じように、我々の健康に必要不可欠なものなのです。

これらは「光輝くエネルギー・フィールド」から来るエネルギーであり、生命にとって最も純粋で大切な燃料です。体調不良や環境汚染、ストレスが原因で、「光輝くエネルギー・フィールド」に溜まっている生命力が消耗されてしまうと、私たちは病気になります。健康でバイタリティのある活動的な日々を送り続けるためには、基盤となっているこの燃料を常に活性化させていくことが大切です。

インドやチベット密教の人たちは、この「光輝くエネルギー・フィールド」の存在を何千年も前に記録しており、身体の周りに在る「オーラ」や「光輪」と表現していました。

私は最初、人間のエネルギー・フィールドに関して、南米のジャングルや山に住んでいるシャーマンも、同じ概念を持っているのは妙だと思いました。しかし人間のエネルギー・フィールドの普遍性を把握した時点から、世界のどこの文化でも、これを発見していたに違いないという理解に辿りついたのです。

東洋では、仏陀が青や金色の火に包まれている様子が、曼荼羅に描かれています。西洋では、イエス・キリストや使徒たちの頭の上に、光輝く光輪が描かれています。聖書の中では、使徒トマスは、イエス・キリストと同じくらいの明るい輝きを持っていたと書かれています。北米インディアンの伝説には、闇夜の中で光輝く人の描写が、まるで内側から放たれた炎の光によって照らされているようだったと語られています。アンデスの語り部は、「太陽の子」として知られていた君主パチャクティは夜明けの光が照らされてキラキラと輝いていたと伝えています。

地球上のすべての生き物は、「光」で構成されています。植物は太陽から直接光を吸収し命が芽生え、動物は光で育つ植物を食べるというように、生き物にとって、光は生きるための基礎となるものです。

私たちは光によって枠組みがつくられ、そこから物質としての生き物に形づくられていきます。私たちの周りにあるすべてのものは光から創られ、異なる振動数と形状に形づけられています。素粒子を研究している物理学者は、核心まで深く見てみると、宇宙のすべてが光と振動から成り立っていることを知っています。

仏陀やイエス・キリストの体の周りに描かれている光の輪が、ただの神秘的な伝説であると思っていたら大間違いです。彼らの輝きが、蛍などの生物発光に見られるような、体内から発せられる不思議なものであるともいえません。

仏陀は、悟りの道を教えてくれました。そして、苦しみから解放されるためには、自分の光を道しるべに進むことだ、とも教えてくれました。

イエス・キリストがヨルダン川で洗礼を受けた時、目が眩むような光が放たれたといわれています。この時、イエスは自分の愛の光によって輝いたのです。そんなことは私たちには到底無理だと信じてしまったなら、彼の言った「私がやったことよりも遥かに偉大なことをあなた方は成し遂げるであろう」という教えに背くことになります。

一般的には、伝説に登場する光は比喩であると解釈されがちです。光輝く状態は、より高次元の理解を得た時の表れの一つであると思い、私たちはそれを求めます。

私は、自分の研究から光が実在するものであり、体験を通してそれは証明できるものだ、と確信しました。そして、自分の光輝く性質を理解すれば、俗世の欲望を心から追い払い、無限を体験することができることもわかりました。

それにはまず、「光輝くエネルギー・フィールド」の構造を理解する必要があります。

魂の構造

「光輝くエネルギー・フィールド」は、目には見えないマトリックスであり、身体の隅々まで情報を送っています。

小学生の頃の実験で、砂鉄が目に見えない磁気によって、ガラスの上で美しい楕円の模様を作るのを見て感動しました。ガラスの下で磁石を動かすと、砂鉄がまるで蟻の行列のように、一斉に綺麗に移動します。砂鉄の列を崩すように指を動かし、次に指を離すと、砂鉄は急いで列の元の位置に戻っていきます。まるでその砂鉄が、意思を持って自分で動いているかのようです。この細かい鉄たちは、なぜまた元の同じ模様に戻っていくのでしょうか？

それから何年も経ってわかったことは、西洋医学では身体の症状を変えるために、砂鉄をガラス上で移動させているだけだ、ということです。手術や薬の投与により、身体にとっては激しいトラウマを伴うような作用を引き起こすことがよくあります。私は、このような西洋医学の手段は、ガラスの下から磁石を使って動かす方法に比べ、砂鉄を無理矢理、手で動かして散らすような、ひどいものであると感じます。

私にとって磁石とガラスの上に置かれた砂鉄の関係は、物質と意識が目に見えないエネルギー・フィールドによって繋がっている関係の隠喩となりました。

外科医が患者から癌を摘出した後、癌細胞が数週間あるいは数カ月後に戻ってきたケースを、私は何度か見たことがあります。物質そのものである癌は摘出されても、「光輝くエネルギー・フィールド」には、まだその病の青写真が残っているのです。残存している元の模様のところに急いで再生しようとして、その病が身体に現れてくるのは時間の問題でしょう。

「イルミネーション・プロセス」によって身体を癒すと、身体の砂鉄（意識）に、それをまとめているエネルギー・フィールド（磁気フィールド）を通して変化を与えることになります。「光輝くエネルギー・フィールド」を癒すことで、身体がその変化に順応するのです。

身体の外側にも広がる「光輝くエネルギー・フィールド」は、四つの層によって構成されています。

1. 因果の層（「スピリット」）
2. サイキックの層（エーテル体としても知られている――魂）
3. メンタル・感情の層（マインド――思考）
4. 物質的な層（肉体）

それぞれの層には異なる性質のエネルギーが保存されています。

一番外側の層には、肉体の燃料となるエネルギーが保存されています。

それより一つ内側の層には、メンタルや感情を保つためのスタミナとなるエネルギーが保存されています。

そのまた内側の層は、精錬されたサイキックなエネルギーが存在し、最も皮膚に近い層には、最も精細なエネルギーであるスピリチュアルな燃料が保存されています。古代書物では、この層を「微細身（みさいしん）」（あるいは微細体）と呼んでいます。

実際には、虹の色がお互いに融合し合っているように、この4層ははっきりと分かれているわけではなく、お互いの層に溶け込み合っています。

「光輝くエネルギー・フィールド」には、私たち個人と先祖の記憶がすべて網羅されており、幼少期のトラウマから前世の心の痛みの傷までのすべてが含まれています。これらの記録あるいは痕跡は、フルカラーで、その時の強い感情のまま保存されています。休眠していたコンピューター・プログラムを起動させた時のように、大元となっている心の傷は、それを模倣した状況を態度や人間関係で再現したり、事故や病気を引き起こします。個人の歴史は、じつに繰り返されるのです。

身体的トラウマは、「光輝くエネルギー・フィールド」の一番外側の層に残存しています。感情的痕跡は二層目に残存しており、魂の痕跡は三層目、「スピリット」の痕跡は四層目の最も深い層に保存されています。「光輝くエネルギー・フィールド」に保存されている痕跡が、自分が現世で歩む道をどう選んでいくかの素因となります。現世で経験する出来事や引き寄せられる人間関係は、すべてこの「光輝くエネルギー・フィールド」によって指揮されています。この痕跡が出会いを引き起こし、痛みを伴うドラマや傷心するような恋愛を繰り返し再現させますが、最終的には古代から引きずっていた魂の傷を癒す状況へと導いてくれます。

文字がパソコン内のどこに保存されているのかを知ることに、そんな関心がないのと同じく、どの痕跡がどの層に保存されているのかということに私はあまり関心がありません。私の関心は、編集して文字の中に変化を与えることです。

同様に「イルミネーション・プロセス」においても、私はネガティブな痕跡を消していくことに関心があります。すべての痕跡には情報が入っており、その情報はチャクラにも伝達され、それによって私たちの身体的かつ感情的な世界が構築されています。痕跡の中の情報が「光輝くエネルギー・フィールド」を編成し、その後に物理的な状況を築くのです。

「光輝くエネルギー・フィールド」は、私たちがどのように生き、どのように歳を重ね、どのように癒され、どのように死んでいくのかというテンプレートを保持しています。

「光輝くエネルギー・フィールド」に病気の痕跡が存在していなければ、たとえ病気になったとしても非常に早いスピードで治っていきます。その反対に、病気の痕跡がある場合には、免疫力が抑圧されているので、健康を取り戻すまでに非常に長い時間がかかってしまうことがあります。誰だって、本来は数日あるいは数週間で治せる病状を、何カ月も患いたくはありません。病の要因となっていたネガティブな痕跡を消去すると、免疫力は早いスピードで病気を根こそぎ追い払っていくのです。

光輝くエネルギー・フィールドの層

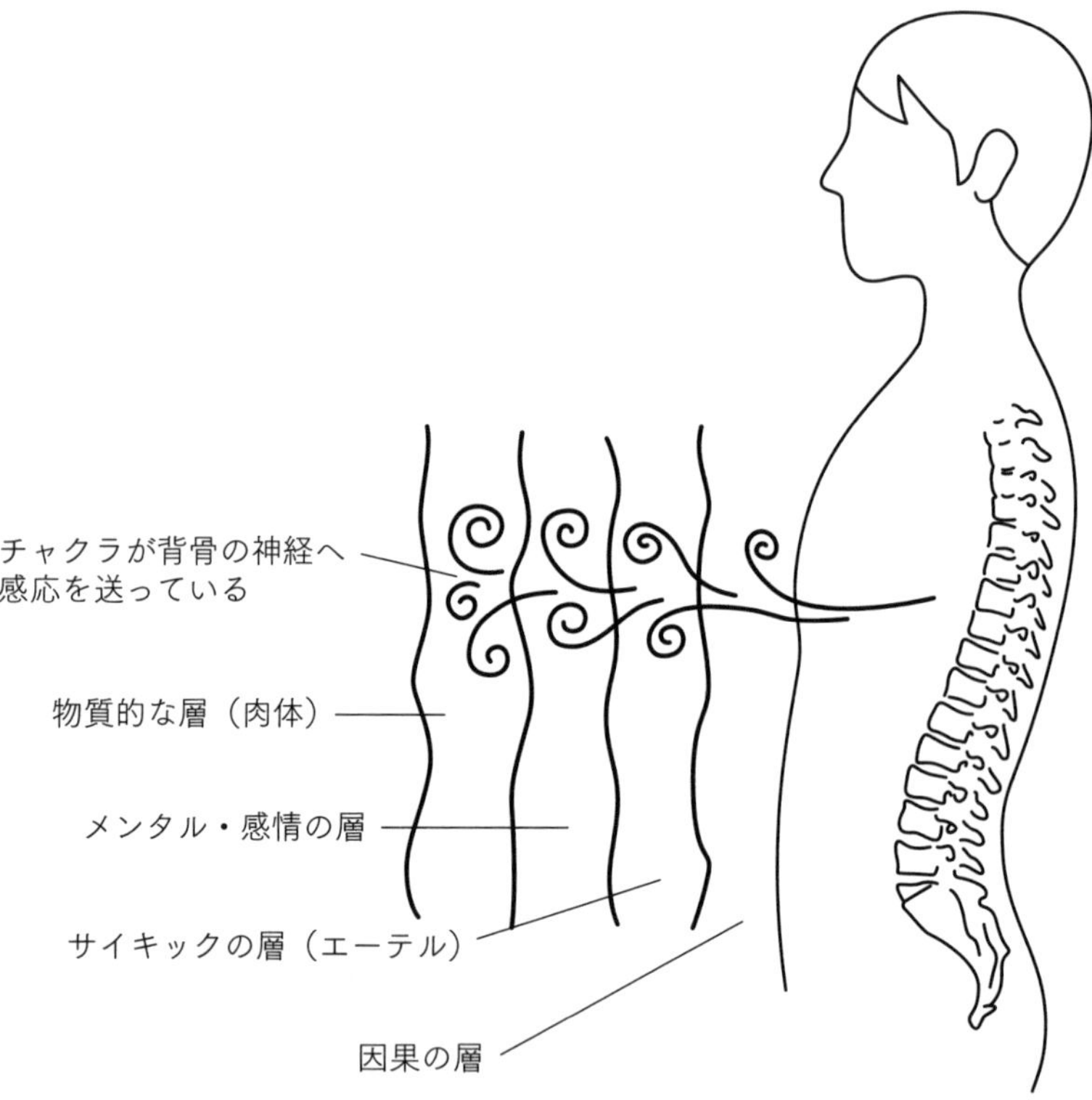

ジョージという二十代前半の運動選手は、腎臓機能不全により苦しんでいました。ドナーが見つかり、移植手術を受けるためにサンフランシスコにあるカリフォルニア大学のメディカル・センターに来院しました。

手術の前日、他人の腎臓に対して体が抵抗しないように、免疫力を抑える薬を飲みました。移植する前には標準的予防検査として、その腎臓に癌細胞がないかどうかの精密検査が行われ、ないことが確認されていました。しかし移植した一週間後、検査では検出されず隠れ潜んでいた癌細胞が、グレープフルーツの大きさにまで成長してしまったのです。ジョージは見た目も悲惨な状態で、ひどい痛みを体験することになってしまいました。

担当医師は、免疫力を抑える薬の摂取を止めさせました。すると白血球が癌細胞に一気に向かっていき、数日で癌は消えていったのです。

しかし問題は、彼の免疫システムが腎臓を拒絶していることでした。そこでまた免疫力を抑える薬を投与すると、腎臓は受け入れられたものの、またもやグレープフルーツの大きさの腫瘍が再発したのです。

これが数週間繰り返され、腫瘍は七回も大きく膨れ上がりました。二カ月間これが続いた後、ようやく体が新しい腎臓を受け入れ、薬も止めることができ、癌も消えていきました。

私は、ジョージがこんなにも早く回復できたのは、彼の「光輝くエネルギー・フィールド」に癌の青写真がなかったからだと信じています。免疫力を抑える薬を止めるとすぐに、彼の免疫システムは猛スピードで癌細胞を追いやり、排除していきました。そして、癌は二度と戻ってこなかったのです。

光の流れ

「光輝くエネルギー・フィールド」はドーナッツ型（原注：幾何学では「トーラス」として知られる）で中央には一つの分子よりも小さい、細い中軸となるトンネルがあります。インカの言語では、これを「ポポ（光輝く泡）」と呼びます。臨死体験をした人は、光へと帰還する旅路で、このトンネルを通過したことを報告しています。

人間のエネルギー・フィールドは、地球の北極から出て周回し、南極からまた入っていく磁気フィールドとまったく同じ形です。人間も同様に、「光輝くエネルギー・フィールド」の力線である「セケス」が頭の中央から出て、手を伸ばした幅の光体（ライトボディ）の周りを大きく楕円形状に周回しています。私たちのエネルギー・フィールドは、大地の三十センチ程下まで浸透し、再度、足の裏から体内に入ります。

地球の磁気フィールドは、地球本体から離れ外側へ行く程に力は弱まっていきますが、完全にゼロになることはありません。その力は、宇宙に向かって何百キロと拡張した後、徐々に弱まっていきます。その光速度は、秒速およそ三十万キロで宇宙の端へと進んでいきます。

人間のエネルギー・フィールドは、地球の磁気フィールドと同様に、力が外側へ行くと急速に弱まるため、体から一、二メートル程までしか広がっていないようです。それでもやはり光速で流れ、宇宙全体の光輝くマトリックスと私たちも繋がっており、これをインカでは「すべてに広がっているウェブ（宇宙全体に張り巡らされている)」という意味の「テクセムヨ」と呼んでいます。

地球の表面には力線あるいは「セケス」が流れており、それは、身体に流れる経絡のようなもので、地球の主なチャクラを繋げています。経絡は地球全域に流れていて、エネルギーと情報を場所から場所へと伝達しています。この力線からできた光輝くマトリックスを介して、シャーマンたちはコミュニケーションをとり合えるのだと主張します。メディスン・ピープルは、この地球の外から銀河へと広がっている宇宙の光輝くグリッドを感じたり、時には見ることができたりするといいます。

テクノロジー社会にいる人々の多くは、この宇宙のマトリックスと繋がっていません。私のところに来るクライアントの中でも慢性疲労を抱える人たちの多くは、自然界と完全に離れてしまっています。彼らは森の中を歩いたり、庭でトマトを育てたり、咲いている花の匂いを立ち止まって嗅ぐことさえもしないのです。森を歩けば、医学的に非常に複雑な症状である慢性疲労症候群が治るといっているわけではありません。それでも、このような症状で苦しんでいる方は、ヒーリングの一環として自然界のグリッドと再度強く繋がることがとても大切です。

力線が地球という母体の中を流れるように、身体の経絡はツボ(原注：本質はとても小さなチャクラである)を繋いで皮膚の表面を流れています。この氣が流れている経絡は、体内の循環系器官と同質のものです。経絡は「光輝くエネルギー・フィールド」の血管や動脈のようなものです。

南米のメディスン・ピープルは、この経絡を「リオス・デ・ルス」と呼び、それは「光体（ライトボディ）の中を流れる光の川」を意味します。

伝説では五千年前、鍼灸を始めた最初の鍼灸師が、体の表面にこの経絡のウェブが流れているのが見えたといいます。今日でも日本で著名な鍼灸師たちの多くは盲目です。彼らの素晴らしい診断を可能にする才能は、身体を見ることができないからこそ引き出されているものです。彼らは、指で氣の流れを追い、経絡のリズムや脈を感じることができます。気の滞っている箇所と健やかに流れている箇所を感じ取り、健康状態を診断することができるのです。

神秘的伝統を紹介する文献の中には、「光輝くエネルギー・フィールド」を知覚できる人々が多く登場します。インカでは「見える人」のことを「カワック」と呼びます。

ペルーの南部のナスカ砂漠には、廃墟となったカワチ（原注：「見える人たちの場所」という意味）という名の都市があります。この町全体が、生命の光輝く性質を知覚するための修練に費やされていた場所だったのです。

私は、時を経て、光体（ライトボディ）の光の流れを見る能力を発展させ、健康と病の青写真を読み取ることができるようになりました。この能力は誰にでも内在していると私は信じていますが、私たちのほとんどが、この目に見える物質的世界だけが「現実」だと教えられて育っているので、七、八歳以降にはその能力の成長が止まってしまう、あるいは失われてしまうようです。しかしアメリカ大陸のシャーマンたちは、誰もがこの「見る力」を使ってエネルギーの領域を知覚しています。

二十年ほど前のことですが、私がインカ帝国の首都であったクスコを訪ねていた時に、マクシモという名のヒーラーが行う、ある地元の女性への治療を見る機会がありました。

その女性は喘息に悩まされており、階段を昇るような簡単な動きでさえも咳き込んでしまうらしいのです。通例の挨拶と自己紹介を終えて、マクシモは彼女の前に座って、ブラウスのボタンを外すように言いました。彼は彼女の後ろに行き、指先で背中の片側の見えない線を追っています。指の動きが止まり、彼女にリラックスするように言いながら、体の一点を指でぐっと押しました。マクシモは、また背中を指で知覚しながら、所々を指でぐっと押し、女性はその度に痛そうにしていました。彼は喘息に効くツボを正確に押していたのです。

そのセラピーが終わった後、私は「驚嘆した」と伝えると、彼の返答はさらに驚く内容でした。なんと彼は、鍼灸のツボに関して聞いたことがなく、そのようなものがあることもまったく知らないと断言したのです。

自分の使っている手法はお祖母さんから習ったものであり、皮膚の表面に流れる光の川「セケス」を見る練習をして、その流れが滞っている箇所を、再度自由に流れるようにマッサージすることを習った、と説明しました。

その日の最後の患者さんが帰った後、私は彼にその「光の川」について、もう少し説明してほしいと頼みました。彼はニッコリ笑って、私に衣服を脱ぐように言い、妻のアニータの持ち物である真っ赤な口紅を使って、私の体にその光の川を描いてくれました。

私がダイニングテーブルの上に立ち、マクシモが私の写真を撮っているところに、アニータと二人の娘さんが戻ってきて、部屋に入るやいなや「キャーッ！」と叫んで家の外に飛び出していきました。後にわかったのですが、奥さんは半裸の男性が部屋にいたことに驚いたわけではなく、自分が持っていた唯一の口紅が使われてしまったことにショックを受けたそうです。

私がカリフォルニアに戻ってから、その写真と中国の鍼灸の本にある経絡を比べて見ると、光の川と経路の流れはまったく同じでした。マクシモや南米の他のシャーマンたちにとって、人の体の表面を流れる光の川は、地球の表面を流れる大きな光輝く川の支流であり、支流は主流に流れ込んだり、主流からエネルギーを受け取っているのです。

チャクラについて

多くの人が、アメリカ先住民の伝統でもチャクラが存在することに驚きます。私も生徒から、「チャクラはヒンズー教のものだと思っていた」と言われることがあります。

チャクラは「光輝くエネルギー・フィールド」の構造の一部です。腎臓を英語で「キドニー」と命名したのがヨーロッパ人だからといって、キドニーがヨーロッパにしか存在しないというわけではありません。同様に、チャクラもヒンズー教にしか存在しないというわけではないのです。

チャクラはすべての生き物にあります。バッタにも鹿にもリスにも人間にもあります。木にもチャクラはあります。

動物のチャクラは人間と同様に背骨に沿っています。木は背骨がないため人間とは異なり、チャクラは移動します。木の表面を手でスキャンしてみてください。ピリピリとした感覚がある箇所が、チャクラのある場所です。そのエネルギーを両手の中に感じてみてください（原注：バスケットボールのサイズ）。そっと優しくチャクラを押して、自分のチャクラの一つと一直線に結んでみると、木と自分をエネルギーで繋げることができます。

南米の一部の地域では、チャクラは「オホス・デ・ルス（光の目）」として知られています。私のインカの師匠は「プキオス（光の井戸）」と呼んでいました。

私たちは、世の中の印象をチャクラで受け取っています。愛をハート（第四チャクラ）で受け取り、性的な感覚、恐れ、危険をお腹（第二チャクラ）で、洞察する力を眉間（第六チャクラ）で受け取ります。賛成しがたい状況に陥ると第二チャクラが痙攣したり、お腹に捻れたような感覚が生まれるかもしれません。ハートセンターで感じるものは、間違いなく愛をハートに関連づけて表現します。悲しみを〝heartache（傷心）〟と表現するように。

東洋の伝統では、チャクラは体の中に内在すると想定されています。しかしシャーマンたちは、チャクラから「フアカス」という「光輝く糸」が体の外側へと伸びていて、木々や川、森と繋がっていると考えます。

さらにその光輝く系は、私たちが産まれた場所、暮らした場所、個人的に行ったことのあるすべての場所と、そしてまた未来に行く予定の運命の場所へも繋がっています。

ヒンズー教では七つのチャクラを紹介していますが、シャーマンである私の師たちは、それに加えてもう二つのチャクラがあると教えてくれました。

第八チャクラは「光輝くエネルギー・フィールド」、光体（ライトボディ）の一番上にあり、これを「ウィラコチャ（聖なる源）」と呼びます。

そして第九チャクラは光体（ライトボディ）の外にあり、すべての創造の産物と繋がる無限の中に存在します。無限とは、「カウサイ」として知られる「スピリット」の世界、まだ顕在化されていない創造のポイントです。

第4章で、チャクラについては、もっと詳しく探求していきます。

チャクラは「光輝くエネルギー・フィールド」の器官です。チャクラは渦巻状に動いているディスクで、外に向いている広い口があり、体から数センチ離れたところで回転しており、その広い口から光体（ライトボディ）に保存されている輝く燃料を吸収し、スピリチュアル面や感情面、創造力を養っています。じょうご状の狭まっている先端は、背骨に直結しています。

チャクラは、過去のトラウマや心の傷などの情報を、「光輝くエネルギー・フィールド」に保存されている痕跡からキャッチして、神経組織に伝達します。チャクラが神経組織に情報を伝達することで気分が変わり、感情あるいは身体に影響を与え、健康が左右されます。

さらにチャクラは、人間のすべての行動を統制する内分泌腺とも繋がっています。

健やかに長生きをする

「光輝くエネルギー・フィールド」が、環境または感情的な原因によって汚染され毒性が出てくると、チャクラは詰まってしまいます。車のエンジンのピストンが、汚れて泥だらけになるようなものです。チャクラに毒素が溜まると回転が鈍り、エネルギー不足となってイライラしたり、鬱にもなりやすくなります。やがて免疫力がひどく低下して、機能不全になります。

「光輝くエネルギー・フィールド」内に保存されている燃料の質は、寿命にも影響します。保存されているエネルギーが有毒になると、チャクラはこの毒を中枢神経システムに伝達し、病気が発症したり、死に繋がるほどの危険な状態になることもあります。ですから保存されているエネルギーを効果的に入れ替えることで、健康を維持し寿命を伸ばすことが可能です。また、「光輝くエネルギー・フィールド」に保存されているエネルギーそのものの質によって、歳の取り方も変わっていきます。

加齢について研究する科学者たちは、体内時計の時間の流れが一直線ではないことを発見しました。私たちの細胞は、生きる年数に制限がありません。それよりもむしろ、細胞は生まれ変わる回数、つまり正確な複製を生成する回数に限度があります。たとえば、肝臓の細胞は、まったく同じものを百回複製することが可能だとしましょう。四十九回複製した後に、一握りの肝臓の細胞を冷凍し、百年後に研究室で解凍したとしても、細胞が死滅するまで残りの五十一回分の複製が可能なのです。しかし肝臓の細胞がそれぞれ百回生まれ変わる可能性を持っていたとしても、食生活やライフスタイルによって、その寿命は大きく影響されるため、最長の寿命を楽しめるかどうかはあなた次第です。お酒を非常に多く飲んでいる人は、肝臓の寿命を大きく縮めることになるでしょう。

食生活とライフスタイルの質と同等に長寿をもたらす要因として大事なのは、「光輝くエネルギー・フィールド」に保存されている情報の質です。研究室で光体（ライトボディ）と細胞の寿命の関連性が実証されているわけではありませんが、シャーマンたちは、これらの生命エネルギーの質と純度が、長寿をまっとうする決め手であると確信しています。

私たちが感情あるいは身体的ストレスを感じると、保存されている燃料はどんどん枯渇します。保存されていた燃料は不足し、危機状態になります。「光輝くエネルギー・フィールド」はバッテリーと同様に、再生できなくなるまで、全速力で稼働できる時間が限られています。誰でも自分の周りに、突然降りかかった衝撃的な出来事、たとえば、離婚や愛する人が死んでしまったなどが原因で急に老け込んでしまったという人を見たことがあるでしょう。光輝くエネルギーをどのように保存し効果的に入れ替えていくかで、どれだけ健康的な生活ができるか、またどれだけ長生きできるかが決まってくるのです。

「光輝くエネルギー・フィールド」内の燃料をアップグレードする方法の一つは、第7章で紹介する「イルミネーション・プロセス」です。

もう一つの方法は、チャクラを浄化する方法です。朝、シャワーを浴びながらでもできます。まず、左手を背骨の一番下にあてます。そして右手は、皮膚から七、八センチ程離れた位置で第一チャクラを感じてみましょう（原注：第4章にてチャクラの位置について詳細あり）。そして時計と反対回りに（原注：体が時計の表面だと思って）二、三本の指の先で、三、四回円を描いてまわします。そして指を洗い流します。これによって、チャクラの壁面にへばり付いていた汚れや毒素を取り除くことができます。

七つのチャクラをすべて同じ要領で行い、一つのチャクラが終わったら、次のチャクラの作業に移る前に、必ず指をしっかりと洗い流してください。綿飴のようなチャクラの厚い層を感じとってみましょう。

次に、また第一チャクラに戻り、今度は時計回りに三、四回まわしていきます。それから七つのチャクラを同じようにしていきます。

このエクササイズは、チャクラの回転する速度を加速させ、それぞれのエネルギーの渦が最適な振動数で回転している状態を維持させます。綺麗になったチャクラは、燃料を補充するために自然のエネルギーを取り込めるようになり、私たちの「光輝くエネルギー・フィールド」は最高に健康な状態を保てるようになります。

「イルミネーション・プロセス」も、寿命を長く伸ばすために使うことができます。生物学者は、時として細胞の老化の過程で、コピーした用紙をさらにコピーをし、それをまたコピーする過程と比較して表現します。コピーを九十九回繰り返した頃には、コピーされたイメージは大分擦れて、見づらくなります。人によっては、三十代後半で肌のハリが弱くなり、カラスの足跡が目じりに出てきたり、シワが出てきます。元のイメージを再現できたら！と思うことでしょう。

「イルミネーション・プロセス」のセッションでは、最初のイメージからコピーすることが可能です。すべての生命に情報を伝達している大元の情報源から、体に情報を送ることができるからです。「光輝くエネルギー・フィールド」のヒーリング技法を習練することで、赤松の森や天の河の中で螺旋状に連なる星々に情報を与えている大元の情報源から、私たちも同じように情報を受け取ることができるようになります。

健康と病の印

DNAの二重螺旋構造の中に、長生きするフォーミュラと病気の原因となる遺伝性のフォーミュラがあるのと同じように、「光輝くエネルギー・フィールド」の中には私たちを癒す情報もあれば殺す情報も入っています。

家の青写真が描かれている建築設計図と同様に、体の青写真が保管されている場所です。しかし家の設計図は不変であり、家が老朽化しても変わりませんが、「光輝くエネルギー・フィールド」のテンプレートには、私たちが人生で体験する正負の両方の情報がどんどん入っていきます。まだ解決していない心理的、あるいは精神的なトラウマは、すべてこの光輝くフィールドの中に引っ掻き傷のような跡を残していきます。逆に、ポジティブな経験は刻印されません。

スピリチュアルな実践を通して体験した平和や静寂は、「光輝くエネルギー・フィールド」の一番内側の層の燃料となり、魂と精神を活性化させていく力と化していきます。

その青写真には、すべての過去世の情報、苦しんだ経験、愛した経験、病気になった経験、死んだ時の状況などのすべてが含まれ、私たちが母親のお腹の中にいた頃から形作られています。

東洋では、この刻印のことを「カルマ」と呼び、人生の中に荒波のごとく現れ、泳ぎ抜くことを困難にさせる要因とされています。これらの刻印は、私たちが過去と同じ過ちを繰り返す根本的な原因です。

そのため、「光輝くエネルギー・フィールド」の中のどこに刻印が残されているのかを探し当て、体・心・精神の健康を取り戻すために刻印を消去したいのです。


「光輝くエネルギー・フィールド」の一番外側の層には、光体（ライトボディ）の膜、あるいは「表皮」があります。この膜は、身体を守る膜である皮膚と同様の役割を持ち、光体（ライトボディ）を守るコクーン（繭（まゆ））のようなものです。身体的なトラウマや病気の刻印は、グラスの切り込み細工の模様のように、この膜に刻まれています。

私のクライアントで長い間病状を患っていた人たちのほとんどは、エネルギーの刻印が免疫システムを抑え込んでいました。この刻印が消去されない限り、病気を回復するのに何カ月あるいは何年もかかってしまい、同じ病気を繰り返すだけでなく、来世にも持ち越されてしまいます。

感情とメンタルの層に刻まれた印が私たちの人生の生き方を定め、どのようなタイプの人に惹かれるかなど、人間関係の要因となります。その刻印が、私たちの人生における感情面を指揮しています。刻印をこの層から消去しない限り、ライフスタイルを変えることは、とても難しいものです。

エーテル体あるいは魂の層の中にある刻印は、私たちに情報を伝達し、物理的現実はその情報によって構築されています。因果あるいはスピリチュアルな層の中にある刻印は、スピリチュアル的な平和や充実感を与えてくれる体験などを含め、人生を通してずっと舞台の振付師的な役割を担っています。

コンピューターのメモリーに保存されている文字と、光体(ライトボディ)内に保存されている刻印は似ています。ハードディスク・ドライブをねじ回しで分解し、その中で文章や句読点、一節を一生懸命に探そうとしても見つけることはできません。コンピューター言語は、磁気で発動する0と1で構成されているからです。「光輝くエネルギー・フィールド」も似たような仕組みで暗号化されています。幼児期の虐待の記憶は、イメージ通りに映像が記録されているわけではありません。癌も同様に、エネルギー・テンプレートの中で腫物として見えるわけではありません。エネルギーが見える人には、両方とも暗くよどんだ溜池のようなイメージで見えます。

刻印が発動するとプログラムが開始され、そのプログラムへ「光輝くエネルギー・フィールド」に保存されている燃料が送り込まれていきます。止めるのは不可能に近いでしょう。まるでラフティングボートで川に乗り込むような感じです。一度その川の荒波へ押し出されたら、もう後戻りはできません。次の岸が見えるまで、早い川の流れに乗っていくしかないのです。

トラウマによって生じた負の感情が癒されていない場合も、印が刻まれます。

私のクライアントの一人は、自分の父親と母親が別れた時の印がとても強く刻まれていました。スーザンは当時七歳で、お父さんが出ていってしまったのは自分が何か悪いことをしたせいだ、と思い込んでいました。彼女は見捨てられたという強い思いに苦しめられていたのですが、それまで表面に出てこなかった刻印は、彼女の結婚生活二年目に突然発動したのです。彼女はご主人を愛していましたし、彼を疑う原因は何もなかったのですが、突然、自分が必要としている時に自分をサポートしてくれる人がいない、彼には任せられない、どんな男性も信頼できないと思い始めるようになってしまいました。ご主人は、どうやっても彼女から信頼を取り戻すことができませんでした。

私が彼女の「光輝くエネルギー・フィールド」をスキャンすると、左肩の上に絡まった糸の玉のようなものが連なっているのが見えました。刻印が発動している場合、「光輝くエネルギー・フィールド」内で、脈を打っているように見えます。スーザンの肩の上で、その塊は脈を打つように振動していました。心理療法に何年も通ったおかげで、彼女に見捨てられたという思いがあることは認識できていましたが、その治療法では刻印を消去することはできませんでした。何か危機感やストレスを感じると刻まれている内容に火がついてしまい、また同じことを繰り返してしまいます。彼女の見捨てられたというトラウマが勃発し、人生の中で出会うすべての男性に対して信頼が持てなくなってしまうのです。

私のセッションを三回終えた後、スーザンは再びご主人が自分をサポートしてくれる人であると信頼できるようになりました。彼女は父親を赦し、また良い関係を築くことができるようになったのです。

レイプや戦場での拷問などの被害者で、身体的あるいは感情的な虐待を受けた人たちも見ていますが、「光輝くエネルギー・フィールド」に刻印が残っていなかったケースもあります。その人たちは、トラウマに付随した痛みやネガティブな感情を自分なりに癒すことができていたのです。

大きな悲しみや苦しみを乗り越え、その学びを受け入れ、成長した人たちもいることは、誰もが知っているのではないでしょうか。同時に、トラウマや苦しみが心にずっと残ってしまい、癒されていない人たちも周りにいるでしょう。彼らは心に深く傷を負ったまま、捻くれていたり、怒りっぽい性格になっています。

精神科医ジェローム・フランク（1909―2005）は、自分の家族がナチスに殺されているにもかかわらず、第二次世界大戦中の収容所でインターンとして働くことになった時、どのような目的と意味を持つことができたのでしょうか？

苦しい状況の中でも、そこから湧いてくる感情を、その状況が起きている間に癒すことができたなら、「光輝くエネルギー・フィールド」の中に刻印は残りません。痛みを伴う状況の中でも、慈愛や赦しの心を持てたなら、「光輝くエネルギー・フィールド」の中に有毒なエネルギーは残らないのです。

「光輝くエネルギー・フィールド」の刻印は、外の世界にまったく関係ないような不思議な事態を招くことがあります。お互い同じような毒のある人格同士が惹かれ合い、恋人になるよう仕組まれる場合もあります。思わぬ場所に行くことになり、そこで運命の人と出会う設定になっていることもあります。交通事故に遭う車に乗り合わせるように設定されたり、ちょうど事故に遭う車の一台前の車に乗っている設定の場合もあるでしょう。

次に語るマグダの話は、「光輝くエネルギー・フィールド」のエーテル体あるいは魂の層に刻印のある場合、この現実界で身体に病気を作る企てがいかに容易であるかを物語っています。

マグダは、「ひどい不運」という表現を使っていましたが、それが原因で苦しんでいるという理由で私を訪ねてきました。シングル・マザーだった彼女の十七歳の一人息子は、悲劇的な交通事故で死んでいましたが、毎年息子の命日に、自分の命が危険に晒される事件が起きるのだ、と言います。

一年目は車を運転している時でした。赤信号で停まっていたら後ろから追突され、救急で手術をすることになったのです。次の年には消化不良を起こし救急処置室に入れられ、医師からバリウム検査を受けました。その時点で彼女にバリウムアレルギーがあることが判明し、心蔵が停止する事態となりました。

このように五年間、毎年何かが起きていたのです。マグダは、毎年二月二十六日に、なぜ死にかけるようなトラウマ体験をするのかがわかっていませんでした。

マグダが最初に私のオフィスに入ってきた時、「なぜ息子ではなく私が死ななかったの？　なぜ私は生きなければいけないの？」と叫んでいました。彼女は、息子が夜、友達と運転して出かけることを承知した自分を責めていました。彼を失ってから孤独感に苛まれ、人生の目的が持てず、生きる理由を見つけることもできませんでした。

「イルミネーション・プロセス」を行なっている間、彼女は筋肉が痙攣したり、ったりした後、身体から何かが解放されていく感覚を体験しました。何回も体が震え、そのつど少し涙ぐんでいました。

セッションを数回終えた後、彼女はとても穏やかな気持ちになり、息子の心も穏やかになっているのを感じ、セッション中に息子が隣にいて慰めてくれていた、と感じたそうです。セッションを数回行うことで、精神科でアニバーサリー・エフェクト（訳注：毎年何かの記念日に何かが起きる現象）として知られる、彼女が毎年事故に遭う原因となっていた刻印も消去できました。

彼女は、息子の魂と繋がったことを悟りました。もう息子と離れることは絶対にないと確信できたようです。ようやくマグダは息子の死を受け入れ、心の痛みを癒すことができたため、彼の事故を再演することがなくなったのです。彼女は翌年の二月二十六日を、通常通り健康に過ごすことができました。そのようにエネルギーのパターンを壊したことで、彼女の現実の世界が変わったのです。

刻印が発動すると、その毒性のエネルギーはチャクラの中に侵入し、感情的大惨事を引き起こすか、免疫システムに打撃を与えます。マグダのケースでは、彼女の苦しみは嵐の時の暗雲のように大きくなり、息子さんが亡くなった日に毎年発動していたのです。

私が「光輝くエネルギー・フィールド」を観察した時、刻印の周りに暗雲が周回しているのが見えました。このような暗色のエネルギーがある場合には、刻印が発動していることを示します。刻印が発動すると、根本的な原因である心の痛みを再現するために都合のよい人や状況を引き寄せ、心の痛みを癒そうと試みるのです。

先祖代々の痕跡

アマゾンの熱帯雨林に住むメディスン・ピープルは、家族に降りかかる呪いが次の世代へと代々継がれてしまうことがあるといいます。何年間もシャーマンから学ぶことによって、光体（ライトボディ）の中の刻印が先祖代々、次の世代へ引き継がれることを意味していたのだ、と理解しました。

最も一般的なものは、母親あるいは父親から身体的な体質の刻印を受け継ぐことです。心臓病や乳がんは遺伝性が高いと、すでに知られています。あなたの母親とそのまた母親（祖母）が心臓病で亡くなっているなら、その遺伝子を引き継いでいる可能性は高いわけです。

このような体質の遺伝情報も、「光輝くエネルギー・フィールド」の中に保存されています。

ケンが最初に私を訪ねてきた理由は、結婚問題についてでした。彼と奥さんは新婚生活に慣れず、カウンセリングにやって来たのです。ケンと会話をしている途中で、私は彼の胸から十二センチ程上に暗色のエネルギーの丸い小さな点があることに気づきました。もう少しよく観察してみると、それは心臓にある暗色の溜池のようなものに繋がっています。私は、彼の家族に心臓病の傾向がないかどうかを聞きました。すると、自分の親戚は皆、心臓に問題なく、心臓病で死んだ人はいない、との答え。また、自分も体を鍛えており体力に自信がある、とケンは主張します。私は自分が見える状況を信頼していたので、その返答に驚きました。

私は彼に、検診、特に心臓の精密検査をしてほしいと伝え、食生活から赤身の肉を除き、適度な運動をすることで心臓のケアをすることを勧めました。彼のハートチャクラへ働きかけながら、私の理性的な思考は、もしかしたら彼の感情的ストレスを、身体的心臓の状況と見間違えてしまったのかもしれないと考えていました。

その三日後、ケンは電話で、彼の弟が四箇所の心臓バイパス緊急手術を受けたことを報告しました。弟が定期検診に行ったところ、心臓発作を起こす寸前の状況だったとわかり、急遽手術することになったというのです。ケン自身の心臓の検診は問題がありませんでした。しかし「光輝くエネルギー・フィールド」では数カ月後あるいは数年後に起きることが見える場合があります。そのため、ケンには心臓を鍛えて予防することを勧めました。それと同時に「イルミネーション・プロセス」を行い、その元となっている状況を身体に症状が現れる前に消去しました。ケンは自分でヒーリングすることに成功し、心臓のバイパス手術をすることはありませんでした。

七世代

刻印は、両親から遺伝的に引き継がれた心理的な性質に関係していることもあります。ナンシー・フライデー（アメリカ人作家／１９３３―２０１７）が書いた本『母と娘の関係（原題：*My Mother, Myself*）』（１９８０年発刊／講談社）には、自分の母親とまったく正反対の人生を歩もうと必死に頑張ってきたのに、気がついたら母親の人生を繰り返してしまっていたとあります。

母親あるいは父親と同じ道を歩み、同じようなトラブルの多い人生を歩んでしまっている人は少なくありません。もしもあなたの母親とお祖母さんが暴力的な男性と関係を持っていたなら、あなたも同じような道を辿る要因を持っていることになります。

父親の罪は、七世代受け継がれると聖書にも書いてあるほどです。これらの罪というのは、罪なき子孫たちに対する判決ではなく、負のエネルギーが代々引き継がれてしまっているという意味です。

心理学者は、私たちの潜在意識に潜んでいる、親から引き継いだ動機や態度は、脳の回路の中に暗号化され、そのプログラムの修正は心理療法でのみ可能であると信じています。私は、負のパターンや習性は「光輝くエネルギー・フィールド」の中にも暗号化されており、心理療法で何年もかかることが、たった一回の「イルミネーション・プロセス」の施術だけで解消できると確信しています。

ヒーリングを起こすためには、話すだけの心理療法では不十分な場合も多いです。心理学では、人が自分の中の潜在意識に潜んでいる「複雑な要素」や「動機」を認知すれば、負の影響から解放されると信じています。

ところがシャーマンたちは、顕在意識で認識できたとしても、それはほんの表面を触れただけにすぎず、癒しを完治させるには程遠い、といいます。ある女性が幼少期に性的虐待を受けていたことを認識できたとで、男性を信頼できない理由がわかったとしても、この認識だけでは男性と深い関係を築けるようにはなりません。もっと運動をしないといけない、食べるお菓子の量を減らす必要がある、もっと瞑想の時間をとるべきだとわかっていても、そのメリットに対して無理に頑張らないと達成できない場合が多いのです。感情や身体的欲望、恐れに対して、理性的な思考で自分を抑えることはとても難しいものです。「イルミネーション・プロセス」の手法では、「光輝くエネルギー・フィールド」の因果の層に働きかけるため、この問題を解決する突破口となります。心理療法では、話すだけでメンタル面にしか働きかけないので、「光輝くエネルギー・フィールド」に残存している刻印を消去したり、古い情報に上書きすることができません。

父親から息子へ、あるいは母親から娘へと代々引き継がれる刻印には、もう一つのタイプがあります。これは実際に、私の家族の中で起きた現象だったので興味を抱きました。

私の祖父は「大恐慌」の時代（１９３０年代）、四十五歳の時にすべてを失いました。私の父はキューバの首都ハバナで弁護士として成功していましたが、四十六歳の時にキューバ革命が起き、仕事を失いすべての資産を失いました。私の父は、どのような家に住み、どれだけの収入があり、子どもをどの学校に通わせるかなど、常に物質的な実現で成功を測る人でした。革命が起きた後、私たちはキューバを離れ、父は再び自分が楽しんでいた生活を再構築しようと、二十五年間、昼も夜も働き通し、家族とはほとんど会う時間もなく人生の喜びから遠ざかった生活をしていました。七十代前半になって、父はようやく理想に近い生活を得て退職しました。

それから数カ月経った頃、父は「朝起きて気づいたが、私の人生はどこに行ってしまったのか？」と私に言いました。その日から彼は自分の人生を生きることを決意し、ずっと行ってみたいと思っていたヨーロッパや中国など、いろいろな国へと長期にわたる放浪の旅に出かけました。それでも彼が人生の二十五年間を失ってしまったことに変わりはないのです。

私の兄が四十八歳の時、医者は彼の脳に悪性の腫瘍を発見しました。放射能治療と抗癌剤治療を行なったにもかかわらず、その数カ月後、人生の最盛期に美しい二人の子どもと妻を残してこの世を去ってしまったのです。

そして私も、四十五歳の時、私が愛するものすべてを失いました。それまでに書いた数々の著書のおかげで、講演の依頼や教える機会が非常に増え、週のうち四日は出張でエネルギー・メディスンやシャーマニズムについて講演をしていました。そのせいで、家族と過ごす時間が非常に少なくなっていたのです。どうにか結婚生活を維持しようと努力し、セラピーやカウンセリングに行きましたが、結果は失敗。妻と別れることになり、そのすぐ後に六歳の娘が乗馬中に馬に放り出され、肝臓を損傷し緊急手術をする事態が起きたのです。

その時私は、著名なメディスン・マンであるドン・イグナシオと一緒に、アマゾンのジャングルにグループを連れて旅をしていたところでした。ドン・イグナシオは〝見る力〟に長けた人でしたが、私が自分のこの半年間の状況を説明すると、私の心臓の上に暗色の塊が見えると言いました。

「それは私が今感じている哀しみだと思う」と私が言うと、「いいや、違うね」と彼は言いながら、私の心臓の上にそっと手を当てました。

「これは君のお祖父さんが犯した災いだ」

私の父の父が、ある男性のキャリアを破滅に追いやり、その相手の怒りを被っていると、イグナシオは説明しました。その「呪い」が、私の父と兄、そして私にも受け継がれているというのです。

「残りの人生をずっと敵と闘って、いずれ癒されていくのを待つか、自分の心臓にヒーリングを行なって、外側の世界のほうが影響されていくのを選択するか、どちらかだ」

その夜、彼は私の心臓にヒーリングを行なってくれました。私のハートチャクラの上にあった暗い影、つまり「光輝くエネルギー・フィールド」の中に刻まれていた代々の刻印を消去してくれたのです。

私は翌朝、米国に戻りました。その数日後、娘は小児科の集中治療室から出ることができ、完治しました。結婚を維持するには遅すぎましたが、子どもたちとの関係は深まり、良くなりました。今では、良き友達のような関係を築いています。子どもたちが私に、良い父親になるための知恵を教えてくれたのです。

それ以来、私は刻印が代々受け継がれることに気づきました。私たちの中にある刻印を癒すことで、両親と子どもたちにもヒーリングが起きます。私は息子の男系の七世代分を癒し、彼が四十六歳になった時の危機から救ったと確信しています。

私にとってその証拠となるものは何でしょうか？　結婚生活は終わってしまいましたが、家族の強い絆を築くことができたのは確かです。父とは違い、二十年待たずに家族の絆を修復することができたのです。

刻印の上書き

私たち物理学者にとって、過去、現在、未来の違いとは、頑に決めつけている幻想にすぎない。

——アルバート・アインシュタイン

シャーマンは、刻印の周りに渦巻く有毒なエネルギーを排出させ、その刻印自体を消去することに関心を持っています。

シャーマン修行の初期段階では、自分の「光輝くエネルギー・フィールド」の深い浄化、あるいは「精練」

の練習が含まれます。シャーマンになった時点で、自分の個人史は捨て去ります。だからナバホ族のメディスン・ウーマンは、「私は山であり、私は川である」と言うことができるのです。

シャーマンたちは喪失、飢え、痛み、虐待を経験していたとしても、何よりも自分は無限に向かう偉大なる旅人であることを理解しています。

「イルミネーション・プロセス」によるヒーリングの目標は、そこにあります。心理療法士はクライアントの物語を聞きますが、私は物語には興味がありません。私の関心は、クライアントに物語と自分は同一のものではなく、自分は母親や父親、文化とは関係なく、さらにその時に自分に起きた出来事のシナリオを生きる役者でもなく、単にその物語の語り部にすぎないのだと気づかせることです。そのためには、クライアントの「光輝くエネルギー・フィールド」にアクセスし、その刻印を見つける必要があります。

刻印に直接アクセスするのは、非常に難しいことです。ビデオテープのテープ自体をカセットから取り出し、それを通して映画を観ようとするのと同じです。映画を実際に観るためには、インターフェースとしてテレビ画面とＶＴＲが必要です。

この物質界と「光輝くエネルギー・フィールド」のインターフェースは、チャクラです。回転する螺旋状のエネルギーは、ある意味アインシュタインが解いた関係式「$E = mc^2$」の「＝」記号の上に座っているようなものだといえます。

チャクラにあるエネルギーが体内の物質を構築して病や健康を作り、さらに私たちの人生という現実をつくっています。そして、チャクラを通じて、物質界からエネルギー圏へと越えて渡ることもできるのです。

第Ⅱ部

光輝く世界

古代からあるミステリースクール（秘教学校）では、私たちに内在する超能力の秘密について教えてきました。これらの学校は、チグリス川とユーフラテス川の間にある三日月型の肥沃な大地に住む先見者たちと、中国やチベットのシャーマンたちによって創設されたものです。

ミステリーサークルの教えは、今日(こんにち)までずっと継承されてきました。カバラ、易経、タントラ、チベット仏教を学んだ方も多いと思います。それに加え、レイキ・マスターやその他のエネルギー・メディスンの先生たちは、素晴らしいヒーリングの技法を教授しています。道を歩んでいく過程で、私たちを大いにサポートしてくれるヨガや瞑想など、スピリチュアルな実践法は豊富にあります。

似たようなミステリースクールは、アメリカ大陸においてもマヤ、ホピ、インカなどの先住民グループの文化の中に存在していました。彼らの教えでは、賢者となるまでに九つの門を通過する必要があるとされています。それぞれの門はチャクラと関連しています。

私が学んだインカのシャーマンは、チャクラは九つあるといいます。それぞれのチャクラというセンターは一つの門の象徴であり、賢者になるために自分の可能性を一つ悟るごとに門を通過することになります。

七つのセンターは体の中にあります。残りの二つは「光輝くエネルギー・フィールド」の中にあります。この二つのチャクラでは、シャーマンは「トランスパーソナル」（訳注：個人の人格領域を越えた）な現実の中に入ります。

第Ⅱ部では、シャーマンの視点から見た「光輝くエネルギー・フィールド」の構造を解説していきます。

ここでは、見えないエネルギー世界を見る能力を目覚めさせる訓練も含まれています。この見る練習のことを、日常の中の自覚と区別するために「第二の気づき」と呼んでいます。ここで教えるエクササイズは、物体と物体の間の空間、私たちの周りに存在する光輝く領域を捉えることを学ぶ、パワフルで実践的な練習法です。

第6章では、「聖なる空間」の概念について説明します。私の師がよく「聖なる空間を開き、邪魔をしないように」と言っていました。彼は、その中に入ってくる、多くのヒーラーであるスピリットたちからの多大なるサポートがあることを言っていたのです。私はこのことを知った時に、自分一人で全部やらなくてもよいのだと気づきました。

第6章で紹介する、「スピリット」が私たちの体に触れて叡智を注ぎ込んでくれる、聖なる空間を作る技法を探究してみてください。何よりも第6章のその部分を実践し体験してみてください。

シャーマンとなる旅路は、発見を重ねていくことです。あなたにとって、聖なる空間の領域の中での体験が、最終的には最も信頼できる知恵となるのです。

第4章 チャクラ

昨夜私は、自分の第二チャクラから出ている光輝く紐糸のような「セケス」を目で追ってみた。私とアントニオはユーカリと松の木々で覆われた谷間にいた。夕食後、少しだけ散歩に行くのかと思ったが、アントニオは森のずっと奥まで私を連れていった。満月に近い夜だったので、雲が割れてくると先行く道がよく見えた。しかし月が雲に隠れてしまうと真っ暗闇の中に放り込まれる。開(ひら)けた場所に着くと、アントニオは私に「石の上に座り、十メートル程先にある背の高い松の木と繋がってみなさい」と言った。

私は目を閉じて木と繋がるようにイメージしてみた。

「ニーノ（訳注：スペイン語で「幼い子」の意）、頭でやってはダメだ」と彼は言った。

私が「子ども」と呼ばれるのを嫌っていることも彼は知っている。私が間違ったことをやると、わざとそう言うのだ。

「お腹を使うんだ。自分のコスコ（第二チャクラ）から光の糸を木へと伸ばしていくんだ」

やってみると、まるで松の木に触れているかのような説明のできない感覚を体感した。木の皮の触感や木の中も感知することができた。アントニオが目を開けろと言うので目を開いてみると、お腹から光の繊維が出ているのが見えた。

「さあ、木との繋がりを切って、今度は自分の記憶の中の最初の頃と繋がってみなさい。まだ歩けなくて、床をハイハイしていた頃の自分と繋がってみなさい」と師は言った。

私はおそらく一時間くらい、師から言われたことを試みてみた。アントニオが痺れを切らしている気配を感じる。

「まだ頭で考えようとしているね。頭を休めて、ただやってみるんだ」

そう言われて、ようやくできた。幼い男の子の皮膚を、木の皮の時と同じように感じ取ることができたのだ。幼い子が口の中で味わっている感覚を、同じように味わうことができ、世の中がとても大きく感じられた。私のすべての感覚が鋭くなり、もうこれ以上感じられないという程だった。私は触れたり、味わったりしている幼い自分ではなくなり、とても懐かしい、もう少し歳をとった少年の自分になった。

次にアントニオは、光の糸であるコードをずっと追って、見えるイメージと湧いてくる感情を受け入れるように、と指示した。私は、そのコードをまるで山道を辿っていくように追っていき、幼少期から思春期まで何十年も忘れていた記憶が蘇ってきた——五歳の時に母が作ってくれたハロウィンの衣装、三年生の時に恋い焦がれていた先生、犬が死んだ時のこと——摩訶不思議だ。ただイメージが浮かんでくるだけでなく、その時の感情も湧き上がってきた。人生のあらゆる悲しみや喜びの瞬間を見ていた。

すると、アントニオが私の肩を叩いて、こう言った。

「次は一万年先の未来に、自分がどうなっているか、そこに繋がろう」

日記より

南西部に住むホピ族は「人間は、創造主のイメージに沿って完璧に創られた」と言います。

フランク・ウォーターズ（米の作家／1902―1995）は著書『ホピ 宇宙からの聖書』（徳間書店）で、ホピの信じる概念として「人間という生命体と地球という生命体はまったく同じように構築されている。それぞれに軸がある。人間の軸は背骨にあたり、人の動きや機能の平衡を保つ役割がある。そこには七つの振動するセンターがあり、それぞれは宇宙の原始の生命の音が反響している」と記しています。

チャクラについては、ホピ、インカ、マヤをはじめ、他の世界の先住民族の文化の中でも紹介されています。

チャクラに関する一般的知識は、ヨガに由来します。ヨガの学校では、チャクラは「人間の欲望の遊び場」であると教えます。それぞれのエネルギー・センターは喜びや痛みの象徴であり、それによってカルマというものに縛られているともいいます。たとえば第一チャクラは物質世界への執着を象徴し、第二チャクラは性的悦びの象徴とされています。

ヨガは、美徳と純潔の道です。ヨガでは、人は超越するために感覚の歓喜を乗り越えなければならないと教えます。

ヨガはサンスクリット語で「繋がる」という意味で、離れてしまったものと再び一つになるという意味合いがあります。体と魂が再び結合する。俗世と神聖が一つになる。

それと比較して、南米のシャーマンたちは創造主と創造の産物が分かれていない世界に住んでいます。天と地も分かれておらず、スピリットと物質はお互いに融合しています。シャーマンは、肉体とスピリットの間に堺があると信じていませんし、見える世界の形と見えない世界のエネルギーの間に境があるとも思っていません。超越する必要もなく、再度繋がる必要もないのです。自分の欲望と自己を切り離す必要もなく、覚醒した自己とも切り離す必要がないといいます。

一部のヨガの学校では、あなたはあなたの体ではないといいますが、シャーマンは、あなたはまさにあなたの体そのものであり、それ以上だといいます。見える部分と見えない部分がお互いに融合し合い、充足し合っていることを知っています。

我々が東洋版のチャクラの概念を信じやすい理由には、エデンの園から追放されたという神話に沿っているからです。自然界と私たちは切り離されたと思うことが当たり前となってしまったのです。魂は体の中にあるけれど、完全に孤立したものだと思ってしまっているのです。西洋哲学では、これを「心身分離」といいます（原注：タントラやアドヴァイタなどを含む多くのヒンズー教の学校では心身分離はなく、自然界とも内在的に繋がっていると教えている）。

大きく二つに分かれる神学的志向は、千年もの間、常に平和的な関係にあったわけではありませんが、共存していました。

一つ目の志向は、物質とスピリットは分かれているといいます。スピリットが物質を創ったかもしれないが、スピリットは物質の中には住んでいないということです。この志向の学校が神は空に存在するという宗教へ発展させ、創造主は天にいて、男性であり、創造主と創造の産物は分かれており、遠く離れているという信仰を説いています（原注：たとえば「ゼウス」や「ヤハウェ」）。

二つ目の志向は、すべての物質はスピリットによって具現化されており、スピリットが注ぎ込まれているというものです。この志向をもつ学校が「大地の女神」という発想に発展させた宗教であり、創造主は女性で、すべての創造の産物に彼女が浸透していると説いています（原注：たとえば「ヘラ」「イナンナ」「パチャママ」）。

シャーマンの理解は、二つ目の志向から成り立っています。最も熟達したマスターたちは、自分の信じる概念という枠を超え、両方の志向がそれぞれよりも大きな〝全体〟の中に含まれていると気づいています。

チャクラは基本的な人の資質を表します。シャーマンは、本能的欲求と情熱を抑え込むのではなく、それを磨いて見事に調律された楽器に変えていきます。

恐れは慈愛の心に育つことのできる種であると、私は信じています。恐れを癒せば、慈愛の心が溢れ出てきます。本能的な部分の自己を敵に回してはいけません。怒り、貧欲、性欲は隠れた資源であり、それは愛、明瞭、知恵、勇気へと変貌していくことが可能なのです。自然界のすべてが神聖なものであり、すべてのチャクラは、私たちがこれから光輝く存在になるための種を保持しています。

チャクラの構造

地球のどこで生まれていても、皆同じ数の骨からできた骨格を持っています。同様に、光体（ライトボディ）構造も皆同じであり、その構造の中にはチャクラと、鍼灸でいう「経絡」が含まれています。

チャクラとは、エネルギーが丸く渦巻いているものです。サンスクリット語であるチャクラの意味は「車輪」です。チャクラは体の六～八センチくらい外側で回転し、背骨と中枢神経組織網と繋がっています。人間の神経組織網に直結した管路です。

銀河の螺旋状の動きと同様に、時計回りに回転しています。そして、それぞれのチャクラは、個々に特異の周波数を持ち、虹と同じ七つの色、第一チャクラの赤から、最後の第七チャクラの紫色まであります。生まれたばかりの子どものチャクラは、純粋な本来の色をしています。ですが、歳を取っていくにつれ、チャクラの色は濁っていきます。なぜなら、人生の中で体験するトラウマや哀しみが毒となり、チャクラにそのエネルギーが残存してしまうからです。

チャクラに残された淀みのせいで、本来の純粋な周波数で振動しなくなり、老化が加速します。シャーマンがクライアントにヒーリングを施すと、その人のチャクラは綺麗になります。綺麗になったチャクラは再度元気よく回転し始め、本来の純粋な輝きを取り戻します。

アマゾンのシャーマンたちは、チャクラが完全に浄化されると「レインボー・ボディ」（虹の体）を獲得すると信じています。それぞれのチャクラが本来の周波数で振動し、体が七色に輝くのです。伝説では、このレインボー・ボディに到達すると、死を超えた「スピリットの世界」への旅ができるようになるといわれています。また、他人にヒーリングを施す力を得て、手助けすることもできるようになります。さらには、死後の世界への還り方も知っているので、死ぬ時期も自分で決めることができます。

ジャングルのシャーマンたちは、死は誰にでもつきまとう巨大な略奪者であるといいます。彼らが言うには、多くの病気は、私たちの中に潜んでいる死に対するわだかまりが原因となっているのです。彼らメディスン・ピープルは、死（原注：「生命力がない状態」という表現を私は好む）が少しずつ私たちに忍び寄ってきて、ある時気づくと死人のようになり、人生を生きていない状態に陥ると主張します。私も多くの人たちがこのような状態になっていることを目撃しますし、実際に今日のアメリカで蔓延しています。人生の中で「生」が主張するチャクラをクリアにすると、もう死につきまとわれる心配がなくなります。人生の中で「生」が主張する人生となり、「死」に主張されることは二度となくなります。

インカ帝国の国旗は虹色であり、虹は彼らの神話の中でとても大事な意味を持っています。今日でもクスコの町の屋根の上に、虹色の国旗を多く見ることができます。

ヨガの修行者たちは七つのチャクラを認識していますが、ドン・アントニオは私に九つのチャクラについて教えてくれました。七つのチャクラは体の内側にありますが、ほかの二つは体の外にあります。

八つ目のチャクラは「ウィラコチャ」と呼ばれ、「創造主」あるいは「グレート・スピリット」という意味があります（原注：直訳は「聖なる源」）。光輝くエネルギー・フィールドの内側にあり、頭の上に回転する太陽のように浮いています。そこは「グレート・スピリット」と私たちが繋がっている場所で、内在する神が棲んでいる場所です。

シヴィリザドス（原注：白人と同様にインディオでも西洋の信仰を浴びた者）は、第八チャクラがすすけた色の鈍い太陽になってしまっています。シヴィリザドスは、「エデンの園から追い出された者たちだからだ」と、あるメディスン・ウーマンは私に言いました。興味深いことに、スペイン語の「インディオ」の意味は、「神と一つである者」なのです。西洋の神話を浴びなかったインディオたちの第八チャクラは、黄金の円盤のように輝いています。このチャクラの光は、イエス・キリストの周りやペンテコステ（訳注：聖霊降臨と呼ばれる新約聖書にあるエピソードの一つ）にて使徒たちに降臨してきた聖なる贈り物の火として、宗教画にも描かれています。

私たちは死ぬと第八チャクラが拡張し、その光輝く球体が他の七つのチャクラを光で包み込みます。罪をあがない、浄化の期間を経て、第八チャクラは幾度となく繰り返してきたように、また新しい肉体を創り出します。

第八チャクラは魂の生みの親のもとへ、そして自分のスピリチュアルな成長にとって必要な経験ができる最適な（原注：最も楽ではない！）人生へと繋げてくれます。前世からの強いトラウマの記憶は、来世での体の光輝くエネルギー・フィールドの中に刻印として注入されます。

第八チャクラのエネルギーの源は、第九チャクラ「スピリット」です。第九チャクラは、光輝くエネルギー・フィールドの外にあり、宇宙までずっと続いて広がっています。それは宇宙のハートであり、「グレート・スピリット」と一つに繋がっています。

私の師は、第八チャクラは私たちの中に内在する神の部分であり、第九チャクラは、創造主の中に棲んでいる私たちだ、と言っていました。

第八チャクラは、キリスト教でいう「魂」で、人格を保つ有限のものです。一方、第九チャクラは「スピリット」のことで、非人格的で無限です。

魂には長い間、宗教的な先入観があり、「救済される」ことと関連付けられています。魂は個人のものなので自律しています。私たちは「スピリット」と一つであるか、そうでないかのどちらかであると推測します。有限で個人的な魂と比べ、第九チャクラはすべての創造の産物と繋がる無限で永遠のものです。

私は「魂」というセンターを第八チャクラと呼びます。なぜなら「魂（ソウル）」という言葉一つに、あまりにもたくさんの異なる意味が含まれているからです。それらは音楽のジャンルの一つだったり、食べ物の一種だったりと同じくらい、論議につきないほど、いろいろな自己の要素がつまっています。

第八チャクラは、「時」の中に存在します。古代エジプトではこの部分を「カー（Ka）」と呼んでいました。それに対し、第九チャクラは、時間のないポイント「今」に存在し、歴史に束縛されていません。それは内在しながら超越しており、死ぬこともなく生まれることもありません。古代エジプトでは、これを「クー（Khu）」と呼んでいました。

すべてのチャクラは、自然界からの生命エネルギーをとり入れて代謝しています。

私たちのエネルギーの源は、五つあります。

1. 植物と動物
2. 水
3. 空気

4．太陽光線
5．生体磁気エネルギー（原注：東洋で「氣」と呼ばれ、インカでは「カウサイ」と呼ばれる）

これらの栄養は、最も物質的である植物性や動物性の食べ物から、最も掴むことのできない純粋な光やエネルギーまで、さまざまです。私たちは、植物や動物などの食料や水を消化器官から取り込み、酸素を肺を通じて取り入れ、太陽光線を皮膚から吸収し、「カウサイ」（訳注：氣あるいは空）をチャクラから取り込んでいます。水や食料が身体のエネルギーとなって体の中を流れていくのと同様に、光輝くエネルギーもチャクラ間を流れていきます。消化器官が詰まると食べ物からの栄養を取り込めなくなります。同様に、チャクラも濁ると、光輝くエネルギー・フィールドの中に充分に「カウサイ」を摂取できなくなるのです。

チャクラからは、光輝く糸が体の外にも伸びていて、木や川や森、他の人々とも繋がっています。チャクラが私たちの体と融合しているのは、ほんの短い期間です。肉体が死ぬ時には身体から離れ、第八チャクラと一緒になり、魂の旅はまた見えない世界で続いていくのです。

アース（大地）チャクラ

ルートチャクラから喉のチャクラまでの下の五つは、おもに大地からのエネルギーに養われています。大地に深く根を張る木をイメージしてみてください。大地から吸い上げられた栄養は、木の一番上の枝の先まで送られます。葉っぱから吸収された太陽光線はエネルギーに変わり、根っこの先まで伝達されていきます。

上の四つのチャクラは、おもに我々のスターである太陽からエネルギーをもらい養われています。〝神は天空に存在する〟と教える宗教は、上部のチャクラの発展を強調し、下部のチャクラを無視しました。〝神は天空に存在する〟と信じていた文明は、テクノロジーと、理屈や理論というものを発展させ完成させました。

それに対して、母なる大地を重んじる信仰では、下方のチャクラを重視し、上方のチャクラを無視しています。こちらの文明は農耕社会を維持し、天文学や哲学、建築学を発展させましたが、西洋的な進化には興味がありませんでした（原注：中国は火薬を発明したが花火としてのみ活用した。それを鉄砲として戦争に活用したのはヨーロッパ人だった）。

今日（こんにち）においては、大地のチャクラと天空のチャクラ、両方からの贈り物を発展させていくべきだと、私は信じています。

個々のチャクラにも、身体の器官と同様に固有の機能があります。

第一と第二チャクラは、感情からくるエネルギーを消化吸収し、栄養を引き出します。身体的あるいは感情的トラウマからくるエネルギーを代謝させ、パワーと光に変換させることができます。消化器官が食べ物から栄養を取り入れ、消化できないものを大地に戻すのと同じように、下のチャクラは代謝できずに燃料になり得ない重いエネルギーを大地に戻します。

しかし、第一チャクラが大地と繋がっていなければ、チャクラは感情から出るゴミを吐き出すことができません。排出の管がない状態と同じです。すると、そのゴミが毒となってチャクラの壁面にへばり付き、回転を弱めてしまいます。

第二チャクラ（原注：闘争か逃走の反応が起きる場所）に毒が溜まると、世の中は敵対心と攻撃性に満ちていると思ってしまいます。

太陽神経叢、ハート、喉のチャクラ（第三、四、五チャクラ）は、愛と思いやり、慈愛の心などからくる上質なエネルギーによって養われています。この三つのチャクラは、感情を消化することは一切できません（原注：ハートのチャクラで感情や気持ちを消化しようとすると問題が起き、胸焼けを起こす）。天空のチャクラ（第六、七、八、九チャクラ）は、極繊細なスピリチュアルなエネルギーによって養われています。

私はシャーマン修行の過程で、「バンド・オブ・パワー」という儀礼を授かりました。師匠が私の体の周りに、見えない光の帯を編み込んでくれたのですが、これはヒーラーとしてとても重要な守りの力となるので、私が営む学校『ヒーリング・ザ・ライトボディ・スクール』でも生徒たちに必ず授けています。体の五つの異なる位置に、それぞれの帯を据え付けます。最初の帯は黒で、大地の豊かな深い色を象徴しています。二番目の帯は水、つまり大地の血管を象徴している赤色の帯で、第二と第三チャクラの周りに編み込まれます。次の帯は火を象徴する金色の帯で、ハートチャクラの周りに編み込まれます。四番目の帯は風を象徴する銀色の帯で、喉のチャクラの周りに編み込まれます。最後の帯は、純粋な白い光の帯で、「カウサイ（訳注：氣あるいは空（くう）。中国氣功だと白い光の帯は「空（くう）（になる）」を象徴しており、第三の目のチャクラの周りに編み込まれます。

帯は五つの要素――地・水・火・風・カウサイ――をチャクラに直結させ、すべてのチャクラはこれらの要素によって養われています。

第一チャクラ	
エレメント（要素）	大地
色	赤
身体的側面	体の基礎、ゴミの排泄、直腸、足、睾丸、エストロゲン
本能	生存、繁殖
心理的側面	食べる、住む場所の確保、安全性、自分を養う能力
腺	卵巣、睾丸
素質（可能性）	クンダリーニ（訳注：ヒンドゥーの伝統において、尾骶（てい）骨あたりに存在するとされる根源的な生命エネルギーの意）、豊かさ

残存する負の表れ	溜め込む、略奪行為、不意の暴力、慢性疲労、出産時のトラウマ、見捨てられた問題に関連する感情

第一チャクラは背骨の一番下、肛門と性器の間に位置します。女性性への門であり、光輝く繊維は足を辿り地中の生物圏へと伸びています。主根が湿った豊かな母なる大地へと根を下ろしていくように、本質的な栄養を供給してくれます。地に足をつけた状態を保つ基盤となるもので、光輝くエネルギー全体の根底にあります。

大地との繋がりが失われると、私たちは地表から生命のための栄養を集めようとします。その結果、根が浅く広がった木のように、嵐が来ると倒れてしまい、基盤としての安定性と安全性を失います。

第一チャクラが女性性である大地と繋がっていないと、私たちは母無し子のような感覚に襲われます。男性的原理が優勢となり、物質的なことで安全を確保しようとします。人間関係において自分が優先となり、家族、社会、地球への責任に対して利己的な態度を取ります。大地から離れれば離れるほど、女性性に対して敵対心が強くなります。自分の情熱、創造力、性的関心に対しても否認します。その結果、地球はだんだんと哀れな場所と化していきます。

アマゾンのメディスン・ウーマンが以前、私にこう言いました。

「熱帯雨林の木々を切り倒している本当の理由はなんだと思う？　濡れていて、暗くて、絡まっていて女性的だからだよ」

第一チャクラの原動力は、原始的であり本能的です。私たちは安全な住処を求め、食料を探します。どんなにつらい環境でも生き延びようとします。そして、繁殖しようとします。

これらの欲求は、根本的な本能です。息を止めることはできても、体に息をするなと命令することはできないのと同様に、生存のための本能を止めることはできないのです。

四つの本能的原動力――恐れ・食欲・戦う・性的欲求――は、下の二つのチャクラに映し出される課題です。これらは身体的かつ感情的な生存のための要目です。

食欲の本能が負の表現をする時、衝動的な過食、またはお金やオモチャを溜め込むなどの行動を起こします。いくらやっても満足できません。第一チャクラが不調和の状態にあると、不足感と欠乏感が絶えずあるのです。多くの物やお金を所有している人でも、失うのではないかという恐れを抱いてしまいます。皮肉なことに、貧しい人のほうがお金を持っている人よりも親切です。第一チャクラを浄化すると、不足感や欠乏感が消えていきます。何も不足はなく、豊かさがあることに気づきます。

私たちは誰もが宇宙に生かされていて、養われていることを、全身の細胞の細部で認識する必要があります。

第一チャクラが壊れていると、家の周りにフェンスを立て隣人から自分の所有物を守ろうとします。第二チャクラが不健全だとさらに石を積み上げ、隣人という敵から自分たちを頑なに守ろうとします。

テストステロンとエストロゲンは、ホルモンの一種で、第一チャクラに関係しています。テストステロンは、男性におもな二つの反応として性欲と攻撃性を引き出すという研究結果が出ています。女性にテストステロンの注射をすると、セックスのことしか考えられないという苦情が出ました。

第一チャクラのバランスが崩れていると、テストステロンは悪い方向に作用してしまい、男性はこのホルモンの主たる二つの本能的衝動で混乱してしまいます。このような状態は愛する女性を傷つけてしまい、しまいにはすべての恋愛関係がうまくいかない状態を引き起こしてしまいます。エスカレートすると、性的暴行になりかねません。これはアメリカだけでなく世界中で問題になっています。特に村社会から都市社会に移行している国では、大きな問題です。たとえば、今、大規模な移行が起きている南アフリカでは、二十六秒ごとに一人の女性が暴行されているという事態です。

私を訪ねてくるクライアントの中で、若い頃に性的虐待を体験している女性たちの多くは、第一チャクラが機能不全になっています。自分の父親あるいは家族の中の他の男性から受けた体験と同じように、他人を傷つけてしまうかもしれないという潜在的恐れが、機能不全を引き起こしているのです。

卵巣で生産されるエストロゲンは、おもに骨に必要なミネラルを維持するために必要なホルモンです。エストロゲンの生産は、閉経後、大幅に減少するため、骨粗鬆症になりやすくなります。工業化が進んでいない国や社会に暮らす女性たちには、米国で見られるような骨粗鬆症の率があまり高くありません。調査団の一部は、第三世界では寿命が短いため、骨粗鬆症に至る年齢まで生きていないからだと主張しますが、私はそうではないと思います。そのような非工業社会で暮らす女性たちは、母なる大地と繋がっている時間が多いためだ、と確信しています。

第一チャクラのエネルギーは、女性に母性本能、また恋愛関係や性交への欲求といった感情をパワフルに誘発します。女性の第一チャクラのバランスが崩れていると、恋愛や結婚生活の中で安全や安定について不安感が過剰になり、自分を見失うような行動や態度を取ってしまいます。

少数民族の文化では、少年が青年になる、あるいは少女が女性になる時に、お祝いとして第一チャクラの通過儀礼が行われます。その儀式では、少年あるいは少女が親離れする時期であると伝えます。さらにこれからの母親は「地球」であり、それは永久的に離れることのない母であること、そしてこれからの父は「天空」であり、不動で信頼できる恒久的な父だと教えます。その若者は生まれの両親よりも、想像できないほど大きな力を持つ両親に守られることが保証されるのです。

若者たちは、これで天地への奉納の儀式にも参加できるようになり、宇宙の両親と意識的な繋がりを継続するようになります。思春期にこの儀礼を通過することのない西洋人たちは、スピリチュアルな孤児と化してしまいます。一生を、母無し、父無しで奮闘し、大人になっても自分が頼りになる親になる術（すべ）を知りません。

第一チャクラを主体にして世の中と関わっている人は、世界との融合において初期段階にいます。感覚に没頭し、物質世界にしか興味がありません。そのような人は世間が何か自分に借りがあると信じていて、周りの人たちから自分は特別な存在であると認めてもらいたいのです。利己主義なナルシストです。相手の気持ちがわからないので、本当の愛を経験することもできません。「他人のモカシン（訳注：先住民が履いている革製の履物）では一マイルを歩く」ことさえできないでしょう。

このセンターは、人生の最初の七年と深い関わりがあります。胎児期から出産時、そして幼少期に体感したトラウマは、このチャクラに記録されており、その後の成長過程で複雑な精神状態になり、発育を妨げることもあります。

第一チャクラが主体となっている人は、幼い子どものように自分が生き残るための欲求と娯楽に明け暮れます。それを指摘されると暴力的になり、脅威と思った相手には、身体的あるいは感情的に激しく攻撃します。

また、第一チャクラ型の人は、一時的な性的欲求を満たすためだけに相手を探し求めます。多くの場合、自分の体と世間との境がわからなくなっており、周りの人が皆、自分の延長上にあるように思うので、誰であろうと関係ないのです。

クライアントの中で、幼少期に虐待を受けている、あるいは親から見捨てられた体験がある人の場合、私はまず、第一チャクラを確認します。さらに、前世から引き継いでいるトラウマは通常、第一あるいは第二チャクラに残存しています。歴史上の独裁者たちは、第一チャクラの負の作用が原因となり、支配欲が過剰になってしまうのです。

第一チャクラには、素晴らしい正の属性もあります。その生存本能のおかげで、人類が存続できているのです。性交の欲望により子孫が繁栄し、非常に厳しい状況の中でも人類は生き残ってきました。サンスクリット語では、第一チャクラは「ムーラダーラ」といい、「基礎」という意味があります。エネルギーの住処である私たちの体には、しっかりとした基盤が必要です。

ヨガでは、このチャクラは「クンダリーニ・エネルギー」の住処であるとされています。クンダリーニのシンボルは、体を丸く巻いて眠っている蛇の姿です。クンダリーニはすべての生き物に息吹を吹き込む力を持つ、偉大なる女神シャクティそのものです。シャーマンから見るとこの原始の蛇は、自分の尾を呑み込んでしまう「ウロボロス」、つまり無意識の中で自己陶酔している存在の象徴です。

アマゾンの人々にとって、このパワーは「サチャママ」と呼ばれる、水中を泳ぐ蛇「ボア」です。北米のインディアンにとっては、ガラガラ蛇にあたります。

第一チャクラの刻印を消去すると、クンダリーニのエネルギーが目覚めます。丸まっていた原始の蛇が目覚め、女性性のエネルギーが上のチャクラへと昇っていきます。アメリカやインド、チベットのシャーマンたちは原始的な女性性がすべてを動かし、生かし、繁殖し、繁栄させていくと信じています。旧約聖書の創世記の中でも、知恵の木になる禁断の果実を持ってくるのは、他でもなく蛇です。誰の中にも眠るこのチャクラのエネルギーは、大地のエネルギーであり、母なる地球の心臓の鼓動なのです。

第二チャクラ	
エレメント	水
色	オレンジ
身体的側面	消化器官、腸、腎臓、膀胱、性交能力、アドレナリン、腰の痛み、生理痛、食欲不振
本能	性欲
心理的側面	パワー、お金、セックス、支配欲、恐れ、攻撃性、情熱、自信、性的あるいは感情的虐待、親としての在り方に関して自分の親から受け継いだ問題、近親相姦
腺	副腎
素質	創造性、慈愛の心、家族
残存する負の表れ	恐れ、攻撃性

第二チャクラは、お臍(へそ)から指四本分下の位置にあります。腎臓と関連性があり、エレメントは水です。第二チャクラは、身体のストレスの腺である副腎を作動させます。副腎皮質は、性ホルモンを含めた百種類以上の異なるステロイド（訳注：副腎から作られる副腎皮質ホルモンの一つ）を生産します。副腎の髄質は、ア

ドレナリンを生産し、それが肝臓に血糖を出すように指示し、注意を促します。アドレナリンは「闘争か逃走」反応の仲介役となるホルモンです。前項目に記載したように第一チャクラは自分を守るために塀を立てますが、第二チャクラは石を積み上げて自分を守ろうとします。ただ問題は、守るためにはもっと強力な石が必要になってくることです。隣のほうが私の壁よりもっと積み上げていると脅威に思い、終わりのない積み上げ作業となってしまうのです。

「冷戦」は、世界というスケールで起きた第二チャクラ的思考のよい事例です。米国が「冷戦」を起こした際、米国側の多くはソ連側のほうが強力な海軍を保有し、優れた作戦を持っていると確信しました。実際にはソ連側の海軍は古く錆びついてしまっていたので、米国の作戦とは比べ物にならないものでした。

第二チャクラは、イジメっ子や臆病者になる要因を抱えているチャクラです。空威張りやうわべだけの態度も、このチャクラに要因があります。想像してみてください。群れの長である雄のシルバーバック・ゴリラが、歯を剥き出して、胸を叩いている姿のイメージが、まさにこれです。

第二チャクラは、光輝くエネルギー・フィールドの中の栄養となるエネルギーを代謝するチャクラです。このチャクラでは、どんな形態のエネルギーでも食べ物となります。大地のエネルギーを第一チャクラから吸い上げ、感情的なエネルギーを消化し神経組織網に送ります。

このチャクラが正しく機能している場合、怒りや恐れなど負の感情を粉々に崩して第一チャクラへ送り、そこから大地へと排泄できます。しかし、このチャクラがバランスを崩していると負の感情はそこで停滞し、腹の中に居すわり、ゆっくりと腐っていきます。誰もが怒りを何週間も、あるいは何年もずっと抱えている人を見たことがあるのではないでしょうか。このような負の感情は、第二チャクラに留まり毒素となります。ずっと溜めておくと、いずれは光輝くエネルギー・フィールドに残存します。

第二チャクラはパッション、情熱の拠点です。創造力や恋愛で自分を表現しようとします。第一チャクラでは、単純に繁殖が本能でしたが、このチャクラでは愛し合い、愛を交わしたいのです。

このセンターのサンスクリット語は「スヴァ・アディシュターナ――自己が棲みつく場所」という意味です。年齢的には、八歳から十四歳に関連があります。青年期にロマンティックなアドベンチャーに憧れ、性的な好奇心を発動させるのがこのチャクラです。エロティックで性欲が強く、空想好き、高揚感を感じる恋愛を求めます。

思春期の期間に、自分に対して明確で前向きな存在価値を持てなかった場合、第二チャクラの発育が妨げられてしまいます。この場合、その人は他人との健全な感情的境界線が発達せず、自分の欲望と相手の望んでいることが違う可能性があることを理解できません。恋愛関係でいつも傷つき、自分の望みを叶えてくれる相手は一生見つからないだろうと嘆きます。

第二チャクラの負の表現は、怒りと恐れです。シャーマンたちは、恐れは大いなる敵であるといいます。それは悪賢い敵であり、絶対に関わってはいけない相手です。なぜなら、戦おうと思った瞬間、それはあなたの力を吸い取り、戦勝者として表面に出てくるからです。そうならないためのコツは、自分の中の恐れをよく知り、仲良くすることです。恐れが出てきたなら「闘争か逃走」の反応へ走らないように注意し、それが忠告だと察知することです。

私の師は、恐れは愛の欠乏によるものだといいますが、私にはその意味がよく理解できませんでした。アマゾンのシャーマンたちは修行の一環として、一人きりで月の見えない夜にジャングルの中で過ごし、恐れと向き合います。私も一度だけ体験しましたが、恐怖に襲われました。一晩中、身の毛がよだつ思いでした。ジャングルの中のすべての大きな肉食動物とそこに棲む幽霊に、ずっと後をつけられている気がしてなりませんでした。

老人は私を見てニコリとしました。

「これは非常に面白い訓練だったね。でもシャーマンにとっての本当の課題とは、恐れを抱擁することだ」と言い、こう続けました。

「自分の周りで聞こえるジャガーや幽霊の声が、単に思い込みだと理解できたなら、それを消し去ることができる。そして恐れが自分の中から消えた後に、実際にジャングルでジャガーに出会うと、自分とジャガーが同じ生命の源から創られ、異なる姿で表現されているだけだと気づくだろう」

私は長いこと菜食で生活してきました。基本的には、自分で殺してまで食べようと思わないものは、食べない主義です（原注：赤身の肉を食べると〝視る〟力が弱まることにも気づいた）。

アマゾンのシャーマン修行の一環として、私は動物のいる場所を追跡する技術を使い、儀式的に生き物を殺し、その肉を食することで動物のパワーを体現しました。師が私に追跡しろと指示した生き物はボア蛇（サチャママ）で、鮮やかな黄色と茶色の模様があり、浅瀬の支流に棲んでいます。肉を食べないという私の主義はそれほど厳粛なものではなかったのですが（原注：特別な日のご馳走としてシャーマンから出された場合は食べたが）、私は長い間このシャーマン訓練を拒んでいました。動物を食べなければいけないのなら修行を続けることはできないと思い、ジャングルを去って米国に帰ったこともあります。しかし何かが私をまたアマゾンへ引き戻したのです。

「せめて追跡のところだけはやってみよう。殺して食べるかどうかは後で決めればいい」と思いました。

ボア蛇はかなりの大きさに成長します。大きいものは全長六メートルくらいで体重二百七十キロ以上になります。水の中でも陸でも比較的目立つので、すぐに見つけることができますが、追跡は容易ではありません。とてもずる賢い性格で、長時間水中に潜んでいることもあります。

サチャママは、情熱と性の象徴であり、創造力と表面化されていない部分を見る力のシンボルでもあることは知っていました。

私は何日もボア蛇を追跡していましたが、写真が撮れるほど近寄ることはできませんでした。ほとほと疲れて川の辺りに腰を下ろし、バックパックからトレイルミックス（訳注：登山やアウトドアの際に食べる行動食、栄養食。一般的にはナッツやドライフルーツ、チョコレートなどが混ざったもの）を取り出しながら、流れる川を見つめていました。

「自分はなぜ食料として動物を殺すことに対して、そんなに抵抗していたのか」と自問しました。ボア蛇のような美しい生き物を殺すことに、心の底から拒絶感を抱いていたのですが、空想の中でジャガーが鹿の首に食らいついて殺す瞬間を想像した時、その中に愛を感じたのです。その行動には悪意がありませんでした。

そこで悟ったことは、ボア蛇を殺すことが野蛮だと思ってしまう原因は、自分とその偉大なる蛇が別の存在だと思っていたからでした。蛇と自分が一体ではないと思って食べたなら、それは単に命を滅亡させて自分の食料となるだけです。ゆえに、暴力的な行為となります。

私と蛇は同じ生命の源から出現したのだと気づきました。私たちは異なる存在ではありません。一つの命が自分を養っているだけなのです。蛇は私の中で生き続け、その瞬間から一体となり大きな生命力の一部となるのです。

空想の世界から現実に戻ると、近くの藪の中に目が行き、蛇の鱗に光が当たっているのが見えました。二メートル以上あるその大きなボア蛇は、大きなネズミ種を飲み込んだばかりで動けない状態です。

私は目を疑いました。蛇は丸まって、頭から三十センチほどのところで食べ物がコブのようになっていて消化している最中でした。このくらいの大きさの蛇は数週間に一度しか食事をしません。食べた後は動きがかなり鈍ります。消化中は動けないのです。

私の訓練の標的が、目の前に現れたのです。

私は蛇を持ち上げ、自分の腕と肩の周りにその鈍った胴体を巻きつけました。そしてシャーマンの棲み家まで歩いて戻り、自慢げに蛇を見せつけました。師はクスクスと笑い出して数分ほど笑いが止まりません。

私は不愉快な気持ちになり、「なぜこのボア蛇を食べないとそのパワーをもらえないのか」と聞きました。

老女は微笑みながら、「消化器官からその知恵を吸収するのは難しい」と言ったのです。そしてニヤリとして、「その蛇を川の傍のどこか安全な場所に置いてやりなさい」と言いました。

　時間を経て、蛇を食べることが暴力的な行為かどうかは、自分の外側ではなく内側で解決するべきことであり、何を食べるべきか否かという自分が作り上げたルールを変えることではないと気づきました。ここにきて習得するべき学びを得ることができたことに、私は満足したのです。


　第二チャクラに人格障害がある場合は、非常に難しい課題です。ここに人格障害を持つ人は、雨が降ることさえも空が自分を濡らすためにやっていると思います。人によっては、世の中全体が自分に対して陰謀を企てていると信じています。確かに雨は時として私たちのために降りますが、木々、植物、動物、石のためにも降りますし、空自身のためでもあります。

　この障害を持つ人の多くは、自分の権利を主張します。その人の第二チャクラが癒されると、世の中は、自分に何の借りもないことを知るようになります。それと反対に、いただいた自分の命に対して恩返しをしなければなりません。

　エロティックな愛のセンターである第二チャクラの指揮のもとで、私たちは情熱と親密な関係を探求します。このチャクラが正しく機能していないと、セックスが愛であると勘違いしてしまいます。第二チャクラの素晴らしい任務は、セックスを愛に変え、ロマンスを親密な関係にしていくことです。これは決してたやすい任務ではありません。なぜならこのチャクラの負の力には、お金、権力、セックスで他人を操りたいという衝動があるからです。

　第二チャクラは、命を産む子宮を真っ直ぐに貫きます。このセンターで発芽した情熱や創造力の種は、上のほうのチャクラで花開きます。

第三チャクラ	
エレメント	火
色	黄色
身体的側面	腹、胃、肝臓、膵臓、エネルギーを保持し解放する、脾臓
本能	パワー
心理的側面	勇気、パワー、世界で表現する
腺	膵臓
素質	自主性、自立、他人への奉仕、夢実現、長寿
残存する負の表れ	胃腸の障害、拒食症、悲哀、プライド、エゴが膨張、神経系の問題、元気がない、被害者意識、かんしゃく、恥

第三チャクラは太陽神経叢に位置し、膵臓と関連します。この臓器は身体エネルギーの銀行です。通貨は

ぶどう糖です（原注：膵臓がインシュリンを生産し、それが血流からぶどう糖を細胞へと送り、燃料となる）。第三チャクラが正しく機能していると身体には充分なエネルギーがあるので、すべての活動が満たされます。身体の中で最もエネルギーの消費量が多いのは脳のため、明晰な頭脳にするには、健全な第三チャクラが不可欠です。

このチャクラは身体エネルギーの貯蔵庫である肝臓にも影響します。第三チャクラに障害がある場合、通常その人は元気がありません。食料を摂取しても、栄養が血流に届く前に排除されてしまうからです。精神的にも気力がない状態になることもあります。

第三チャクラの機能に問題があると、努力しようとしてもできません。成功するための資源はすべて持っているのに、スタミナ不足で実現できないのです。

第三チャクラは、光輝くエネルギー・フィールドの中のパワーセンターです。そのパワーは自分の願望を計画的に実現する力です。しかし、そのパワーを破壊的に活用すると、人間に生まれつき備わっている原動力が抑圧され、恥や罪悪感などの神経症状が現れます。

このチャクラは十四歳から二十一歳という成人する前の年齢層に関連します。

女性性のパワーは、第一チャクラの原始的性的エネルギーから第二チャクラへ上がると精錬されたエネルギーに変換され、それが第二チャクラの燃料となって夢の実現を達成するために活用されます。

第三チャクラであるこのセンターのエネルギーが光輝くエネルギー・フィールドに燃料を補充します。このチャクラのパワーを目覚めさせることができれば、恐れ知らずになり、対抗心から抑止されることもなく目標を達成することができるでしょう。道をはばむ障害物は崩れ去ります。

しかし、ここで注意しないとエゴが拡大してしまいます。エゴが強くなると、自分一人で運命の舵取りができ、世界は自分の思い通りになるという傲りが出てくるようになります。世界を創造することも破滅させることも可能だと信じて独裁的になり、人を操り、どんな手段を使ってでも権力と名声を得ようとするようになるのです。そのため、第三チャクラのパワーの誘惑に乗ってしまった人は、威圧的な態度で人を支配しようとします。

このチャクラが綺麗に浄化されると、家族関係や人間関係が安定します。また優れたコミュニケーション能力を発揮し、語ったり書いたりする表現能力があることにも気づくでしょう。

このセンターは、自分に正直であることを求めます。人生の目的が明確になり、その目的と自分をしっかり一直線に繋ぐことができるようになります。

インカの戦士の伝説では、第三チャクラが黄金色に輝く戦士たちがいたとされます。伝説の中では、その戦士たちを殺すことはできなかったそうです。スペインの侵略者たちがマスケット銃を打ちますが、なぜか彼らには命中しないのです。北米の大平原に住むインディアンたちにも同じような伝説があり、彼らも撃たれても絶対に命中しません。

インカの伝承では、この光輝く戦士たちは敵を切り倒した後、敵に敬意を払う意味で、必ず自分の血を数滴大地に残していったそうです。異なる状況だったら、火を囲み語り合っていた仲間だったかもしれないからです。

光輝く戦士たちは戦場に向かう際、怒りや恐れの気持ちを持ったまま挑めば、確実に死を招くことになると信じていました。

『*Dance of the Four Winds*』（邦訳未刊）を執筆していた時、私は共著者と一緒に二週間集中して執筆作業に専念するため、リオ・デ・ジャネイロに行きました。私がちょうどアマゾンでの探検から戻ってきたばかりの時に、友人がリオのビーチにあるアパートを貸してくれることになりました。

執筆を終えた最後の夜、二人でお祝いのディナーに出かけ、帰りにビーチを歩いてアパートに戻る途中、六人の男性に襲われました。強盗犯たちと取っ組み合いになりましたが、光輝く戦士たちの教えを突如思い出し、「やめろ！」と叫びました。その叫び声が闇夜に響き渡り、全員が停止しました。私は集団のリーダーと思われる一人に腕時計を渡し、二年ごとに電池を交換する必要があると告げました。それから財布も渡しました。

次に、もう一人の男に靴のサイズはいくつかと聞きました。彼は「四十四だ」と返事をしました。「私とまったく同じだから、私の靴を履いてみろ」と言って、その男に履かせてみるとピッタリで彼はニコリとしました。

私の共著者エリックは、目を疑うような様子で見ていて、すぐにまた抵抗しようとしました。するとすぐに他の三人がやって来て、取っ組み合いになってしまったのです。私はエリックに近寄り、「彼らは貧しいのだから、私たちの腕時計、財布、靴とベルトが必要なのだ」と説明しました。

最後にすべてを手渡すと、リーダーが私に握手をしてきました。そして残りの五人も、お礼を言ってきたのです。私は「元気でな」と、手を振りました。

別れ際に、私はリーダーに車を持っているか聞きました。彼は持っていないというので、「では、私の運転免許証はいらないですよね？」と言うと、彼は笑って「もちろん」と言って免許証を返してくれたのです。そして、私のクレジットカードも使えないから、と返してくれました。それからパスポートや旅券なども戻してくれました。エリックは驚いて見ていました。泥棒が私たちに物を返してくるのです。

私たちが盗みに遭ったのは確かですが、暴行は受けませんでした。非暴力を実践したため、その状況を一変させたのです。つまり、第二チャクラの負の反応を抑え、第三チャクラから正の行動をとったのです。


第三チャクラの機能とは、ヴィジョンを具現化させることです。このチャクラのサンスクリット語は「マニプーラ――宝石のある場所」、つまり夢を現実の宝物へと変える能力を示しています。

シャーマンは自分の夢を、この世界へ具現化させることができることを知っています。このチャクラは蒸留器のようなもので、錬金術で黄金を作り出すように、夢を具現化させることを可能にするセンターなのです。自分の周りの環境を向上させたい時には、自分の第三チャクラのバランスを整える必要があります。

このセンターのツールは、ビジュアライゼーション（視覚化）することです。座って瞑想しながらでも、ビーチで盗難に遭っている最中でもできます。

このセンターの要素である「火」が、夢を現実化させるための燃料です。このパワーを私利私欲のために使わないように注意し、公益のために使ってください。

このチャクラのキーワードは、「奉仕」です。

第四チャクラ	
エレメント	空気
色	緑
身体的側面	循環器、肺、胸、心臓、喘息、免疫システムの欠陥
本能	愛
心理的側面	愛、希望、他の人に委ねる、慈愛の心、親密な関係
腺	胸腺
素質	無私の愛、許す
残存する負の表れ	エゴの拡大、恨み、利己的、哀しみ、孤独感、見捨てられた感、裏切られた感

ハートチャクラは心臓神経叢に位置しており、胸の真ん中であって心臓の真上ではありません。チャクラ・システムの軸となっています。お腹が身体の重力の中心であるように、心臓は光体（ライトボディ）の中心にあります。

胸腺はハートチャクラによって統制されています。胸腺は細胞の免疫を育てる器官で、キラー細胞と呼ばれるBとTリンパ球の発達に重要な役割を持っています。免疫システムが低迷している人が「イルミネーション・プロセス」を受け、ハートチャクラが浄化されると免疫反応が非常に向上します。

ハートチャクラのサンスクリット語は「アナハタ――束縛されていない」という意味です。これは、所有する物で成功を測ることがなくなるということを意味します。つまり、お金、車、知名度、資産などは、達成する目標の中から消えていきます。

ハートチャクラで生きる人は、自由、楽しさ、束縛されない平和感などが特質となっていきます。

年齢的には、二十一歳から二十八歳に関連づけられます。家族を形成し、魂で結ばれたソウル・パートナーや子どもたちとの愛に目覚めていくことは、このセンターから形づくられています。

ハートチャクラを通じて私たちは愛を分かち合う経験をしていきます。チャクラ全体の中で、最も誤った理解が生じているのがこのチャクラです。ハートチャクラの愛の性質とは、私たちがお互いに交わし合う思いやりなどの「情」ではなく、または恋に「落ちる」時のようなロマンティックな愛でもありません。ハートチャクラの愛は、創造主の愛によって活気づけられます。花が雨に対して感じるものも、ジャガーが自分の餌となるカモシカに対して感じるものも同じです。

このような愛は、目的意識がなく、他の人に依存せずに自分一人で確立します。感傷的ではなく、非人格的です。キリスト教の神学者はこれを「アガペ」と呼びます。インカの人々は「ムナイ」と呼びます。

この種の愛は、目標達成の一手段ではありません。結婚や恋愛関係へ発展していくものでもありません。それ自体が目的なのです。

数年前のことですが、私が仲間とアンデスを歩いていた時、猛吹雪に遭いました。生後三カ月の赤ん坊を、渓谷の下にあるクリニックに連れていこうとしている母親に同行しているところでした。廃墟があったので入ると、吹雪と雹(ひょう)から逃れることはできたものの、強烈な暴風音が家の石壁の隙間に容赦なく入り込んできます。私たちは体を寄せ合い、母親であるマリアは赤ん坊を胸にしっかりと抱いていました。マリアは夜中ずっと赤子にお乳をあげようと、ブラウスを開けて赤子の口を自分の乳に近づけていました。

朝には吹雪は止み、丘は白く覆われていました。朝日が昇り、太陽を浴びて体を暖めようとみんなで外に出ました。しかし、マリアが包んでいた赤子を見ると、なんと赤子は死んでしまっていたのです。夜の間に亡くなってしまったようでした。

私たちは村に再び戻り、メディスン・ウーマンのもとへ行きました。赤子は祝福と死の儀礼を受け、それから私は若い母親マリアと一緒に丘の上に行き、凍った大地を浅く掘りながら、マリアを慰めようと試みました。そして私たちは涙を流しながら、「パチャママ」である母なる大地に、「この赤子を受け取ってください」と祈りました。祈りを終えてから、上に土を盛って石を積み上げ、また村へと戻っていきました。

二日後、マリアは家族と共に、畑で次の種植えの準備のために土を耕していました。私はというと赤子の死からまだ立ち直れず、哀しみにふけっていました。するとマリアが落ち込んでいる私を見て、「悲しまないで。私の赤ちゃんはお母さんのもとに戻ったのだから」とハグをしてくれました。彼女のその言葉が、私の心の痛みを突き抜けていきました。

私は村の外れにある氷河へ歩いていき、ズボンを脱いで、浅瀬に足をつけました。凍りつくような冷たい水によって、私は身勝手で感傷的な自分から目を覚ましたのです。

その後マリアは、死の儀礼を行なったメディスン・ウーマンのもとへ私を連れていきました。老女は、私の胸に手を当てて、優しい声で「何も悲しむ必要はない」と言いました。私は信じられませんでした。マリアが私を慰めようとしてくれているのです。

その夜、かじかむような長く寒い夜の道中を、私がマリアと同行したことについて、彼女の家族がお礼を言ってきてくれたのです。少し淋しげな表情ではありましたが、皆とても温かく思いやりに満ちていました。

今まで、このような無私の愛を、私は体験したことがありませんでした。どんなに利他的に見えたとしても、エゴによって、無私の愛を司る第四チャクラに大きな不調和が生じてしまうことがあるからです。

無私の愛を体験するには、一度死んで、過去の自分から脱皮する必要があります。ゆえにシャーマンたちは、自己中心的な考えやうぬぼれと死別するための複雑な練習をします。

しかし、ハートチャクラの真の愛を体験するために、ジャングルのシャーマンたちが行うような、複雑な死の儀礼を通過する必要はありません。ただ自分を愛に委ねればよいのです。愛情という感情から、実践と瞑想という愛の形に変えていくのです。恋に落ちるのを止めて、愛そのものになる必要があります。ハートがドキドキした時には、それは愛が鼓動しているのだと自分に言い聞かせましょう。

このチャクラの負の表れは、自分への陶酔です。「すべての答えは愛だ」と決まり文句を並べて、愛については何でも知っているとホラを吹いている人をご存知でしょうか？　このような人は、実際に奉仕したり、無私の愛を実践することよりも、「悟り」を見せつけることに興味があるのです。

もう一つの負の表れは、自分に対する思いやりが欠けてしまうことです。自分を愛することができないと、自分を批判したり、羞恥心を抱き続けます。

正しく機能していないハートチャクラでは、交際を続けることができません。このような人は、愛する人に真剣さを求められた時に、仕事や他のことに逃げてしまいます。ですが、ハートチャクラが調和していれば、親密な関係にコミットすることができるようになります。

このセンターが正しく機能していると、私たちに内在する女性性と男性性の調和がとれ、外に自分の片割れを探す必要がなくなります。柔らかさとかたさ、受容性と創造性は、反対の性質であるように思えますが、対立した原理が融合し調和されるのです。

ハートチャクラは、私たちが遊び心とひらめきを得るための純粋さを取り戻すことを可能にするセンターです。自分が誰なのかを知り、受け入れることは、喜びと平和な心をもたらします。

第五チャクラ

エレメント	光

色	青
身体的側面	喉、口、首、食道
本能	サイキックな表現
心理的側面	夢を実現する、創造力、コミュニケーション、信頼
腺	甲状腺、副甲状腺
素質	個人のパワー、信頼、意志
残存する負の表れ	裏切り、依存症、精神病、不眠症、嘘、声にすることへの恐れ、ゴシップ好き、毒性

第五チャクラは、喉のへこみに位置し、甲状腺に影響を及ぼし、体温を調整します。体の燃料を燃やす度合い、つまり新陳代謝を調整することで、ビタミン補充と体重に影響を与えます。

このチャクラのサンスクリット語は、「ヴィシュダー——純粋さ」を意味します。ヨギの書物として最も古い、千五百年前のパタンジャリ（訳注：心と意識の哲学的側面に関する箴言（しんげん）に富むヨガの重要文献『ヨーガ・スートラ』の編纂者とされる人物）による書には、このチャクラを覚醒させた者には、「シッディ」あるいは魔法のような力が備わると書かれています。つまり、バイロケーション（訳注：同一人物が複数の場所に同時存在すること）、人から見えないようにする、過去を見る、運命を見分けるなどの力です。

第五チャクラは、サイキック・センターでもあり、透視、透聴、超感覚や言葉を使わずにコミュニケーションをとることを可能にします。第五チャクラが正しく機能できていないと、望んでいないのにサイキックな体験をすることになり、境界性人格障害など、精神疾患や神経症になりやすい傾向があります。無意識のうちに自分の妄想が日常の世界に漏れ出し、現実と空想の世界の区別がつかなくなります。

このチャクラのバランスが崩れている人には、睡眠障害が起きることもよくあります。

第五チャクラは、年齢でいうと二十八歳から三十五歳に関連づけられ、社会的に自分の立場がある程度意味を持ち始める年齢です。

第五チャクラが浄化されると、自分の専門分野で業績を残したり、自分で選んだ専門分野において熟達していきます。自分が持つ経験と知識が、社会の中のステータスとなっていくでしょう。

第五チャクラは、自分の未来を想像し、それを具現化するために行動する能力を与えてくれます。それにより、自分がどんな人間になりたいかを想像することができ、無限の可能性という自由さを抱くことができます。

このセンターで、初めて自分の内側の世界全体を見ることができるようになり、本当の意味での内観が可能になります。第五チャクラは、内側を見つめ、自分の内なる変容のプロセスを意識できるようにしてくれます。また、自分の感情、心理、精神を言語化する能力も発達します。精神面を表現する言語の幅が広がり、第六チャクラの領域へと拡張していきます。

さらに、外の世界を変えたい時には、自分の内側の資源を活用して、いつでも変化を起こすことが可能になります。第五チャクラが覚醒してくると、グローバルな視覚が発達します。自分のグループ、民族、文化だけにとらわれず広い視野を持つようになるので、人種や出生地にかかわらず、すべての人々と分け隔てなく接することができるようになります。

第一チャクラで認識する自分のアイデンティティは、母親に由来し、第二チャクラでは自分の家族全体に由来します。第三チャクラでは両親に反抗し、自分のアイデンティティは、自分と同等であると思う仲間に由来します。第四チャクラでは自分の国や文化（原注：大衆的なもの、またはそれ以外）に由来し、第五チャクラで地球人という自覚が芽生えるのです。

第五チャクラは、心で抱く気持ちを言語化し、声に出します。つまり、私たちが伝えたい愛、親切心、ゆるしなどを発言します。

このセンターでは、下方のチャクラの四つのエレメント――大地・水・火・空気――がすべて融合し、純粋なエネルギーに変換され、蜂が蜂の巣の形状を作るように、私たちの夢のためのマトリックス（枠組み）に燃料が供給されます。喉のチャクラは、私たちが自分の世界を創り出す、このマトリックスに包まれるように配置されているのです。

喉のチャクラが覚醒していると、人生がスムーズに動き、シンクロします。

誰もが、すべてが上手くいかず、朝起きずに寝ていたほうがよかったのではないか、と思ってしまう日を経験したことがあるでしょう。キッチンに行くとシリアルがない、仕事に行こうと車に乗ると赤信号ばかり……。宇宙が自分と反対に回っている感覚。シンクロが何も感じられない。そんな時は、喉のチャクラを浄化する必要があります。

喉のチャクラに詰まっている負の残骸を取り除くことによって、再びスムーズなシンクロした人生を取り戻すことができます。

第五チャクラは、第一チャクラが大地に排泄できなかった、揮発性のあるエネルギーをここで解放するという、下のチャクラの煙突のような役割をします。

喉のチャクラを浄化する簡単な手法として、二〜三本の指でチャクラの位置を数回叩きます。私は一日に数回この方法を行なっています。特に強い毒を持ってきたクライアントとのセッションの後は、必ず行うようにしています。

このチャクラの負の表れは、自分の知識に酔いしれてしまうことです。こうなってしまう人は、会話中に人の話を聞いていません。理解するよりも、自分が正しいことのほうが重要になるからです。

第五チャクラの危険性は、スピリチュアルな閃きがドグマに変わってしまうことです。この第五チャクラの病気は、諸国や教会で実際に起きています。スペインによるインカの征服や、今日(こんにち)でも世界で見られるひどい宗教的行為などがその証拠です。

何もブロックのない第五チャクラは、煙突のような役割を果たし、下のチャクラから上がってくる燃焼されたエネルギーの煙を解放しています。

多くの人は、下のチャクラの感情的欲求を人に伝えたくて、ほとんどの場合、それを声に出すという手段を使って表現します。自分の心理、あるいはスピリチュアルな本質への意識が深まるにつれ、このチャクラは成長し、強くなっていきます。そして、本当の自分の声を見いだせるようになるのです。

スカイ（天空）チャクラ

第六、七、八、九のチャクラの発達は、トランスパーソナル（人格を超えた）なものになります。それは、とても微細な部分の探究です。ここは問題を起こしやすい部分でもあります。

アセンションを目標とするニューエイジの観念では、天空の世界の神について語っており、地上の女性性のスピリチュアリティの実践を軽視しています。木が根っこに支えられているのと同じように、天空のチャクラは大地のチャクラに支えられています。上のほうのチャクラに備わる機能は、「この世」で夢を具現化するための大変実用的な力であり、他の次元のものではありません。

これは真実であると、過去に存在した精神世界におけるすべての偉大な先達が認識しています。イエス・キリストは「天の王国はすぐそこにある」と言いましたが、これは天と地が一つであり、分裂できるものではないという意味です。

大地のチャクラの問題に関しては、私たちは心理療法や個人的な成長の中ですでに体験していると思います。母親や父親との問題、怒り、恥、恐れ、性的問題、欲望や安全・安心に関する問題など、なじみのある内容です。

しかし天空のチャクラでは、あまりなじみのない領域に入ります。天空のチャクラの特徴は、時としてどこから来ているのか掴みづらいものです。場合によっては、二つのチャクラの特徴がほんのわずかな違いだったりもします。子どもが母親に対して抱く愛情と、その子どもが大人になった時に恋人に対して抱く愛情を思い描いてみてください。両方とも〝愛〟というカテゴリーに属していますが、経験としては明らかに異なる内容です（原注：心理学者は、人は結局自分の母親あるいは父親に似た性質の人と結婚すると言いたがるが）。ですから、これらのチャクラの特徴や精神的な学びは、似ているようで微妙に異なるということです。

私と私の師は、天空のチャクラの特徴について表を作り、それぞれのセンターについての特徴を掴むことができました。

第六チャクラは死という境界線を越えることに関連しており、第七チャクラは時間をマスターすること、第八チャクラは不可視性（目に見えない事象）に関連し、第九チャクラの特性は秘密を保持する能力に関連しています。

第六チャクラ	
エレメント	純粋な光
色	インディゴ
身体的側面	脳、目、神経システム
本能	真実
心理的側面	理由と理論、知性、エンパシー（共感）、鬱状態、ストレスによって生じる障害、否定
腺	脳下垂体
素質	覚醒、自己実現
残存する負の表れ	妄想癖、神経症、不適切、発作

第六チャクラは、第三の目、額の中央に位置します。ヒンズー教の伝統では、完全なる真実と非二元性を与えるシヴァ神の第三の目といわれています。

このセンターは、サンスクリット語で「アジュナ――無限の力」という意味です。

このチャクラでは、神と離れることのない存在を知覚します。神聖な自己を表現し、他人にも神聖さを見いだします。このことを悟った人の前では、深い静寂と平和を感じます。そして、自分は永遠の存在であり、この肉体は一時的な住処であることを知覚します。

第六チャクラが目覚めている人は、自分の正体と、肉体的あるいは心的経験が同じではないことを自覚しています。肉体と心を超えた意識の両方を持ちつつ、同時にそれらの経験も意識の領域の中に受け入れています。心を観察しながらも人格を超えた意識へと移行できるのです。好奇心をもって心を観察しますが、決して呑み込まれてしまうことはありません。疑いの心は完全に消え去り、もはや欲望や切望が行動の動機ではなくなります。

この領域の知識は、教えられるものではなく、体験することで自分のものになります。言葉で表現できないわけでもありませんが、経験がすべてとなります。

シャーマンは、この領域の知識は求めるだけでは得られず、探究する者だけが得る可能性を持っているといいます。恋人同士がもう離れられない関係になっていても、キスをした時に本当に繋がることができるというような感じです。実際に体験をしなければ、その経験について何を語れるのでしょうか？　語った瞬間にそれは消えてなくなります。それは夢から目を覚ました時のような感じです。夢だと気づいた瞬間、その夢を思い出すことができないのと同じように。

第六チャクラが壊れている人は、情報と知識をとり違えてしまいます。素晴らしいスピリチュアルな真実を得たと思っていても、それは単に収集された事実にすぎないこともあるのです。

シャーマンは、水が水素と酸素の原子から成ることを説明できなくても、雨を降らせることができますが、唯物論（訳注：観念や精神、心などの根底には物質があると考え、それを重視する考え方）を提唱する人は、第三の目の機能に欠陥があります。このような人は、自分がやっていることの責任を考えずに、大きな力を振りかざし世の中に影響を与えている場合が多いのです。有名人のカルト的な影響を含め、メディアが主体の世の中では、第六チャクラのエネルギーが歪み、横柄で自信過剰なスピリチュアリティになってしまう可能性があります。

人類学者としての経験からいうと、先住民族と接触し、彼らから学ぼうとするたびに、その文化を滅ぼしていくことに気づきました。自分が持っている食料やカメラなどの道具、西洋の衣服でさえ、破壊的です。ドーナ・ローラやドン・マヌエルを含めた私のインカの師たちは、今でも毛糸を紡いで衣服を作っています。西洋的な装身具は一切持っていません。

私はマリアの子どもの死を目撃した時に（１４８ページ参照）、人類学者としての「干渉しない」という行動原則を破り、生徒たちから子どもの古着を集めてインカの高地へと運ぶことにしました。皆さんの善意のおかげでたくさんの寄付が集まり、高地にある六つの村の子どもたち全員に、冬のジャケットや衣類を手渡すことができました。

さらに、一九九二年からは医療チームを村に送り始めました。高地の村では西洋人たちとの交流はほとんどありませんでしたが、それでも文明が持ち込む病に頭を痛めていました。しかし私は、山の上の高地にテントを張り、三百人以上の大人と子どもたちのために毎年クリニックを開いていたのです。

ある年、私たちの活動を何かの記事で読んだ人たちが、人里離れた村の写真を撮りたいとやって来ました。

そして、赤ちゃん用の粉ミルクを何箱かお礼に、と置いていったので、村の若い女性たちのうち何人かは、母乳を与える代わりに粉ミルクを使い始めました。数カ月後、私たちのテントのクリニックに、ある母親が生後四カ月の赤子を連れてやって来たのですが、彼女は三週間前に粉ミルクがなくなり、母乳はもう出なくなってしまったというのです。赤子は骨と皮だけに痩せ細っていました。体重は四キロ弱しかありません。私たちは残っているすべての離乳食やサプリを渡し、さらにその赤子が普通の食事ができるようになるまで、他のお母さんたちに母乳を与えてもらえないか、と頼むしかありませんでした。

このように、西洋人の旅行者たちは良かれと思ってギフトを置いていきましたが、それは逆に先住民族の人々にとっては危険な行為だったのです。

私は、内なるシャーマンを自分で発見しなければならないことに気づきました。私のもとに来る生徒たちには、インディアンと長い間旅をしたとしても、自分の内に秘めた叡智とパワーに出会うことはできないのだ、と伝えます。なぜならそれは、「スピリット」との真の出会いを邪魔することになり、実際には真逆なことが起きることを発見したからです。

シャーマンとは、自己実現できている人のことを指します。シャーマンは自分の内なる目覚めを通して、「スピリット」の道を発見していく存在です。

アントニオは、よくこう言っていました。

「仏陀は仏教を信仰していなかったし、キリストもキリスト教を信仰していなかった」

実際に、仏陀は目覚めが起きるまで菩提樹の下でじっと座っていましたし、キリストは砂漠へ行き四十日間、断食しました。

このように、第六チャクラでは、自分の力で覚醒を体験するのです。ポンチョやローブは脱ぎ捨てましょう。ラトルや羽などの道具も、一切必要ありません。

第三の目が開くと、シャーマンは自分が誰なのかを知覚します。第三の目はシャーマンに、過去と未来の情報を見せ、その知識から違う未来を視覚化する力を与えます。

いくつかの伝説では、第三の目が覚醒した者は不死になるといわれています。老いることも病に苦しむこともなくなり、若さと活力を維持することが可能だと……。

第三の目が目覚めている人は、すべての夢が実現します。そのようなヒーラーたちが多く集まり、同じヴィジョンを持つことで、地球上でそのヴィジョンを実現させることが可能になるでしょう。先住民族の信仰では、長い間これを実践してきました。ホピ族やインカのメディスン・ピープルは、曾孫たちの世代に望む世界を思い描いて瞑想してきたのです。

第七チャクラ

エレメント	純粋なエネルギー
色	紫

身体的側面	皮膚、脳、ホルモンのバランス
本能	宇宙の倫理
心理的側面	無私、誠実さ、叡智
腺	松果体
素質	超越、イルミネーション（光輝く）
残存する負の表れ	神経症、退行、皮肉

第一チャクラが大地へのポータルであるのと同様に、頭頂にあるクラウンチャクラ、つまり第七チャクラは天界へのポータルです。

このセンターから出ている光輝く糸は、星々や運命へと私たちを繋げています。大地はその生命力で私たちを守り育て、天界は私たちがなろうとしている存在に向かって推進しています。

種は暗く豊かで湿った大地の中で芽を出し、太陽の光によって成長します。発芽した後は、すべての植物が太陽に向かって伸びていきます。同様に、私たちのスピリチュアルな命は大地と繋がって第一チャクラで発芽し、成長すると共に天空からの光が頭頂から侵入し、チャクラの組織全体を養います。

この第七チャクラをサンスクリット語では「サハスラーラ」と呼び、それは「何もない空(くう)の状態」を意味します。このチャクラからその能力が開いた者は、物質的肉体をもう必要としません。時空を自由に旅することができ、天地と一つになります。

第七チャクラの修練は、時間をマスターすることです。直線的な時間の流れや因果性から解放されると、過去に縛られなくなります。今起きている問題は、以前に起きたことが原因であるという因果関係から解放されます。片足を俗世間に、もう片足を精神世界に入れ、そこに共通項を見いだします。

第六チャクラでは、ヒーラーは過去と未来の知識を得ることができますが、第七チャクラを覚醒させると、その出来事に影響を与えることができるようになります。過去に起きたことに対するヒーリングを施し、クライアントには、病気から解放された未来、あるいはもっと満ち足りた生活をしている未来などを選択するための手助けをすることができるようになります。

第七チャクラでは、シャーマンは欲望、希望、後悔から解放されています。

ペルーとブラジルの国境の近くに流れるマドレ・デ・ディオス川の上流に、老いたメディスン・マンが棲んでいます。彼は、ジャングルの妙薬「アヤワスカ」のマスターです。この薬草を正しい指導のもとで飲用すれば、死を超えた世界を体験することができます。この老人はほとんど話すことがありません。もう言葉など必要ないのです。アヤワスカの儀式の間、彼は口笛を吹いたり、川や薬草の歌を歌ったりします。そして儀式に参加すると、あなたは周りの熱帯雨林との一体感を体験します。もはや川やバッタ、セミとも隔てるものは何もなく、ジャングルが奏でるすべての音と一体になるのです。

第七チャクラでは、人生とは光輝く糸でできた巧妙なウェブ（訳注：クモの巣のイメージ）であると理解します。その糸の一本が自分であり、同時にウェブ全体が自分でもあるのです。

私はこのシャーマンと初めて過ごした時のことを覚えています。アヤワスカを最後に飲んでから、すでに五年が経っていました。この薬草がどのように作用するかは、何度も経験して知っていました。あるいは、そう思い込んでいました。

その薬草を飲んでから一時間が経過した頃、自分が死んでいるヴィジョンを見ました。目の前に死んでいる自分が見えます。息をしていません。それを遠くから眺めています。私は自分の存在をしっかりと認識できていると思っていました。観察しているのが自分であって、死体ではないと。

突然、気持ち悪くなり、外に走り出てジャングルの中で吐いてしまいました。大きなクモや枝垂れる蔦、樹上に住む生き物の屋根となっている巨大な木々……自分の周りにいるすべての命が鼓動し、生き生きとしていました。私以外はすべて、生き生きとしていたのです。

私はもはや「観察者」ではなく、生きた死人になっていました。人生の痛みを感じ、愛する人たちを失った失望感に苛まれ、哀しみに打ちひしがれました。そしてまた、「観察者」に戻り、自由を体感しました。次に、永続的な時間の流れの中で、痛みと安らぎ、束縛と自由、生と死という二極をずっと行き来し、最後はそれが一つであって同じものであると理解したのです。

第七チャクラでは、主体と客体という区別はなくなります。すべてが和合していて、極端な対比はなくなり溶け合っています。死の中に生があり、安らぎの中に痛みがあり、自由の中に束縛があって、一体化している状態です。

第七チャクラで起こる可能性のある負の表れは、覚醒したと思い込むことでスピリチュアルな後退が起こることです。超越を体験するには、エゴを乗り越えなければならないのは事実ですが、エゴではないものすべてが超越に繋がるとは限りません。エゴを取り払ったら、「スピリット」と繋がると信じている人もいるかもしれません。しかし、エゴではないものでも、いろいろと異なるレベルがあります。たとえば、幼児は自分と自分の周りに、感覚的な境界を持っていません。心理療法では、エゴの境界の欠如は不健康であると判断します。精神分裂症のような精神疾患の重症患者は、エゴがあまりにも分裂していて、普通の生活ができません。

インカなどの伝統文化において、超越を体験するレベルに到達するための通過儀礼を行う過程では、エゴを取り払う前に、生徒がしっかりと自己を確立できているかを確認します。

西洋の世界では、即効性のあるスピリチュアルな教えを求めている人が多く、本来必要な下のほうのチャクラの下積み作業を怠り、上のチャクラへとカエルのように飛んでいきがちです。エキゾチックな体験が必ずできるという謳い文句に誘惑されてしまう人もいます。

あるいは、単に辛抱が足りない人、下のほうのチャクラを浄化しないと正しいヒーリングが起きないということを理解していない人も多くいます。それを教えている〝先生〟と呼ばれている人たちでさえ、きちんとした過程を踏んでおらず、そのことを自覚していない場合もあります。このような人は、自分が到達したレベルが覚醒であると信じてしまい、それよりも先があることを否定しています。このようなスピリチュアルな思い違いが、今日(こんにち)には横行しています。

第七チャクラをマスターした人は、古代の人類の集合意識の記憶を思い出すことを含めて、並外れた力を獲得します。ドーナ・ローラは、「このレベルに到達するために修行しているシャーマンの最終的なテストは、人間が語った最初の物語を語ることだ」と私に言いました。

「時が始まって間もない頃、四肢動物や植物が現れる前、最初の物語を語ったのは〝ストーン・ピープル〟だった」と彼女は言いました。

「だから焚き火の周りは、石で囲むんだよ」

（訳注：ストーン・ピープルが集まって語る光景を再現するため）

「もっと教えてほしい」と彼女にせがむと、彼女は「石に聞いてごらん」と言います。

そして、ある日、私は物語を思い出しました。

第七チャクラで得るもう一つの贈り物は、シェイプ・シフトの能力です。このレベルに到達したシャーマンは、自分と、石や植物、大地と何の変わりもないことを知っています。

ローラは一度、私たちのミーティングに美しくて若いインディアン娘に変身して登場しました。私はその娘の瞳と笑顔に夢中になってしまいました。その夜、美しい娘が巨石の後ろに歩いていった次の瞬間、そこから出てきたのはドーナ・ローラだったのです。彼女は、私が出会った人の中で、最も質素な人です。

「もう私をキレイだと思えないかい？」

ドーナ・ローラは、私に向かって微笑みました。

このチャクラの能力をマスターした人は、人生という川は、形のあるものと形のないものを超え、存在と非存在を超えて永遠に流れていることを理解しています。そして、無限とは、時間と形から独立していることを知っているのです。

第八チャクラ	
エレメント	魂
色	金
身体的側面	身体の建築家
本能	超越
心理的側面	なし
腺	なし
素質	時間を超越する／永遠性

残存する負の表れ｜病のテンプレート、コスミック・ホラー

　ドン・アントニオは、第八チャクラを「ウィラコチャ――聖なる源」と呼んでいました。他のメディスン・ピープルがこの名前を使っているのを聞いたことがないので、これは彼特有の呼び名なのかもしれません。

　このチャクラは頭の数センチ上にあり、覚醒すると光輝くエネルギー・フィールドの中で太陽のように輝きます。

　目覚めた人が第八チャクラに意識をシフトすると、先祖の記憶にアクセスすることができます。直接自分で体験していない記憶を呼び起こすことができるのです。たとえば、突然バッファローのいる牧草地で焚き火を囲んで座っている様子を思い出したり、雪山の石の神殿で祈っている姿を思い出したりします。自分より前に生きたシャーマンたちの教えすべてを受け取ることもできます。彼らの声が自分の声となり、古代の先達らが自分の中に生き続けます。

　このセンターは、人類の集合意識が創り出したイメージや、記憶の元型である「アーキタイプ・ドメイン（元型の領域）」に繋がっています。

　第八チャクラの中にある情報は、身体を創造するためのテンプレートの役割を持っています。このチャクラは、椅子（原注：身体）を組み立てる大工のようなもので、後にその椅子は暖炉で燃やします。大工は、

新しい木材でまた椅子を作れば良いことを知っているので、椅子を燃やしてしまうことが悲しいとは思いません。

第八チャクラは、身体の死に影響されません。このチャクラに病の刻印が残されていると、デザインの欠陥と同じく、次の椅子にも同じように欠陥が生じ、それは代々続いていきます。

第七チャクラでは、創造されたすべての生き物たちと深い一体感を感じますが、第八チャクラでは「創造主」と一体になります。「創造主」とは、言葉では表現できない存在であり、私たちの感覚でもってして一つのイメージの中に納めることは不可能です。

「創造主」との遭遇は、通常その人の文化に準じたシナリオとなります。たとえば、キリスト教文化になじみ深い人は、天使や聖人、キリストが融合したような体験となります。仏教になじみ深い人は、仏陀が登場し、インカのシャーマンたちにとっては太陽との融合となります。

つまり、自分にとって見覚えのある聖なる存在のアーキタイプ（元型）の顔が「創造主」となり、それと融合する体験をします。これらの神のイメージは、私たちの祖先が何万年も前から、彫刻やエッチング、壁画、絵画として残してきたものです。

このチャクラの負の表れは、「コスミック・ホラー」（宇宙的な恐怖）です。それは、物質界と霊界の間に挟まり、抜け出せなくなることを指します。生きても死んでもいない状態のまま、悪夢のような領域にはまり、目覚めることができない状態です。

霊的な次元では、この場所は「煉獄（れんごく）」と呼ばれ、仏教では「バルド」と呼ばれます。生まれ変わることができないため、地球上の場所あるいは人に取り憑く存在たちは、この領域に閉じ込められてしまっているのです。

このチャクラが突然、不調和なまま覚醒してしまった人も、この領域に挟まってしまいます。そのような人の多くは精神療養所に入院するか、家で独り苦しんでいることでしょう。それ以外にも、偽のカルト集団に入ってしまっている人もいます。

第八チャクラの特徴は、不可視性（目に見えない事象）です。

このセンターでは、「見る人（Beholder）」（原注：仏教では「目撃者（Witness）」という）の気づきになります。私たちのスピリチュアルな旅路の始まりからずっと存在していた「自己」です。いまや思考や感情から解き放されたこの自己は、すべてのドラマに介入することなく、ただ見ています。人生が織りなす物語を目の前で観察しながら、それがただのストーリーにすぎないことを理解しています。自分のことをすべて知っていると思い込んでいるのは、真の自分ではないのです。

「見る人」は、見えるもの、触れるものがすべて真実ではないことを知っています。「見る人」は、目に見えるものではなく神秘を重んじます。「見る人」はすべてを知覚できますが、見る人自体は感知できる物体ではないので、その存在を知覚することはできません。「見る人」を傍観することはできないという意味で、「不可視」なのです。

ある時、私はアマゾンのメディスン・ウーマンと、彼女の夫と一緒に河岸を歩いていたのですが、少し広い場所に出ると、彼らは私に、「アルベルト、私たちの少し前を歩いていきなさい。何が起こるか感じて」と言ったのです。

私は最初の一歩を踏み出し、熱帯雨林の中へ入っていきました。その森は、いろいろな歌声で満ちています。オウムたちが鳴き、サルたちが声を掛け合い、他の鳥たちもみんな歌を歌っていました。しかし、三歩歩くまでにはすべての音が消え、静けさが広がりました。私の数歩後ろを歩いていたメディスン・ウーマンが近づいてきて、こう言いました。

「皆、おまえが（エデンの）園から追い出された者だということを知っているんだ。だから歌が消えたのさ。楽園から追放されたことを皆、知っているんだ。おまえは、神と話がもうできなくなってしまっている」

こんなことはあり得ない、と私は思いました。

すると、先ほど通ってきた道の途中で、二人のシピボ族（訳注：ウカヤリ川中域に住む先住民族）の女性がボア蛇を焼いていました。彼女たちが蛇の脂肪を空き缶の中に貯めているのを知っていたので、私はそこまで戻り、その油を少しもらえないかと聞きました。そして、私が今朝使ったデオドラントや歯磨き粉の匂いを、動物たちは嗅ぎつけたに違いないと思い、洋服を脱いでその蛇の油を体中に塗りまくりました。これで、蛇が森を這っていると思わせることができれば大丈夫だ！と思ったのです。

そのまま再びジャングルに入りましたが、最初の一歩ではアマゾンの音楽が熱帯雨林に鳴り響いています。

しかし三歩目には、完全にシーンと静まりかえってしまったのです。

それから何年も経ち、ようやく私は「不視可性」を習得し、ジャングルの中を歩いても園の一部であると認識されるようになりました。大自然と対話ができる存在になりました。不視可性は「私」という存在を打ち消すことができます。そしてそれは、沈黙の修行を通じて習得することができるのです。

やがて「見る人」は、その源である「スピリット」、あるいは第九チャクラを解き明していきます。

第九チャクラ	
エレメント	スピリット
色	透明な白い光
身体的側面	なし
本能	解放
心理的側面	なし
腺	なし

素質	無限性
残存する負の表れ	なし

第九チャクラは、宇宙のハートに位置します。時間と空間を超えた領域です。このチャクラは果てしない宇宙へ広がりつつ、第八チャクラとも光輝くコードで繋がっています。シャーマンは、このコードをつたって、創造された広大な世界を旅することができます。

このセンターにはふさわしい名前がないので、「チャクラ」と呼んでいます。実際には、ここは「スピリット」が棲む場所です。第八チャクラに関連する、時空という限界と救済を必要とする領域の中に存在する、個人的な魂を超越した場所です。ここは宇宙〝すべて〟のスピリットです。「見る人」は、見ていた〝すべて〟だったのです。

第九チャクラは、一度も生まれたことはなく、死んだこともない自己です。この自己は時の始まる前から存在しており、時間という流れの中には一切入りません。宇宙ができる以前から、つまり空間よりも前から存在していました。この自己こそ、エデンの園から出たことのない自己なのです。

第九チャクラの能力は、秘密を保持することです。自分さえも知らない秘密を保っています。その秘密とは、はるか昔に神として知られる「大いなる力」が、何もないところから自分を経験したいと決断したことです。

そして百二十億年前（訳注：著作当時から数えた宇宙の始まり。現在の科学では百三十億年前との見解）に、その「大いなる力」は特異点（訳注：ブラックホールにあるといわれる物質密度が無限となる点）を創造し、宇宙のすべてがそこから誕生したのです。

さらにあらゆる生き物を創造し、探究を続け、バッタからクジラ、植物、月などを創りました。この「大いなる力」は、遍在すると同時に全知であるがゆえに、創造したすべての産物も同じ性質を持ち併せていました。そのため、創造主が万物を通じて、創造主「自体（そのもの）」を知るには、すべてから「自体」の本質を秘密にしておく必要があったのです（訳注：本質を隠しておくことで、それが明らかになる過程を通じて「自体」を理解したい）。

このチャクラが目覚めると、とても深い大きな笑い声が山々の上をこだまし、雷が音を立てて空を走り抜けていくように感じることでしょう。

第５章 シャーマンの見方

ナスカ砂漠に現れるとてつもなく大きな地上絵。それらは地平線まで続く巨大なハチドリやクモ、幾何学的な線を描いている。

エーリッヒ・フォン・デニケン（訳注：ＳＦ作家）は、ここを宇宙から降臨する神々のための土地と呼んでいる。それはまったくの見当違いだ。

シャーマンたちは、天と地の調和を図るために、ここに巨大な曼荼羅を描いたのだ。長方形、三角形、線などを使って描かれたこれらの地上絵は、忘れ去られた聖なる幾何学である。

しかしそのパワーは、今でもそのまま残っている。夜ここを訪れると、私は毎回エネルギーを見ることができる。それには月がちょうど良い明るさであることが必要だ。なんとも不気味なものだ。最初は砂の上に指紋のようなものが浮遊しているように見えるが、それはやがて姿に変わっていく。そして不思議なことに、そこにいる人全員が同じものを見るのだ。グループ全員に見える、共通の幻覚なのか？

昨夜は月明かりがちょうど良い加減だった。私を含む十二名の仲間は、砂漠にとぐろを巻いた蛇のように横たわった巨大な渦巻き模様の淵で作業をした。エドワルドは、「この渦巻き模様の中を歩くことで、苦しめられている過去を取り除くことができる。私たちが渦巻き模様から出てきた時には、未来の自分を呼び起こすことになる」と説明した。

シャーマンが最初に歩いて入った時、霞がかった何かが彼の背後に付いていた。私はイザベルの肩を叩いた。彼女はドーナ・ローラの一番弟子で、最も視覚に優れていた。

「あれは何だ？」と私は聞いた。

エドワルドが渦巻の中のカーブを歩き、私たちに近づいてきた。その時に見えたのだ。それは、想像できるどんなバケモノよりも醜い野獣で、爬虫類とゴリラと人間を掛け合わせたような生き物だった。ヒエロニムス・ボス（訳注：ルネサンス期のオランダの画家）の絵画に登場するに相応しいような怪物だった。その怪物がエドワルドに貼り付いて、彼を爪で掴んでいたのだ。

しかし次の瞬間、大地に呑まれ消え去った。エドワルドは、渦巻の中央に到達し、両腕を天に向かって伸ばしていた。

彼が歩いて出てきてから、私たちは見たものを彼に描写した。

「それは『ラ・チコンガ』だ。凄まじいパワーアニマルで、私の師の一人がずっと昔に編み出したものだ。ソーサラーたち（魔術師）によって、人を苦しめるために人工的に作られた生き物だ。そのマスターが死んだ後、ラ・チコンガは付くマスターがいなくなり、私のところに来たのだ。もう何年も見ていなかったよ。彼がいなくなって嬉しい」

日記より

エドワルドが若い頃にソーサラーたちについて学んでいたことは知っていた。しかし、彼はのちにシャーマン・ヒーラーの道を選んでいったのだ。私は、エドワルドから以前にラ・チコンガのことは聞いていたが、ただの逸話だと思っていた。

このようなエネルギーは、人に長いこと取り憑いていることがある。

この章では、超視覚能力を発達させる方法を紹介します。光輝くエネルギー・フィールドや光の川、回転する円状のチャクラを見たり知覚したりすることができるようになる練習です。

シャーマンの見方を習得すると、光輝くエネルギー・フィールドの中に、過去の傷から生じた刻印の原因が知覚できるようになります。さらに、身体に勝手に侵入し、身体的あるいは感情的に危害を加えている負のエネルギーを見つけ、その霊体の存在を確認します。

私がセッションをする時は、クライアントのトラウマとなった過去の出来事が私の目の前に映像で現れます。実際とは細かい部分が異なっていても、主たる問題やその時の感情のインパクトは、ほとんどの場合、正しいものです。

クライアントのダイアンの場合は、若い女の子が車の交通事故に遭った場面が見えました。少女は両手で頭を抱え込み、目を固く閉じていました。身体が緊張で硬直していましたが、次の瞬間、彼女は肉体から離れていきました。彼女のスピリットが肉体の上に浮かび、「もうここには戻りたくない」と私に言いました。少女にとって、安全ではない場所だったのです。このことをダイアンに伝えると、ダイアンは交通事故に遭った記憶がありませんでした。彼女は母親に、自分は事故に遭ったことがあるか聞いてみたところ、母親は、ダイアンが幼い頃に一度車の事故に遭ったことがあるが、特に誰も怪我をしなかった、と言ったそうです。怪我はなかったものの、彼女はその時から安心できず、ずっと体の中から出たり入ったりを繰り返し、身体の中にいることに居心地の良さを感じることができなくなっていたのです。彼女の光輝くエネルギー・フィールドには、その情報がしっかりと刻まれていました。

マヤ、ヒンズー教、仏教、アボリジニ、インカ、そして初期キリスト教では、人間のエネルギー・フィールドは同じようなイメージで描写されています。

五千年前にエジプトにあるツタンカーメン王の霊廟（れいびょう）を装飾した芸術家は、その天井に、輝く光輪のある神トートを描きました。月の絵文字は、トートが自然界の周期に影響を与える力を持っていることを示しています。この光輪は、アマゾンのシャーマンがいう第八チャクラと同一です。ジャングルの人たちも、この神秘的なエジプトの神が表す能力とまったく同じ性質が、第八チャクラにはあると信じています。それは、時間の流れの外へ出る能力です。

イエス・キリストや仏陀、そしてニュージーランドの先住民族マオリのシャーマンの周りに描かれている光輪も、どれも本質的には同じものです。これらの描写は石や木、キャンバスに描かれ、壁画としても残っており、その超自然的な現実を知覚することができた人々の存在を証明しています。絵師が光輪を何かの象徴として描いていたのではなく、実際に彼らは超視覚を持っていたのです。彼らにみられる視覚能力の共通性は、私たち誰もが人間のエネルギー・フィールドを知覚する能力を内に秘めていることを証明しています。

光輝くエネルギー・フィールドに関する参考資料は、ずっと以前から世界中に存在しますが、それでもほとんどの西洋人にとって、これらの証拠は受け入れがたいものです。エジプトの壁画やドゴン族（訳注：西アフリカのマリ共和国にあるバンディアガラの断崖に居住する民族）の木彫刻、あるいは仏教徒の描く光輪は、自分たちが知る悟りとは異なり、寓話であると信じているのです。悟りとは、何か内なる状態で聖人や賢者のみが到達できるものであると思っています。普通の人の視覚では見えるものではないので、事実だとは確信できないのです。さらに、この光輝くエネルギー・フィールドの存在も科学的には証明できていないため、それを信じることができません。

しかし考えてみると、何千年と林檎は木から落ちてきており、水も下流へと流れていたにもかかわらず、重力については、ニュートンが基本的な自然の法則を実証するまで、科学の世界では他に誰もそれを証明できる人はいませんでした。確かに重力は目に見え、人のエネルギー・フィールドよりもわかりやすいものです。しかしながら、世界中のシャーマンたちにとっては、水が下流へ流れることと同じように、見えないエネルギーや「スピリット」は実体的なのです。

シャーマニズムを賞賛する西洋人にとっては、障害がいくつかあります。西洋の社会では、見えない世界が見えると頭がおかしいとか、精神疾患の治療が必要だと思われてしまいます。

私がカリフォルニア州北部の病院で心理学のインターンシップをしていた際のことを思い出します。ある病棟で働き始めた二日目のことです。ピエトロという患者が、私のところへ来て、こう言いました。

「おまえが誰なのか知ってるぞ。俺から逃げることはできないからな」

彼は、その後、私の幼少期に起きた出来事を話し出しました。絶対に近い家族しか知り得ない内容です。ピエトロのサイキック能力は、悪いＬＳＤ体験によって数年前に開花されたのです。彼は、その見える能力を閉じる方法を知らず、人々を怖がらせるような忠告をして回ったため、精神科病院に収容されてしまいました。

医者やセラピストの多くは、ピエトロのように突然良からぬかたちでこのような能力が開花してしまった人たちや、子どもあるいは青年くらいの時期に、穏やかに、また瞬間的に開花した人たちを含めて、どうやって助けたらよいのかの手立てを知らないのです。ピエトロは常に大量の薬物投与を強いられ、回復の目処はありません。少数民族の文化にいたなら、彼はシャーマンの助手として病気の診断の手伝いができたかもしれません。

シャーマンの見方を習得するには、その才能を磨いていく必要があります。音楽家も上手になるには、懸命に練習して腕を磨いていくのと同様に、光輝く世界を見たい人は、その能力を磨く必要があります。

何千年もの間、世界のシャーマンたちは、この能力をマスターするために精錬してきたのです。彼らの社会では、見えない世界を覗くことができる人々に対して、大きな敬意を払っていました。

私は、その中でも最も価値ある技法を取り入れ、『ヒーリング・ザ・ライトボディ・スクール』で生徒たちに教授しています。

どのように見るのか

視覚というのは、何万年と奇跡的な過程を経て完璧なものへと進化してきました。バッタからクジラまで、生物の形態は多種多様ですが、視覚はどの生き物にとっても主要な知覚です。人間の視覚には、眼、視神経、脳内の視覚皮質（訳注：視中枢ともいう。大脳の後頭葉後極に局在する皮質領域で視覚路の最高中枢）の三つの要素が必要です。

眼は光を電子シグナルに変換させる機能があります。この電子シグナルは、視神経によって脳内の「スクリーニング・ルーム」（審査室）である視覚皮質に届けられます。テレビにケーブルを通してシグナルが送信されるのと同様に、視神経が眼から一連の電子シグナルを脳に送り込みます。後頭部の耳の後ろに位置する視覚皮質は、送信されてきたシグナルから画像を生みます。すべての視覚は、自分の外側に見えているように感じられますが、実際には頭の中で起きていることなのです。

見えない世界のエネルギーやスピリットを知覚する時、眼はあまり役に立ちません。網膜は電磁スペクトル（波長帯域）においては、認識できる範囲が非常に限られています。たとえば皮膚が反応していても、眼は遠赤外線や紫外線を見ることができませんし、視神経もあまり役には立ちません。なぜなら、それは一方通行のケーブル線で眼をスクリーニング・ルームへ繋げるだけの役割だからです。

しかしスクリーニング・ルームは、驚くべき構造になっています。視覚皮質は、エネルギー（視神経から流れる活用電位）を変換させ、生きた画像を生み出すのです。エネルギーを見る仕組みが、ここにはすでに備わっています。光輝くエネルギー・フィールドとその中に暗号化されたストーリーを知覚するには、シグナルを発信させている発信源を切り変えるだけで、視覚皮質は本来の機能のまま、それを映像化します。

健康診断に行って心臓の検査を受ける時、医者は心電図を撮ります。心臓の上にセンサーを取り付け、ワイヤーを通してチャート・レコーダーに信号が送られ、そこにあなたの心臓の鼓動の波がチャートに現れて記録されます。ワインセラーの温度調整をしたいと思ったら、サーモメーターを壁に取り付けますが、心臓の検査にもそれと同じレコーダーを使用します。正しいセンサーをケーブル線でレコーダーに繋げば、心臓の鼓動から地震まで、どんな活動でも測ることができます。

通常の視覚では、眼がセンサーで、視神経がケーブル線、視覚皮質がレコーダーとなります。エネルギーの世界を見るためには、センサー（原注：眼）とケーブル（原注：視神経）を取り外し、視覚皮質というレコーダーだけを残しておきます。レコーダーの機能は、単純にシグナルを変換して画像を生み出すことです。そのため私は、これを「スクリーニング・ルーム」と呼んでいるのです。

シャーマン的な見方を行うために使うセンサーは、誰でも持っていますが、それを発達させる必要があります。

それは、第六チャクラ（原注：額の中央にある神秘の「第三の目」）と、第四チャクラのハートです。ハートチャクラと第三の目を視覚皮質に繋げることで、意識と心の目で見ることができます。このチャクラから「ケーブル線」を引き出して、頭の後ろにあるスクリーニング・ルームに繋げることが課題となります。

生体構造学の生徒だった時、人間の脳の仕組みは、配線で接続された構造であることを学びました。神経回路が一度設定されてしまうと、それを変更するのは非常に困難です。

視覚皮質に新しい神経回路を作ろうとするのは不可能です。視神経が損傷すると人は盲目になってしまい、視力を取り戻すことができなくなりますが、それでも夢はフルカラーで見ることはできます。脳はシグナルを視覚皮質へ新しくルーティングすることができません。ゆえに、心の目で見るには、大脳外にネットワークを構築する必要があるのです。

シャーマンが行う「見るための通過儀礼」では、心(ハート)と第三の目をスクリーニング・ルームである視覚皮質に繋げる大脳外の回路を構築します。それにより、マルチ・センサーで光輝く世界のイメージを見ることができるようになります。

生まれてから最初の数年間、幼児は大人に比べて脳内のシナプスを十倍持っています。シナプスとは、神経細胞から出ている枝のようなもので、多方向に伸び、次のリンク先を探すと接続されます。私たちはシナプスの接続によって情報を受け取っています。私たちが幼児だった頃は、水の入ったコップをどうやって手に取るか、六通りくらい発見していたかもしれません。そして右手で持ってみたり、左手で持ってみたりを試すことも含めて、いろいろな手段を試し、徐々に最適な手段が見つかると、その他の手段は脳の記憶から消えていきます。

シナプスは、一つの脳細胞ともう一つの脳細胞を繋げていますが、それは森の中の小道にも似ています。いくつかの小道は、草むらから真っ直ぐに川へと抜けます。他の小道は、ポプラやニレの木々の間を迂回するように少し遠回りになりますが、やがて同じ川岸に抜けています。現実の中で人生の道筋が九割決まった時点で、その他のシナプスの接続は消滅します。最終的に、川岸に辿り着く一本の小道に決まり、定まります。その他の道の記憶は消去されます。草むらの道を選んだなら、ポプラやニレの木々を通る道はもう存在しません。他の旅行者が、エキゾチックな木々を通って川岸に辿り着いたと言っても、自分の記憶とは一致しません。

私たちの文化では、見えない世界の中で自分の人生設計を立てる習慣はありません。スピリチュアルな人生設計を立てること自体、現実的ではないからです。実際に川が存在しないのなら、どうして道を見つけ出す必要があるのでしょうか？

西洋人は、エネルギーを知覚する神経回路が発達していません。そのため、地図を脳の外に作る必要があります。頭の外側に金色の光の経絡があると思ってください。それは第三の目とハートチャクラと後頭部にあるスクリーニング・ルームを繋げている回路です。この回路には、視覚、触感、聴覚、味覚、感情、嗅覚、すべての感覚データが送られています。

頭を休めて感覚を研ぎ澄ます

見えない世界は、論理と理性の目では見ることができません。純粋無垢な子どもの感覚を復活させ、原始の直接的な知覚を取り戻す必要があります。子どもは触ってみたり、色を観察したり、石の下に何があるのか探ったり、すべてにおいて質問をします。これを「直接的な一次知覚」と呼びます。

イエス・キリストは「天の王国に入るには子どものようでなければ入ることができない」と言っています。

彼は、先入観のない、重荷を背負っていない純粋な心を取り戻し、そのうえで世界を再度知覚していく必要がある、と言っているのです。

言語や理性は、私たちを直接的な体験から遠ざけてしまいます。名前や論理は実用的ですが、私たちを人生の神秘から切り離してしまうのです。


エクササイズを行う前に、知覚を磨く必要があります。そうでなければ、練習は単に目で見る理知的なものとなってしまうでしょう。

感性を磨いて練習を行うと、世界をホリスティックな知覚で感じることができます。五感と自分が一体となっていきます。何かの香りを嗅いだ時にはその香りそのものになり、自分とその香りが同一になるのです。決して詩的な交流ではありません。これは相互に繋がっているという深い理解のもとに感じ得るものです。たとえば、メディスン・ウーマンがアマゾンの源流にコップを入れて水を汲む時、彼女は「この水は、これで私のものになった」とは思いません。「これでアマゾン川が私の中にも流れる」と知覚するのです。

知覚を磨くエクササイズ

時計を見ずに自分の脈を感じてみましょう。鼓動を数えずに、単に血液の流れの波、脈のリズムを感じてください。これがあなたのテンポです。あなたとまったく同じリズムを持っている人はいません。

インドネシアの島人たちは、すべての命には脈があると信じています。何千年も前、彼らは象ほどの大きさのブロンズ製のドラムを鋳造し、宇宙のテンポに自分たちのスピリットを同調させるため、創造主のリズムを叩いたそうです。

想像力を活用してみましょう。
自分の血液の色は何色ですか？　本当に赤いですか？　なぜ血管は青いのでしょうか？　いつ血液の色は変わってしまうのでしょうか？　それはなぜ？
高校の生物の授業を思い出さないで。自分の体が答えを知っています。聞いてみましょう。血管を心臓まで辿り、自分で答えを見つけてみましょう。酸素が豊富な赤い血液が肺から供給される最初の臓器は、心臓です。心臓を養ってから、体の他の部分に供給されます。

次に呼吸を意識してみましょう。鼻孔を片方塞いで呼吸をしてみてください。次に別の片方を塞いで呼吸してみます。どちらの鼻孔で呼吸をしていましたか？　私たちは通常片方の鼻腔で数時間呼吸し、次にもう片方を使って呼吸をしています。
肺から気管支を通っていく呼吸の流れを追ってみましょう。どんな感じがしますか？　呼吸は荒いですか？　それともスムーズですか？　呼吸はどこから来ていて、いつまであなたのものなのでしょうか？

次に嗅覚を意識してみましょう。自分はどんな匂いがするのでしょうか？　誰もが固有の匂いを持っています。

ニンニクやバジルを刻んだ後、手の匂いを嗅いでみましょう。甘い花の香り、お酢のツンとする匂い、腐った牛乳の匂い、爽やかなラベンダーの香りなど、いろいろな香りを嗅いでみてください。

哺乳類のほとんどは、嗅覚を頼って生きています。北極熊は五十キロメートル離れた場所にいるアザラシの存在を、嗅覚で感知できます。草むらに隠れているライオンは、恐怖心を〝嗅ぎ〟つけます。

次に触覚を意識してみます。体の中で最も大きな感覚器官が皮膚です。皮膚は、脳や神経組織と同じ細胞組織で構成されています。皮膚も生きています。怒ると膨張し、よく手入れをしてあげると輝きます。自分の顔を優しく撫でてみましょう。指先で唇の輪郭に触れてみてください。愛する人の顔を撫でてみてください。

次に足先を意識します。靴の中で指を動かしてみてください。脳には抑制する機能があります。朝、靴を履く時に靴の中の温度と感触を感じます。しかしその後、脳はこの感触を抑制します。靴の中の感触を、一日中ずっと感じていたくないからです。椅子にぶつかったり、鋲（びょう）を踏んだ時だけ、再び足先のことを思い出します。

次の食事の際に、ナイフとフォークの持つ手を逆にして食べてみてください。違和感を感じると思います。その状態で、食べ物を一口ずつ丁寧に味わってみましょう。

次は味覚です。自分の皮膚はどんな味がするでしょうか？　前腕（腕の肘から手首までの部分）を舐めてみましょう。塩っぽいですか？　それとも甘いですか？

自分の血はどんな味がしますか？　次に切った時に味わってみましょう。

水はどんな味がしますか？　普通の水道水は一般的には味がないと思われていますが、それは間違いです。どの都市の水道水も味があり、どこも異なる味です。ゆっくりと水を飲んで、じっくりと味わってみてください。その冷たさを感じて、その冷たさになりきってみましょう。口の中全体に浸透していき、それからその感触が全身に広がっていきます。全身が涼しさに覆われている状態を感じてみてください。

最後は、目を閉じて深呼吸をしてください。そして耳を澄ませてみましょう。周りにどんな音が聞こえますか？　自然の音をできるだけ感知し、何の音なのかを当てましょう。鳥の鳴き声でしょうか？　蜂が飛んでいるのでしょうか？　あるいはすべて人工的な音ですか？　ゴロゴロした音は聞こえませんか？　高音の鳴き声は聞こえますか？

アマゾンでジャガーをトラッキング（追跡）する際には、鳥の鳴き声に注意を払います。鳥からの忠告は、自分で感知するよりも早いからです。

シャーマンたちは、「直接的な一次知覚」を磨くために、すべての感覚の橋渡しとなる「共感覚」というものを発達させました。火を味わい、花を香り、イメージの匂いも感知します。これは「シナスタジア」（共感覚）といわれるもので、経験したものがいろいろな感覚に区別される前に、瞬間的に全体を知覚する能力です。

　このようにいろいろな感覚を同時に知覚することは、自然界の中で直接的かつ原始的な経験がない人たちにとっては、とても不思議で理解しがたいものかもしれません。ミュージシャンは、鳥が飛んでいる際に羽で起きる風の音が聞こえるといいます。このような共感覚は、「直接的な一次知覚」のサインですが、文明の力によって私たちの多くは、この感覚を失ってしまいました。

『知覚の現象学』の著者である哲学者モーリス・メルロ＝ポンティは「シナスタジア的知覚が基本的なルールだが、科学的知識によって体験という重要な定義が変わってしまい、我々はそれを認識していない。何を見て、聞いて、感じるかは物理学者が考えた世界の推論に従うように教育され、身体という組織から本来の見方、聞き方、感じ方全般を忘れてしまった」と記しています。

　共感覚は、触覚、味覚、センセーション（感覚）、聴覚を意識して研ぎ澄ませていくことで、発達するのです。


　共感覚を養うエクササイズの中で私が最も好きな方法は、「感情を味わう」というものです。口の中の味を意識してみましょう。甘い？　酸っぱい？　木の味がする？　金属っぽい？

　次に悲しい過去の経験を思い出してみてください。口の中の味は変わりましたか？

　次に楽しかった過去の体験を思い出し、口の中の味の変化を感じてみましょう。

　次に恐れを体験した時を思い出してみてください。恐れの味を味わうことはできますか？　愛の味はどうでしょう？　喜びの味はどうでしょうか？

「第二の注意（アテンション）」のエクササイズ

「第二の注意（アテンション）」の練習は、目の運動によって神経網を再調整するものです。三十秒以内に知覚的座標をゼロにリセットする方法、とでも言いましょうか。これを行わないと「第一の注意（アテンション）」にロックされたままの状態で、トンネル視（訳注：視野が狭い状態）で見る普通の現実しか見ることができません。

最初のエクササイズでは、運動感覚を解放し、鍼灸で活用する経絡を知覚する練習です。エネルギーを感じることができるようになると、共感覚を通して、その知覚をイメージに変換することができます。

目を時計だと思ってください。異なる思考活動を行う脳の特定の場所に、目が時計の針のように指し示した方向へシグナルを送ります。たとえば右利きの人の多くは、頭の中で計算をしている時、時計の十時方向に目が向きます。好きな曲を思い出している時は、二時の方向を向きます。仕事の同僚に確認してもらうとよいでしょう。同僚に「27＋19はいくつか？」と訊いてみてください。そして目がどっちを向くか確認してみましょう。答えは異なっていても、誰もが必ず同じ方向を見るはずです。

次に焼き立てのパンの匂い、あるいは好きな曲を思い出してみるように言ってください。目はどちらを向くでしょうか？

これらが「第一の注意」、普通の現実の知覚座標です。

「第二の注意」のエクササイズは、通常の知覚スクリーンを一度消去するために、瞼を閉じた状態で眼球を回していきます。目を閉じ（原注：頭を動かさずに）、眼球を左から右へ、上から下へ、斜め左上から斜め右下へ、そして、その反対に動かしてみてください。

次に左周りに三回大きく眼球を回し、右周りにも三回、回します。目を閉じたまま今度は、もう一度左右三回ずつ、小さな円を描くように回します。

祈るように両手を合わせます（原注：主要な十の経絡は全身を駆け巡り、両手とその指先を巡っている。祈りのポーズに手を合わせることで、この経絡を流れる氣のバランスを取ることができる。祈る時は調和の取れた状態を望むため、このポーズをとることの理由はここにあるのかもしれない）。指と指の間は少し間隔をあけ、両手のそれぞれの指先は触れている状態にします。胸の上に軽く両手が触れている状態で、深呼吸を数回行います。

次に両手を離し、三十秒程、両手を揺らし、ぶらぶらと手をリラックスさせます。そして、また両手を合わせ祈りのポーズにします。そして、ゆっくりと指先は触れ合っている状態で手のひらを離していきます。手の感覚に意識をおいてください。ヒンヤリしていますか？　それとも温かいですか？　手のひらに何かビリビリした電気のようなものを感じますか？

指先に意識をおいて、ゆっくりと手を離していきます。指先にピリピリ来るような感覚がありますか？手をどんどん離していき、どこまでその指先の感覚、静電気のようなものが感じられるか試してみましょう。

指先と指先の間にそれぞれを繋げている光輝く糸があり、それを知覚していると想像してみましょう。これが経絡の流れの延長上にあるものです。

両手を二十四センチ程離して感じられるようになるまで、何度か練習してください。どちらの手のほうが強く感じますか？　右手の指先と左手の指先、どちらのほうが氣を強く感じますか？

光輝くエネルギー・フィールドを知覚する

次に、光輝くエネルギー・フィールドの膜をスキャンできるように練習します。立った状態で目を閉じ、「第二の注意」のエクササイズを行います。呼吸を意識してください。禅の瞑想では呼吸を使って理性ある意識を保ったまま、この知覚を使って他の領域を探究します。

両手を数秒振ってから、手のひらを合わせて祈りのポーズになります。次にゆっくりと手のひらを開き、手の甲が体に向くようにします。扇のように手を動かし、お腹のあたりまで下がってきたら、体から三十センチ程離れた位置で止めて、手のひらを窓を拭くように左右に動かし、光輝くエネルギー・フィールドの膜を感知できるか試してみてください。

膜は滑らかですか？　それとも他の感触がありますか？　伸縮性がありますか？　曲げられますか？　それとも硬いですか？　温かい？　冷たい？　押し出すと伸びていきますか？（原注：都会では光輝くエネルギー・

フィールドは蚕のように私たちの体の周りを硬く覆うようになっており、自然の中に数日いると腕程の長さに広がる）うねっている箇所やポケットのようなへこみがありませんか？　そのような箇所は、大概、膜が弱っている場所で、そこからエネルギーが漏れたり、他人のエネルギーや感情が侵入してきてしまいます。

自分の光輝くエネルギー・フィールドの色は何色でしょうか？　想像してみてください。

練習を終えたら、また祈りのポーズに戻り、数回深呼吸をしてバランスを取り戻します。光輝くエネルギー・フィールドの膜をしっかりと感知できるようになるまで、これを繰り返し練習してみましょう。

チャクラのリーディング

今度はチャクラを感じ取るために、似たようなエクササイズをやってみましょう。ここでは大地のチャクラに働きかけます。

また「第二の注意」のエクササイズを行い、数秒両手を振ってから祈りのポーズになります。呼吸に意識をおいた状態を保ちます。

次に両手を開き、手のひらをお臍から十センチ程下の皮膚すれすれの辺りにかざします。呼吸に意識をおきます。じょうごのような形状のエネルギーであるチャクラの、渦巻き状の光が皮膚のすぐ上で回転しているのを想像してみてください。じょうごの開いている口は、体から六～八センチ程外側にあり、狭くなっている反対側は体内にあります。

次に、第二チャクラの外側の開いている淵を感じてみましょう。その円周と渦巻いているエネルギーを感じてみてください。私はチャクラの中に指を入れると、冷ややかな渦巻く水の中に指を突っ込んでいるような感覚を感じます。

徐々に中指をチャクラの中に入れていき、体に近づけていきます。どんな感覚でしょうか？　冷たいですか？　温かいですか？　それとも中ぐらい？　指先に意識を持っていくと、そこではどんな感覚がありますか？　ピリピリする？　柔らかい？　荒い？

腹にある第二チャクラは、「闘争か逃走」の反応が起きるチャクラです。恐れや危険を感じた時には、このチャクラが即座に受信します。一番最近怖いと感じた時のことを思い出し、第二チャクラを感じてみましょう。そこの感覚に変化を感じましたか？　皆、異なる感じ方をします。自分が氷のように冷たいと感じたものを、他の人は温かいと感じることもあります。

第二チャクラは情熱や感情を保持するチャクラで、とても強いエネルギーを放っているため、一番わかりやすいチャクラです。この練習を第一チャクラでも行なってみてください。幼少期かもしれませんが、とても安心して守られている感覚があった時のことを思い出し、チャクラの深みや感触に変化が起きるかやってみてください。逆に危険を感じ安心できなかった時のことを思い出し、変化があるかどうかを感知してみましょう。

次は第三チャクラで行います。何かを成し遂げて、それを認めてもらい評価された時のことを思い出すと、エネルギーの感触に変化を感じるでしょうか？

羞恥心を感じた時のことを思い出してください。何か変化はありますか？

次に第四チャクラに行きます。恋に落ちていた時のこと、あるいは今のパートナーと出会った最初の時のことを思い出してみてください。そして変化を感じてみます。それが終わったら、心を傷つけられた、あるいは捨てられた時のことを思い出し、チャクラの変化を感じてみます。

次に第五チャクラを試してみましょう。瞑想をしている時など、内なる平和を感じた時の状態を思い出してみてください。次に愛する人に、自分の言い分を聞いてもらえなかった時のことを思い出すと、エネルギーに変化を感じますか？

ここまでは「量的」なものを測り、チャクラのエネルギーの強さや感触を味わう練習を行なってきました。ほとんどのヒーラーたちは、この段階までを感知します。エネルギーの強さ、弱さを感じますが、それ以上は感知しません。私たちは、その上の段階、つまり「質的」なものを測れるように発達させたいのです。このエネルギーにはどんな情報が含まれているのか？　どんなストーリーがあり、それは喜びなのか？　痛みなのか？　これは「第二の気づき」を活用することで可能になります。

「第二の気づき」の練習をすることにより、あなたの感性は拡張されていきます。「第二の気づき」とは、エネルギーの中に含まれているストーリーを読み取る知覚能力のことです。

「第二の気づき（アウェアネス）」のエクササイズ

「第二の気づき（アウェアネス）」は、エネルギーの中に含まれているストーリーを受け取ることを可能にします。光の糸を頭の周りにインストールし、第三の目から視覚皮質まで情報が伝達されるようにします。視覚皮質では、その情報が解読され色彩豊かな画像として表れます。

さらに、ハートチャクラからも光の糸を通って情報が集められます。脳外（訳注：頭の中の脳の外で頭皮の内側にある経絡）の回路は、感情およびスピリチュアルな洞察を運びます。第三の目は実態を受信し、ハートチャクラはそれに付随する感情を受信します。このような流れを通過することによって、私たちの視覚は慈悲によって和らぎます。もし第三の目だけで知覚すると、冷たく、あまり感情のないものになってしまいます。逆にハートチャクラのみで知覚すると、センチメンタルで過剰な感情となってしまうでしょう。

第三の目とハートが一緒に働くことは、ヒーラーにとって最も有効な知識の源となります。私の生徒の九割は、この技術を習得できています。ですので、一部の人だけが持つ生まれつきの才能ではありません。視覚皮質は、あらゆるものを視覚的に描くことができます。それだけでなく、情報やシンボルなどのイメージの集まりをも解読することができるのです。

祈りのポーズに手を合わせ、「第二の注意」のエクササイズを行いながら数回深呼吸します。

次に、両手の指先で胸の中心のハートチャクラの位置を数回タップします。そこから光のネックレスを首にかけていることを想像し、そのラインを後頭部の視覚皮質の下の辺りまでタップします。このラインをゆっくりと繰り返しタップしながら三、四回往復し、意識を使って光の線を作っていきます（左ページ参照）。

次に額の中央の第六チャクラをタップします。そのポイントから耳のすぐ上を通過し、頭蓋骨のつけ根まで光の帯を作るようなイメージでタップしながら数回往復します。

もう一度、第六チャクラをタップし、そこから頭の中央のラインを両手の指先を使ってタップしていき、頭蓋骨のつけ根まで光の帯を作っていきます。頭に光の王冠を乗せるようなイメージです（左ページ参照）。

光の王冠

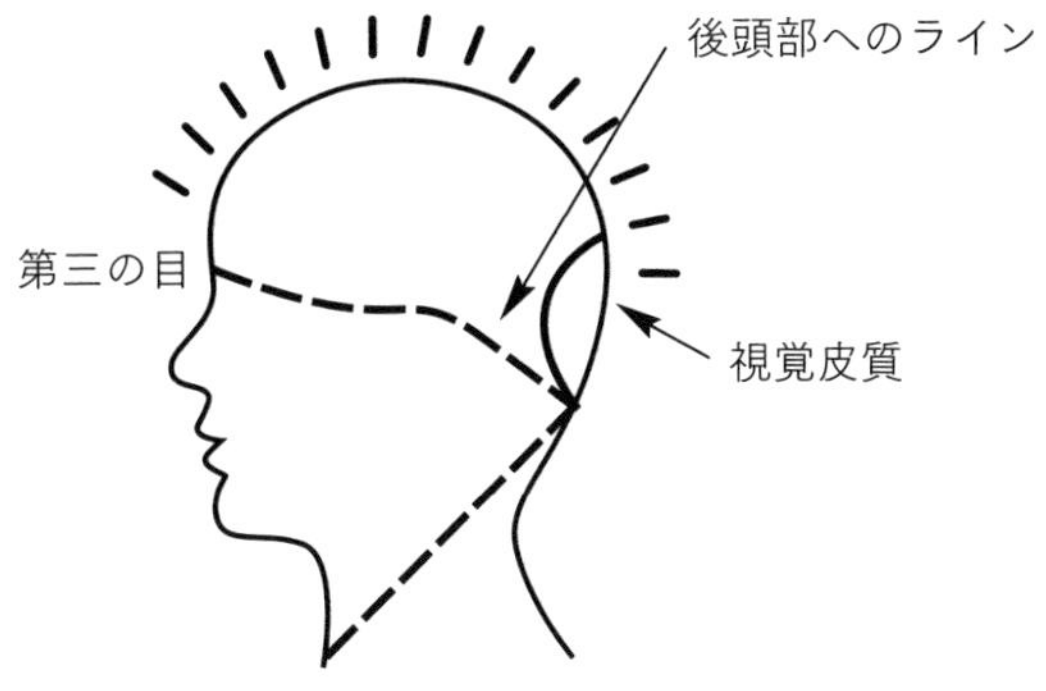

点線の上を指でタップする

光のネックレス

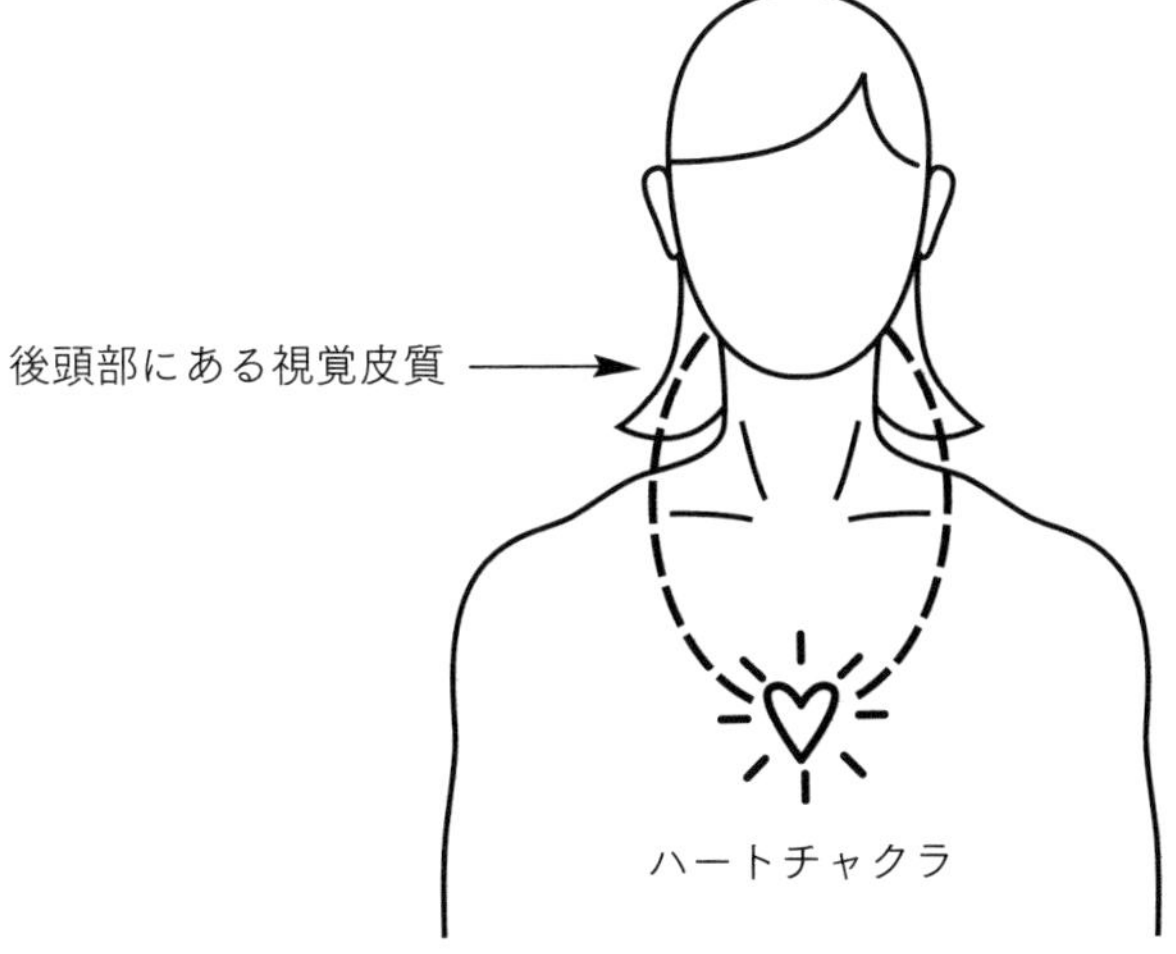

点線の上を指でタップする

この王冠とネックレスを視覚化することによって、脳外に脳と視覚皮質の間を繋ぐ線をインストールすることになります。この線上にエネルギーが走っている状態をイメージすると、その線を活性化させることができます。私はこの回路を、輝く繊維のようにイメージしています。金色に輝く光が、その回路を流れているイメージです。最初はゆっくりと、そして徐々に速度を上げて輝きが増し、最後には回路全体が輝く光で鼓動している様子を知覚します。

これを行うことで、見る能力がとても早く発達した生徒たちがいました。光輝く回路がインストールされて、すぐに準備が整い、情報を送信し始めたのです。人によっては、数カ月、あるいは数年かかる人もいます。

「第二の気づき」は努力することで、つまり意志の力で得られるものではありません。それは普通（原注：第一）の気づきです。脳外の回路を活性化させ、脳の視覚皮質がその本来の機能を自然に発動させるのを待ちます。

ある日、もうすでに見えていたことに気づくことになるかもしれません。私もこの光輝く回路を額からハート、そして後頭部へとつくる作業を数カ月続けることによって、ようやく信頼できる結果を出せるようになりました。ある日、さらに数カ月が経って、光輝くエネルギー・フィールドが見えていたことに気づきました。ただ自覚していなかっただけなのです。

とても不思議だけれども、馴染みのある感覚でした。最初は目を閉じていないと、光輝くエネルギー・フィールドやチャクラを見ることができませんでした。両手を合わせ祈りのポーズで深呼吸を行い、手を離しエネルギーの流れを観察しました。それからクライアントにフォーカスを移すと、彼女の光輝くエネルギー・フィールドを観察することができたのです。

最初の頃は、通常の視覚が強いため邪魔でしたが、そのうち目を開いたままでも見えるようになりました。「第二の気づき」を開く前に、クライアントに見てもよいか、許可をもらいます（原注：飛行機に乗る前にも搭乗する人たちの光輝くエネルギー・フィールドの健康状態を確認する。問題がなければ、安全に飛行できると解釈している）。

植物や動物のエネルギー・フィールドを見る練習をしてみてください。ペットと飼い主の間にも光の線があります。家の中の植物が外の自然に向かって光の線を出していたり、またあなたの光輝くエネルギー・フィールドにも繋がっています。エネルギーやスピリットの世界が見えることは、自分が持つ能力の再確認だけでなく、見えない世界が実在することに対する最高の証明となります。

スーザンは五十代前半の頃に、私の運営する学校『ヒーリング・ザ・ライトボディ・スクール』に入学しました。大学の教授であり、十年程前に私とペルーへ旅をし、その後数年間は会っていませんでした。最後に会った時、彼女は毎日のようにひどい片頭痛に悩まされている、と言っていました。片頭痛が発症すると教壇に立つことはおろか、歩くこともできない状態が一時間近く続きます。医者に診てもらっても特に異常は見つかりませんが、片頭痛は治りませんでした。

そこで彼女は私に、光輝くエネルギー・フィールドを診て、原因を見つけてほしいと訪ねてきたのです。

スーザンは白い壁を背にして、私の向かいに座りました。部屋の明かりを暗くし、私は目の視点を緩めます。祈りのポーズで深呼吸をし、「第二の気づき」の意識に入るように心を沈めていくと、すぐに彼女の第七チャクラにブロックを感じました。この部分からは、エネルギーがまったく出入りしていませんでした。第七チャクラは通常、頭の天辺から噴水のように光が勢いよく放たれていて、光輝くエネルギー・フィールドへと流れ出ています。

彼女の額の上に、黒くて厚いエネルギーの塊が漂っていました。この塊の少し内側に、卵形のシミのようなものがあります。そしてこの黒い塊全体が脈打っていました。

医者はスーザンの症状に対して何も原因を見つけることができませんでしたが、私は彼女の頭蓋骨の中に物理的な問題があり、それが原因で脳に圧力がかかっていると感じました。そこで私はイルミネーションを行い、病気の刻印を削除し、彼女の頭上に漂う黒いエネルギーを摘出する作業を行いました。

もう一度スーザンの体をスキャンすると、黒い塊はまだ消えていませんでした。私は彼女に、もう一度病院に行き、ＭＲＩを撮って頭蓋骨の中の細部の検査を行うように勧めました。

スーザンのかかりつけの医者は気乗りせず、「ＭＲＩを撮る理由は何も見つからない。高価な検査であるため、どうしても行いたいのなら自費になる」と言いましたが、彼女は笑顔で「シャーマンにそう言われたので、やります」と即答しました。

写真が戻ってくると、頭の中央にある脳下垂体の隣のくぼみにあった豆粒程の大きさだった塊が、卵の大きさに成長していたのです。この嚢胞が脳内で危険な圧力を増幅させていました。

その二日後に摘出する手術が終わり、悪性ではなかったことが判明しました。手術後、医者はこの大きさの嚢胞に気づかずにいたら、命は短かっただろうと説明しました。このタイミングで手術できたことで、スーザンは窮地を逃れたのです。

エネルギー・トラッキング

シャーマンたちは、トラッキング（追跡）のマスターです。私が二人のシャーマンと数日間アマゾンの熱帯雨林を旅していた時のことを思い出します。

ある朝、私たちはパイナップルがなる川岸までハイキングすることにしました。猿はこのスポットを知っており、パイナップルが熟した頃に木から降りてきて騒がしく群がります。もちろんジャガーも知っているので、夕暮れ時に大好物の猿を狙いにやってきます。私たちはジャガーを観察したくて、そこに向かいましたが、万が一会えなくても、猿と一緒にパイナップルのご馳走を食べられるだけでもいいと思っていました。

あかね色の葉に覆われた一つの小道を歩いていると、シャーマンたちが突然止まりました。地面を指差し、「ジャガーの足跡だ」と囁いたのです。私は屈んで見てみましたが、厚みのある湿った枯葉の絨毯と赤土しか見えません。もう一人のシャーマンが頷き、六メートル程先にある木を指し、「ジャガーの毛だ」と言いました。木に近づいてみると、二本の毛が木の皮の引っ掻き傷の跡に刺さっていたのです。

メディスン・ウーマンがその二本の毛を手に取るまで、私にはまったく見えませんでした。この木も森に生えている他の何百本の木と、何の変わりもないように見えていたのです。

その日はジャガーに出会うことはできず、猿も一足先にパイナップルを食べて去った後でした。しかし、私にとってはトラッキングについて学びが二つありました。

一つ目の学びは、トラッキングをしている際は、最善の注意を払う必要があるということ。ジャガーを探している時は、他のことには一切意識を向けてはいけないのです。そうすることでたった二本のジャガーの毛も、砂漠の中で日差しに照らされ光っているガラスの破片のように見つけることができるのです。

二つ目に、トラッキングは時空を超えて知覚するものだということ。この時も何日も前に起きたことをトラッキングしていました。最初に見つけたジャガーの形跡は四日前のものでした。その形跡を辿って森の中を進み、毛を発見し、湿った川岸に足跡を見つけ、時にはその大きな雌猫が横になって休息した場所を発見しました。初日に、ジャガーがさまよい歩いた三日間の形跡を見つけたのです。形跡は、発見するたびに新鮮なもので、ハッキリとわかるものになっていきました。二日目には、その見事に美しい斑紋模様の姿を目撃したのでした。ジャガーは川のほとりに横たわり、毛繕いをしていました。前足を舐めることに完全に集中しているようでしたが、我々の匂いを嗅ぎつけた瞬間に立ち上がり、煙のようにジャングルの中に消えていったのです。

これと同様の方法で、人の病気の原因や感情的ストレスをトラッキングできます。「シーアー」（訳注：見る人）は、クライアントの病気、あるいは不幸を招いた原因をトラッキングして見つけるのです。

次に紹介する技法で、クライアントの心の傷、あるいは特定の病気の原因となっている出来事を探し当てることができます。心の傷は最近のものかもしれませんし、幼少期に起きたものかもしれません。過去世の場合もあります。シーアーは、その原因となる出来事まで、時間を超えてトラッキングしていきます。

私の師は、患者の傷ついた「顔」を見つけるという表現をしていました。私は、自分の中に存在する、傷ついた「顔」をトラッキングすることから習い始めました。

私がこの練習を始めた頃、見えているのは自分の「サブパーソナリティー」（副人格）であり、私の中にいるいろいろな自分だと思い込んでいました。これらの顔が何百年、あるいは何千年も前の自分の過去世の顔であるとは信じられませんでした。

これを何年も続けて練習していくうちに、現実というよりは意味論であると結論づけました。何回も生まれ変わる過去世があるという確固たる証拠はないですし、このエクササイズもその証拠にはなりません。現世であろうが過去世に起きたことであろうが、私の中に物語があるのは確かです。自分の幼少期の時に起きた出来事と私の中にある物語は、同じくらい事実として内在しています。いつのものであろうとも、その物語には自分を癒す力があるのです。

このようなトラッキング能力は高度な技術と多くの練習が必要になりますが、私の生徒の九割は、トレーニングを終える頃にはできるようになっています。

過去の自分をトラッキングする

ドン・アントニオは、トラッキングする際の自分の意図について教えてくれました。熱帯雨林の奥深くでジャガーをトラッキングしている時は、それ以外のすべてのものを自分の視界線から払い除けることです。たとえ美しく見事な朱色と黄色のコンゴウインコが現れたとしても、一切、気が散らないようにします。自分の焦点はジャガーに定め、それ以外はすべて、ただの背景でしかありません。オウムの歌も猿の鳴き声にも、関心を一切持ちません。大猫の唸り声のみに耳を澄ませます。

自分、あるいはクライアントの問題の要因を探っている時も、その原因となっていた時の、顔のみを感知するように意識を集中させます。トラッキングのセッションを始める前に、意図を明確に定めます。そしてあとはスピリットに任せます。たくさんの顔が次から次へと現れますが、探している顔が出てくると、その顔が徐々に物語をあなたに伝えてきます。

薄暗い部屋の中で鏡から一メートル程離れた場所に座ります。小さいロウソクを灯し、小テーブルの上に置きます。自分の前ではなく、必ず横にロウソクがあるように設置してください。

祈りのポーズをとり、「第二の注意」の目のエクササイズを行い、呼吸に意識をおきます。心が落ち着いたら、鏡の中の左目をぼんやりと見ます。じっと見つめないようにします。一から十まで吐く息を数え、また一から数えていきます。光の遊びは顔に影を作っています。左目だけを見てください。

トラッキングの過程には、四つの段階があります。

第一段階は、いつも見ている顔です。「普段見ている顔とまったく同じ」状態です。何千回も鏡で見たことのある、馴染み深い顔です。

第二段階は、その数分後に現れます。自分の顔がいろいろな形に変わっていきます。あなたの顔が動物になったり、あるいは顔が完全に消えて目だけが残っているかもしれません。この段階では「すべてが見えているようだが、それだけではない」という段階に入ります。ただ変化を眺め、呼吸に意識をおいてください。見えている顔に驚かないようにしましょう。見える顔を単に受け入れ、その顔について批判したり解釈しないようにします。その顔のいくつかは何千年も前のものかもしれません。すぐ前の前世かもしれないし、あなたのパワーアニマルや自然界のガイド、仲間の場合もあります。スピリット・ガイドが登場することもあるでしょう。

第三段階は、一つの顔が現れ、その顔が最も優勢になります。ここでは「すべてが在るべくして在る」状態になっています。これこそ、トラッキングの目的の顔です。たくさんの顔が次から次へと変化してきましたが、目的の顔が出てくるとそこで停止します。その顔が現れたら、情報を伝えるように心の中で言います。光輝くエネルギー・フィールドに、自分の過去の記憶をすべて保存していますが、自分が傷ついた時の顔も含まれています。多くの場合、それは前世の体験の中でひどく苦しんで心に傷を負った時の顔だったり、ひどい死に方をした時の顔かもしれません。さらに過去世の自分の顔だったり、現世ではこういう人になっていたかもしれないという顔もしばしば出てきます。

第四段階ではすべてが消えていき、今の自分の顔さえもなくなります。この段階では、現実の中の光輝く性質を目撃することになります（原注：この段階では、すべてが瞬時にパッと消えてしまうため、私は「プーフ・ステージ」と呼んでいる）。ここではスピリットと光のみが存在します。


この練習をドン・アントニオのもとで行なっていた時、私は最も嫌いな生徒と組まされました。多くの人がドン・アントニオのもとでの訓練を希望していましたが、その中から私たち十二名が選ばれました。

カルロスは、私が命をかけて信頼した人です。山々や熱帯雨林の中をずっと一緒に旅した仲間とはいえ、食事だけはともにしたくない人でした。なぜなら、言動が大袈裟でスピリチュアル度はごく平凡、自分の思い通りにいかない時にはふくれっ面になり子どもじみていたからです。彼に対して非常に批判的な自分に気づいてはいましたが、どうにも抑えられませんでした。私たちはお互いに苦手意識を持っていて、お互いを避けていました。そこでドン・アントニオは、私たち二人がお互いの目を見つめ合わなければならないトラッキングの練習をさせたのです。


第一段階では、彼のインディアンの容貌と黒い瞳が見え、背後には沈んでいく太陽と山脈が微かに感じられました。彼は三十代半ばで、艶やかな黒髪を肩より長く伸ばしていました。

第二段階で彼の顔が変形していきました。鼻がクチバシに変わり、眼球が奥に引っ込んでいきました。私の目の前で彼は優美な鷲に変貌していきました。

第三段階に入り、急に彼は六歳の子どもの顔に変わりました。彼の頬には涙がつたり、病気だった母親を求めていました。母親は二度と家には戻ってこないと思い込み、寂しさにくれています。彼は悲しみに沈んでいて、私は側に行って慰めたい気持ちになりました。

第四段階では、第三段階までのすべてのイメージが消えて純粋なエネルギーになっていくように意識しました。彼の顔は消え、彼の後ろに沈む夕日だけが目に入りました。

アントニオは、見えた顔がずっと物質的現実の中に残存しないようにするために、この最後の段階が難しいけれど、とても大事だと説明しました。これは、クライアントの未来の可能性をトラッキングする時には特に重要です。クライアントの運命をその印象だけに留めないように注意しないといけません。印象を消滅させることで、あなたは「グレート・スピリット」の意志に、その人の運命を委ねることになります。

私にとって、彼の中に見えた寂しそうな少年の印象を消すのは難しいことでした。頭からなかなか離れなかったので、呼吸に集中して、その画像から放たれている強い感情を手放す必要がありました。

エクササイズの最後にカルロスと私は立ち上がり、温かいハグを交わしました。お互い初めての体験でした。私は彼に見えたイメージを説明し、そのイメージで自分がとても心を痛めたこと、そして彼が六歳の時に起きた母親とのことを語りました。カルロスは個人的なことは一切話さない人でしたし、私たちはお互いを避けていたため、お互いの人生についてはまったく知りませんでした。彼は私に、母親は自分が一歳の時、自分の妹を出産している最中に死んだ、と言いました。だから私が伝えた内容には、まったく共感できなかったのです。

セッションの最後にドン・アントニオは、私たちが見た物語は、相手のものではなく自分の物語だと説明しました。驚いたことに、家に戻り母親に訊いてみると、私が六歳の頃、母親は一年近く病院の入退院を繰り返していたというのです。

このエクササイズをクライアントに行う前に、光輝くヒーリング法の訓練を充分に受けてください。最も大事なのは、この章で紹介した、自分の心の目で見るための練習法をしっかりと実践し完成させることです。まずは自分の顔で練習し、自分の中に存在するたくさんの存在を見つけていきましょう。その中の一人がクライアントの顔に現れたなら、それは自分の投影した自分の姿だと認識できます。通常、自分の中に隠している部分の姿が投影されて出てきます。心理学者のカール・ユングは、この部分の自己認識されていない自分のことを「シャドー（影）」と呼んでいます。

湖の水が完全に穏やかな時、そこには木々や空など、周りにあるすべてが反映されますが、少しでも風が吹き表面にさざ波が立つと、何も見えなくなり湖だけになります。他の人を明瞭に客観的に見るためには、まずは自分が静寂をマスターする必要があります。理性的な思考から、微風のようなほんの少しの批判や解釈が始まると、それはさざ波を立て「第二の気づき」は消え去り、通常の視覚に戻ってしまうからです。

自分の未来をトラッキングする

　このテクニックを使って、未来をトラッキングすることも可能です。完全に癒され、想像力に富んだ人生を満喫している自分の未来を見ることができます。過去をトラッキングする意図から、未来の可能性へと自分の意図を切り替えればよいだけです。

　未来の可能性は幾通りもあります。光のコードになった生命線が、今の自分から過去へと繋がり、それが光ファイバーのように未来へといくつも伸びていることを想像してみてください。それぞれの光のコードが、いろいろな未来の可能性に繋がっています。一つの未来では長く健康な人生を送ることができますが、そのためにはある町に移住し、ある仕事に就くなど、特定の変化が求められます。もう一つのコードは、それほど幸運ではない未来に繋がっているかもしれません。

　物理学者のヴェルナー・ハイゼンベルクは、量子力学において鍵となる原理を発展させました。それは、電子の速力あるいは位置を正確に測定することは可能だが、両方を同時に測定することはできないというものでした。ハイゼンベルクが解いた不確定性原理では、一つの出来事を誰かが観察することによって、その結果、運命を変えることになると解いています。ハイゼンベルクの発見は、一度エネルギーが形を形成してしまうと、視覚を使って物質的世界に変化を与えることは非常に難しいことを指し示しています。変化を与えるには、形が形成される前の形のない時、エネルギーが物質的に形を取る前に行う必要があるのです。

ゆえにシャーマンたちが見いだした多くのヒーリング法は、身体に症状が出る前に、つまり光輝くエネルギー・フィールドの中にある古い刻印が病気や不幸として人生の表面に現れる前に、その刻印を癒す方法なのです。

シーアー（見る人）の中には、クライアントの未来の中で回復する方向を幾通りか見いだし、クライアントに選択させることができる人がいます。健康に関する問題が未来に見えるクライアントの場合、私はそれ以外の未来の可能性をトラッキングして、健康な状態の未来を探します。それは可能性としては低いのですが、生物学と物理学的法則において容認できるものです。病気が癒された状態の未来を見ることで、ヒーリングが起きる可能性が高くなります。その未来が確認できた時から、ヒーリングの道が開かれます。

スティーブの実例を説明するとわかりやすいと思います。

スティーブが私に会いに来た時、彼はスタンフォード大学に勤務する物理学者で、線形加速器（訳注：放射線治療などで使われる荷電粒子を加速する装置の一種）の開発に携わっていました。彼と彼の同僚は、宇宙は永遠に拡張できるだけの質量を持っているのか、それとも星々からの引力のほうが強く、宇宙はある時点で崩壊するのかという研究で、データ分析を行なっていました。

彼は休息を取るために、私のアメリカ南西部探究ツアーに参加しました。ナバホ族居住区であるアリゾナ州のキャニオン・デ・シェリーで、私たちはキャンプをしていました。

西暦一二〇〇年まで先住民は、この砂漠の大地の崖に住居を掘って、そこで暮らしていました。キャンプをして夜を明かす絶壁の峡谷に到着した際、この絶壁はアナサジ族の墓地でもあるので敬意を払うように、とグループに忠告しました。何百年と風や雨に打たれて、墓地が露わになっていました。壺のかけらや骨が、乾燥した表面に散在しています。渓谷に住むナバホ族でさえも、この場所には入ってきません。彼らは、古代の墓地に侵入して霊たちの安息地を邪魔すると不幸に取り憑かれる、と信じていたからです。

私が自分のテントを建てている時、スティーブが何人かのグループに冗談で〝Alas, poor Yorick〟（訳注：「悲しいかな、哀れなヨリック！」）と、ハムレットのセルフを言っているのが聞こえました。彼は頭蓋骨を手に掲げていたのです。私は彼のもとへ駆け寄り、その頭蓋骨を元の場所に返すように言いました。ナバホ族のガイドは、彼のふざけた態度に仰天し、頭蓋骨を返す際に祈りを送るようにと伝えました。そしてできるだけ早くこの場所から離れたほうがよい、と忠告しました。

その二カ月後、スティーブから電話をもらいました。私は「研究のほうはどう？」と尋ねると、「宇宙はどうやら永遠に生き続けるような振る舞いをしている」と、良いニュースが返ってきました。

「それで君は元気かい？」

スティーブ自身のニュースは、あまり良いものではありませんでした。彼は、非常に進行したリンパ腫があるという診断を、数日前に受けたばかりだったのです。スタンフォード大学の医療センターで、余命四カ月と通告されたのでした。

スティーブは、自分の癌発症の原因は、アナサジの頭蓋骨事件であると強く信じていました。おそらく癌は、あのツアーの数カ月前から発症していたと推測できますが、そのシンクロニシティに二人とも動揺せざるを得ませんでした。

その二つの事件が実際に関係あるかどうかは重要ではありません。問題は、スティーブがそうであると「信じている」ことなのです。二つの事件の関係性を理解することが癒しの過程になります。

私たちは診断を受けたすぐ後から、一緒にヒーリング・セッションを始め、化学療法を受けている間も継続しました。四カ月後、癌の治療は良好に進んでおり、彼はまだ生きていました。このことは、彼がこの先もずっと長生きする可能性を示唆していました。可能性は低いけれど、不可能ではありません。

私は、彼が完治している顔をトラッキングして探すことにしました。従来のトラッキング技術を使いましたが、今回は一捻り入れてみました。私がスティーブのトラッキングをする代わりに、〝彼に私を〟トラッキングさせたのです。

彼は私と長い間一緒にセッションをしてきたので、やり方を心得ていました。それで私を鏡として利用してもらうことにしたのです。彼が自分で完治した自分を探し当てる必要があったからです。他人に癒してもらうことはできません。自分で自分を癒す必要があります。私が提供できるのは、私が習った地図をスティーブに渡すことだけです。彼が自分で道を探し当てなければなりません。

毎回セッションでトラッキングを行いました。セッションの最後には必ずイルミネーションを私が彼に行い、彼が見つけた傷ついた表情の顔の刻印をすべて消去していきました。私はただ静かに座り、音叉となり、彼が見つける美しい、あるいは怖い顔に惑わされないように自分を保持するだけでした。彼が見つけた顔の多くは、過去世のものでした。悲しみの体験、傷ついた体験、喜びや喪失などの体験でした。彼には二人の娘がいて、最近彼は人生のソウル・パートナーとも出会い、次の夏に結婚する予定でした。

スティーブは徐々に自分の中に静寂を発見していきました。彼の中の水面は静けさを保ち、完全に癒された自分を見つけることができました。

ある朝、ようやく私は彼の目の中に自分が見えました。それはスティーブが探していた自分の顔を見つけたという合図です。そのセッションの最後に、私たちは自然と抱き合い涙しました。スティーブに何が見えたのかと聞くと、彼は「すべてを目撃した」と言いました。もっと詳しく教えてほしいとせがみましたが、彼は「自分自身を含め、本当にすべてが見えたんだ」と繰り返し言っていました。

スティーブは、癒された自分を見つけた時に、自分の元来の顔、自分の本性を見つけ出したのです。

その夏、シャーマンである私が司祭として、スティーブの結婚式を挙げることになりました（訳注：シャーマンは司祭として式を挙げることができる）。彼はその後、八年生きることができました。その八年は、彼の人生の中で最も重要な時間となりました。

彼が他界する一年前、私は彼からオルカ（訳注：鯱（しゃち））が彫られたネックレスを受け取りました。それはエスキモーが彫るオルカに似ていました。贈り物には手紙が添えられていて、オルカを選んだ理由は、「オルカはキラーホエールとして知られているけれど、海の動物の中で最も穏やかな生き物でもあるからだ」と書いてありました。オルカは海の深さを完全に理解しており、それは彼が自分の魂を深く理解した経験と重なったのです。オルカが近づいてくるものすべてにものすごい恐怖心を与えるように、彼の癌も同じだったけれど、実際にはその体験が彼にとっては何よりの人生の宝物となりました。

人の運命をトラッキングできる技量と智慧を持つシャーマンは、非常に少ないです。自分で自分の本性を探し当て、自分の元来の顔を見つけることができて初めて、人をトラッキングする時に要求される技量を持った、完全に同調しない慈悲深い存在となります。

人生で起きる出来事は、すべて跡を残していくものなのです。

第6章 聖なる空間

インヴォケーション（祈祷）

南の風よ
偉大なる蛇よ
その光の渦を私たちの廻りに巻きつけてください
貴方が脱皮するように、私たちも過去を捨てられるように導いてください
貴方のように大地の上を優しく歩き、道を優美に進む方法を教えてください

西の風よ
母なるジャガーよ
この聖なる癒しの空間を守ってください
平和で完璧な道を進んでいける方法を教えてください

死の向こう側の世界を見せてください

北の風よ
ハチドリよ、先祖たちよ
古代の人々よ
この焚き火を一緒に囲んで手を温めてください
風とともに私たちに囁いてください
私たちの前を歩く貴方たちに敬意を贈ります
そして、私たちのあとに続く子どもたちと、そのまた子どもたちにも敬意を贈ります

東の風よ
偉大なるイーグルよ、コンドルよ
日の昇る場所からこちらに来てください
私たちをその大きな翼の中で守ってください
夢のような壮大な山々を見せてください
「グレート・スピリット」と翼を寄せて一緒に飛べる方法を教えてください

母なる大地よ

貴方のすべての子どもたちを癒すために、ここに集まりました
石たちよ、植物たちよ
四つ脚の動物たちよ、二足脚の動物たちよ、這う生き物たちよ、
ヒレのあるもの、毛のあるもの、羽を持つものたちよ、
私たちと関わるすべての生き物たちよ

父なる太陽よ、祖母なる月よ、星々の兄妹たちよ、
何千もの名前を持つ「グレート・スピリット」よ
名前をつけられない程、偉大な貴方
ここに私たちを集めてくれたことに大変感謝します
そして、人生という歌を歌わせてくれることに感謝します

聖なる空間を創る時の祈り

シャーマンは、儀式の際に必ず聖なる空間を開きます。この空間の中では、会議や日程などの忙(せわ)しない日常の世界を忘れ、神聖な存在との出会いのために心の準備をします。

聖なる空間は、ヒーリングが起きる私たちの静かな内なる世界に入ることを可能にしてくれます。ここで

は俗世から邪魔されず、行うすべてが神聖で意図的です。

しかし、聖なる空間は、真面目で厳格なものではありません。シャーマンは、自分の仕事に対してはとても真剣ですが、自身は生真面目ではありません。ヒーリングの儀式では、シャーマンの遊び心と笑い声が聞こえることはよくあります。聖なる空間の中では、私たちの存在も軽くなり、笑いと涙の両方が自然と起きます。アラン・ワッツ（訳注：60年代のカウンター・カルチャーのリーダー的存在である著作家。『タブーの書』などがある）が以前、「天使たちが飛べる理由は、自分のことをまったく重んじていないから、とても軽いのだ」と言っていました。聖なる空間の中では、背負っていた重い荷物が軽くなり、スピリットが手助けをしてくれます。

ヒーリングのセッションが終わった後は、再度四つの方角と天と地に挨拶をしてから閉じる必要があります。シャーマンが行う際には、呼び起こしたアーキタイプの動物たちのエネルギーを、また自然界へと解放し見送ります。

聖なる空間は癒しの珠のような空間であり、純粋かつ神聖で安全な場所です。私はヒーリングを行うその空間に対して、キラキラと輝くドームのような印象をもっています。この空間内では、誰もが安全に守られており、クライアントは悲しみや痛みなどの経験を解放したり、ヒーリングの過程で通常必要になる喜びを安心して体験することができます。

多くの場合、世の中には危険が溢れていると信じていることが、恐れや痛みの原因なのです。世の中が危険で攻撃的だと、私たちの中で自分を守ろうとする姿勢が強くなり、心理的な鎧を被ることになります。聖なる空間の中では、その防護を緩め、柔らかく繊細な部分の自分を探究することができます。

聖なる空間では、光輝くヒーラーたちとも繋がることが可能になり、スピリットの世界にいるメディスン・ピープルが助けに来てくれます。

私たちは若い頃、神聖さは、寺院や教会あるいは美しい大自然の中で見つけることができると教わりました。教会は四面の壁で囲われることによって、本当に神聖な空間が創られているのでしょうか？　それとも長年、その空間内で多くの祈りが捧げられたために、神聖な場所になったのでしょうか？　どのくらい祈ると聖なる空間ができあがるのでしょうか？　もしかしたら、心の底から祈れば一回でも充分なのかもしれません。地球のどこであろうと、聖なる空間を創り、そこに自然界のヒーリング・パワーを呼び起こすことは可能です。

私がその空間を創る際には、この章の最初に紹介した祈りを捧げます。これは誰かに習ったものではありませんが、四つの方角やアーキタイプの動物などの要素は、多くのアメリカ先住民が活用しているものです。これは新奇なものであり、同時に古代のものです。自分なりの言葉が自然と出てくるまで、私の祈りの言葉を使ってください。

聖なる空間を形成するために必要な基本的な要素がありますが、それを表現する言葉は自分なりのもので大丈夫です。たとえば、空間には方角があります。コンパスが指す四つの方向と上と下という六つの方角があり、シャーマンが中央にいることで、全部で七つの宇宙基本原理によって構成されています。蛇は「括る」原理を代表し、ジャガーは「更新する力」の原理を、ハチドリは「進化と成長の大いなる旅」を象徴し、鷲やコンドルは「自分を超える」原理を象徴しています。天は「創造力」の象徴であり、地は「受け取る力」の象徴です。これらのすべてに呼びかけることで、森羅万象の力と自分を繋げることになります。

シャーマンが呼びかけたなら「スピリット」は答えるという双方の間には、契約が交わされています。「スピリット」の世界から力強いメディスン・ピープルが光輝く姿でやって来て、人を癒す作業の手助けをしてくれます。

私たちは基本の四方位から、セッションに必要な姿勢を得ることになります。人は、北極熊を見に北に旅をしたり、冬には南に移動したり、東や西の沿岸に旅をします。シャーマンにとって、各方角は個々の特性とエネルギーを象徴しています。夕方の天気予報の映像で見るように、低気圧の動きが雨と一緒に移動していくのと同じように、エネルギーも空間を移動します。

四つの方角の特性は、それぞれがアーキタイプの動物によって象徴されています。これらの生き物は単なる象徴的なものではなく、その方角の根源的エネルギーあるいはスピリットです。それぞれのアーキタイプは生きており、異なる力を持っています。アメリカ大陸のどこの先住民かによって、四方角のアーキタイプは変わります。私にとって北はハチドリですが、北米インディアンにとってはバッファローになります。文化により、その方角を象徴する動物は異なりますが、大自然の法則によって構成されているため、エネルギーの性質は同じです。

最も重要な点は、そのエネルギーを何と呼び、どのアーキタイプを使うかではなく、そのエネルギーを深く理解し、呼んだ時にそれが答えてくれることです。呼びかける際には、心の底からの愛ある声で呼びかけたなら、「スピリット」は応えてくれます。聖なる空間の中で呼びかけたなら、宇宙が私たちに代わって呼び起こしてくれます。

私がアレクサンダー神父に初めてお会いしたのは、彼がシカゴから私の教えるプログラムに参加した時でした。その二年後、彼は司教に呼ばれ、ある神父が病気になったため、その教会を継いでほしいと頼まれました。この教会は、かなり大規模な修復工事が必要でした。屋根は雨漏りがあり、大きなステンドグラスの枠組みは上塗りが必要でしたが、その教会区は資金不足の状態だったのです。そのうえ駐車場のスペースが足りず、雪や氷が張る冬にはお年寄りは歩いて来られないため、会衆は減少する一方でした。

アレクサンダーは、新しい教会の神父に就任した数日後、教会に誰もいない時に、祭壇の上に四方角と天と地に呼びかけ、聖なる空間を開きました。沈没しそうな船の船長のように、どうしようもない気持ちになっていた彼は「何でもできることはやってみよう」と思ったのです。彼はひと月、聖なる空間を開いたままにしておいて、何か変化が起きるか待っていました。

翌週、彼ともう一人の神父が教会の中にあるたくさんの部屋を探検していると、一つだけ開かない扉があることに気づきました。そこで大工を呼び、扉ごと外してもらいました。すると、その先にはバスケットボール・コートの半分程の広さの通路があり、その道を進むと鐘楼があります。しかし、そこにはコウモリの排泄物が二メートル近く蓄積しているという、さらに落胆させられる事態が起きていました。不衛生であるばかりでなく、その蓄積物の重さで床が抜けそうでした。悪い事態が最悪の事態になってしまったのです。

アレクサンダー神父は祭壇に行き、もう一度聖なる空間を開きました。それからコウモリの排泄物を処理してくれる専門業者を呼びました。その業者に処理の見積もりを出してもらうと、最高で四万ドルだと言われたのです。アレクサンダー神父は首を降り、さらに落胆していました。

すると業者は首を傾げ、「そのグアノ（訳注：糞の堆積したもの）を四万ドルで買わせてもらいたいのだ」と説明しました。どうやらコウモリの糞は、最高の肥料になるらしく、これだけの量を一気に回収できるのは非常に稀で、価値あるものだったのです。アレクサンダー神父は大喜びでした。これで冬が来る前に屋根を修復できるのです。

数日後には、市に頼み込み、道の向かいにある警察署の駐車場を日曜日だけ教会の会衆のために解放してもらう許可を得ることもできました。その結果、アレクサンダー神父はシカゴの大司教区にとって欠かせない重要な存在となったのです。他の教会が何かの問題で困っている時には、時折呼ばれて相談役となりました。新しい教会に行った際には、必ず祭壇に聖なる空間を開いていたそうです。彼は、それを行うことで「スピリット」が彼の招待を受け取り、救いの手を差し伸べてくれると信じていました。

聖なる空間の中では、私たちは多大なるスピリチュアルな援助を授かることになるのです。

パワーアニマル

〈サーペント―蛇〉

アーキタイプである動物は、それぞれが異なるエネルギーを放っています。南では、サーペント（蛇）が知識、セクシュアリティ、癒しの象徴として使われます。蛇がおそらく世界的に最も多く使われている、自然界を代表するヒーリング・パワーの持ち主です。欧米の医療機関の標章でもある「カドゥケウス」（訳注：ギリシャ語では「ケーリュケイオン」、伝令使の杖。ギリシャ神話に登場するヘルメス神の携える杖）は、二匹の蛇が棒に絡んでいるデザインです。モーゼは、この杖を持ってイスラエルの民を率いて砂漠の中を進みました。西洋の神話では、知恵の木から果実を人間に渡したのも蛇です。東洋の伝統では、クンダリーニのエネルギーはとぐろを巻いた蛇の姿で表されます。

蛇は原始の女性性を代表する動物であるため、生殖やセクシュアリティの象徴として使われます。よく勘違いされていますが、蛇は性行為を象徴しているわけではありません。むしろ、一体となり創造するための本質的な生命力を象徴しています。

私たちの体のすべての細胞は、分裂と繁殖を求めていることを覚えていてください。自然界において、宇宙の創造の原理は繁殖力です。

南から、蛇というアーキタイプに呼びかけることで、創造の原理を受け取ることができます。人生への情熱を失い、人生に疲れ、熱意がなくなっているクライアントが私のところに来た場合には、南のエネルギーをその人に繋げて、蛇のスピリットにクライアントと一緒に家に帰ってもらうようにお願いしています。こうすることによって、クライアントが再度、自分の人生を楽しめるようになると信じています。

〈ジャガー〉

西の方角の動物は、ジャガーです。熱帯雨林の命を新しく変容させてくれる存在です。蛇はヒーリングの代表者で、ゆっくりと徐々に癒しの力を起こすものですが、ジャガーの場合には、変化を突如として起こす力を代表しており、生と死、両方に作用します。

この宇宙的変容が死にも関係しているというのは、奇異であると思われるかもしれませんが、アメリカ大陸の古代人にとって生と死というエネルギーは、同じ一枚の布から裁断された片割れなのです。常に変化し新しく進化していったほうは生き延び、残りの変化しないほうは滅びていきます。宇宙は絶えず流動しているので、安定した変化のない状態は一時的なものであると、彼らは知っていたのです。

北米のシャーマンたちは、ジャガーで象徴される力を活用し制御しつつも、定期的に草薮に火をつける習慣がありました。これは雷が落ちて火がつき、すべての森が一気に燃えるのを防ぐ方法でした。彼らは、混沌と秩序、拡張と収縮が生命の自然な循環であることを認識していたのです。

病気になった時は、健康を取り戻すための機会をもらっただけでなく、飛躍的に健康度を上げるために努力する好機でもあるのです。ヒーリングとは、ただ病状を改善させるのではなく、さらに高いレベルの健康状態を獲得することが目的です。60代、70代のクライアントは皆さん、人生の中で今が一番調子が良くなったと言います。これがジャガーのエネルギーです。

平穏な時には変化はあまり起きません。人は通常、問題があると変化を求め、上手くいっている時には変化を求めません。ゆえに危機が起きた時は好機となるのです。

病状が早期回復し、もっとエレガントに歳を取るように体を変容させていくのが、ジャガーの力です。猫には九つの命があるという諺（ことわざ）がありますが、私はそれを信じるようになりました。一つの人生の終わり、あるいは一つの段階を終える時には、古い自分をきちんと埋葬することが大切です。そして、ジャガーのように次の新しい自分へと飛躍するのです。それをしないと、もう古く不必要な自分をいつまで経っても、継ぎ接（は）ぎだらけのまま、ばいだりし続けてしまいます。

ジャングルの大猫は、熱帯雨林の番人であり、死の世界への門番です。新しい自分が生まれるために、もういらなくなった自分を葬る手伝いをしてくれる役割をジャガーは担っています。ジャガーの持つ猛威は、ハリケーンにも似ています。蜂の巣や蟻の巣のように、複雑かつ美しいのがジャガーの力です。ジャガーのエネルギーは、村単位でも、組織単位でも、個人単位でも使えます。

時には、健全な結婚生活を取り戻すために、夫婦双方の問題を解決する必要があるでしょう。時には、一つの村を捨て、全員が生き残るために他の場所へ移動する必要があるかもしれません。アメリカ大陸全土に、古代の先住民族が何の理由もなしに村を捨て移動していった形跡が発見されています。秩序と混沌という自然の循環を理解していたために、これを自ら行なっていたのです。アメリカ南西部のアナサジ族、マヤの人々、インカの人々も同じように、定期的に自分たちの家を捨て、新しい場所に村を立て直す習慣がありました。

数年前にマチュピチュの周りの高地で火災が起き、森にどんどん火が広がってしまい止まらない状況になりました。消防士たちは何日も必死に消火活動を続けましたが、火の勢いは収まらず、何千エーカーと焼けていきました。その時はアンデスの乾季で、雨は一滴も降らない時期でした。

マチュピチュまで火が届きそうになった頃、メディスン・ウーマンが遺跡に現れ儀式を始めました。居合わせた人々、考古学者も含め、全員が儀式に参加しました。火がインカの「シティー・オブ・ライト」（訳注：マチュピチュの上の古代都市）に入ってくるや否や、突然空が曇り始め、雨が降り火を一気に消し始めたのです。シャーマンは、「熱帯雨林自体のスピリットであるジャガーが来てくれた。私の声に応えて雨を運んできてくれた」と言いました。私は彼女の儀式のおかげで、その土地に調和をもたらし、雨を降らせたと信じています。

次の話は六年間、雨がまったく降っていなかったバリ島の村の伝説です。村のシャーマンたちは、俗世に塗られてしまっていて、もはや雨を降らせる力を持っていませんでした。土地は涸れあがり、村人たちは隣村の厚意に頼るだけの日々にもウンザリしていました。

ある日、二つ向こうの山に住むシャーマンが呼ばれて村にやって来ました。彼女が村に着くと、荒れ果てた風景を目にします。彼女は「断食と祈りを行う小屋を自分にください」と言い、それから三日目に彼女は小屋から出てきました。すると空が雲に覆われ暗くなり、雷が谷間に鳴り響き出し、しばらくすると雨が降り始めたのです。村の人々は喜び勇んで、全員小屋から出て雨の中で踊り祝福しました。

長老たちがシャーマンに、何をしたのかと聞くと、彼女は「到着した時、あなたの村はバランスが崩れていたので、私のバランスも崩れてしまいました。だから小屋に篭り、断食と祈りを続けました。私がバランスを取り戻した時、村にもバランスが戻り、雨が降ったのです」と言いました。

私は、危機に立っていて人生の修復が非常に難しいと思われるクライアントが来た時には、帰りにジャガーをその人に付けて帰します。クライアントは、通常ただの比喩的な表現だと思っているでしょう。しかし、生と死の原理を持つジャガーの力は、クライアントの不必要な部分を死なせ、混沌から新しいバランスを生成させて希望が持てるように手助けしてくれることを私は知っています。

癌が蔓延することを止めたり、山火事が広がるのを止めるために、ジャガーを呼び出すこともできます。さらに、死が近づいている人が混沌とした状況から穏やかに「スピリット」の世界へ旅立てるようにも手助けしてくれます。

光輝くエネルギー・フィールドの中に残存する重いエネルギーをも取り除き、変容させることができるジャガーに対し、ジャングルのシャーマンたちは深い敬意を持っています。

伝説によるとジャガーが儀式に入ってきた時には、怒りや恐れ、哀しみなどの負の感情をすべて食い殺してくれるといいます。ジャガーは、スピリットの大掃除屋として、濃く重いエネルギーを光に変換させる力を持っています。

さらに番人としての役割も持ち、ヒーリング・サークルに邪悪なエネルギーが侵入してこないように、儀式の空間をしっかりと守ってくれます。クライアントで霊的あるいは精神的守護が必要だと思われる人にも、私はジャガーを繋げます。そのクライアントは、癒しの力を持つジャガーのスピリットが夢によく出てくるといいます。このエネルギーをヒーリングや調和の回復などに活用するには、自分がジャガーのスピリットと個人的にしっかりと繋がり仲良くなる必要があります。

〈ハチドリ〉

北の方角では、ハチドリが雄大な旅に乗り出す時に勇気を与えてくれます。ハチドリは毎年、大西洋を渡りブラジルからカナダまで移動します。ハチドリを見ると、とても大西洋を横断できるようには見えません。鷲のような大きな翼も持っていないし、その小さな体にたくさんの食料を蓄えることもできなそうです。しかし、代々先祖がやって来たルーツを辿り、この雄大な旅をこなしています。鮭が毎年川を昇り、自分たちの生まれた上流に戻っていくのと同様に、毎年自然界の声に応えるのです。

人生という旅の過程で大きな飛躍を必要としているクライアントが来た場合には、私はハチドリのエネルギーと繋げます。これは、ハチドリから直感的ひらめきをもらうための比喩ではなく、このハチドリの力が保つ原理とクライアントを繋げているのです。

このアーキタイプと一度繋がると、壮大な人生という旅に羽が生え、最終的には私たちの魂が誕生した源へと導いていってくれます。私たちの魂の先祖たちが暮らすその領域に咲く花々は、私たちに深く浸透する人生の蜜を与えてくれるのです。

北のエネルギーは、その壮大な旅に乗り出す際に起きる大きな障害さえも、乗り越える力を与えてくれます。お金が足りないとか目標を達成する方法がわからないなどの問題も、ハチドリが勇気と成功への必要なガイダンスを提供してくれるのです。

考古学者は、アメリカ大陸に最初に着いた人々が、数千年前ベーリング海峡を渡って入ってきたことを知っています。最初はアラスカを経由し、今のカナダと米国に下っていったのです。初期のアメリカ先住民は、どうして氷河を超えてまで新境地を求めたのでしょうか？　その壮大な海渡りを終えた後も、豊かな森と食料のある北米に留まらず、なぜ北メキシコの不毛の砂漠へとつらい旅を続け、さらに南米へと広がっていったのでしょうか？

生き物というのは、常に探究し発見を求めてやみません。この本能は私たち誰もが保有し、起動しようと思えば起動できるのです。ハチドリからの呼びかけを否定した時、私たちは死へと向かい始めます。探究心や魂が求めている成長よりも快適さを選んだ時、老いが始まります。学びと探究心という大いなる本能を目覚めさせると、人生は瑣末（さまつ）で平凡なものから雄大なものへと変容していくのです。

〈イーグル〉

東の方角はイーグル（白頭鷲）やコンドルに代表され、超視覚や明瞭さ、洞察力が特徴です。イーグルの能力とは、人生の細部にこだわらず、人生全体のパノラマを知覚する力です。イーグルのエネルギーは、私たちに自分の未来を見る手助けをしてくれます。コンドルの視覚は、過去と未来を見通し、私たちがどこから来てどこへ行くのかを知るためのガイドを務めてくれます。

過去のトラウマに縛られているクライアントが来た場合、私はイーグルあるいはコンドルのスピリットと繋げます。このエネルギーが癒しの空間に注ぎ込まれると、クライアントは、将来への方向性が見えてくるようになります。最初は知的で明確な内容ではなく、何となく感じ取れる程度です。しかし可能性が手招きをし、哀しみから抜け出して宿命へと乗り出す方向にクライアントを動かしてくれます。

私が思うに、誰にでも将来はありますが、宿命を持っている人は特定されます。宿命を持っているということは、人間としての可能性を最大限に生かしているということです。有名な政治家や詩人になる必要はないのですが、宿命には人生の意味と目的が与えられる必要があります。道路清掃の人であっても、それが宿命を生きていることである場合があります。大企業の社長であっても、人生に意味を持って生きていない人もいます。誰でも宿命を持つ人になる可能性はありますが、実際にそれを実践するには、多大なる努力と勇気を要します。さもなければ宿命は通り過ぎ、冒険の旅を諦めた人が知っている通り、人生を満喫する機会を逃します。

イーグルは、私たちに生命力とエネルギーを消費させ、気を散らす平凡な日々の戦いを越えて高く飛ぶ力を与えてくれます。さらに、羽を与え、日々の些細な足掻きから天に近い高い場所へと舞い上がる手助けをしてくれます。

イーグルとコンドルは、自然界の自己超越の原理を代表しているのです。

生物学者たちは、自己超越の原理が、進化の課題の中で最も重要な原理であるということを発見しました。生きた分子は、自己を超越することを求め細胞に成り、それが単純な有機体と成り、それらが形成して細胞組織と成り、内臓が作られ、最終的には人間やクジラのような複雑な生物へと進化するのです。

超越する際、一ジャンプごとに、その前の段階のすべてが一緒に超越します。細胞には分子が含まれていますが、それらの分子を超越しています。臓器は細胞を含みますが、細胞を遥かに超えた器官です。クジラは臓器を持っていますが、その臓器によってクジラを説明することができないように、全体像はそれぞれの部位を総合したものよりも超越しているのです。

イーグルに代表される超越の原理は、「ある段階で起きている問題は、一段階上に上がることで解決される」ということです。細胞の問題は、臓器で解消するのが最適ですが、臓器が必要としているものは、蝶々あるいは人間といった生命体によって最適にまかなわれます。

ロシアの入れ子人形（マトリョーシカ）を思い描いてみてください。物質的欲求は、中心に入っている一番小さい人形です。その一回り大きいのが感情の人形です。両方とも、一番外側の人形であるスピリチュアルな人形の中に入っています。このように、感情的欲求は物質的なものでは満足させることができませんが、スピリチュアルな方向から満足させることができます。

一段階上に行くことで、感情的欲求の解決策が見えるようになります。つまり、イーグルの翼に乗ると人生の中のジレンマを超え、人生の全体像を掴むことができるのです。

天と地

最後の二つの方角は上と下で、男性性と女性性を象徴しています。

空に輝く太陽は命を創造する力を持っています。古代の人々は、変わらぬ姿の星々が、夜空の流れや季節ごとに移動するのを観察してきました。星座はいつも変わらず同じ間隔を維持しています。夏至には、毎年東の同じ位置に太陽が昇ります。インカの伝統では、祈りは必ず南の方角から始めます。それは夜空に移動する星座の中で、南十字星だけが動かずにいるからです（原注：北極星は南半球からは見えないため、すべてが南の方角を中心に始まる）。

天の力は不変です。シャーマンは、人生とは変化と不変という繊細なバランスにより成り立っていることを理解していますが、天の方角に呼びかける時には、温存と永続する力を呼び込みます。

インカの民は、魂には三つの部分があると信じています。人が死んだ時には、魂の一部（原注：変化する部分）は、大地に還り自然の中に吸収されてすべての命と一つになっていくといいます。もう一部（原注：

原力と叡智の部分）は、聖なる山々に還り、三つ目の部分（原注：不変の部分）は、太陽に還るといいます。シャーマンの通過儀礼の中で上級者が受けるものは、永続的で不変的な太陽に還る部分の魂を自覚することを手助けするものです。

大地の原理は、受容的で養うことです。マルチング（訳注：植物の地表面をビニールなどで覆うこと）を施し、再生させていく力です。夏に元気だった葉は、枯れると大地の豊かな土と化していきます。先祖たちの体も自然環境の中に吸収され、木々や牧草地、山々と一つになります。種は、母なる大地の暗い肥沃な土の中で発芽します。すべての命は、彼女の湿った子宮の豊かさの中で養われ育ちます。

変わりゆく季節に表れる可変性が、大地の性質です。創世記によると、大地と天は最初一つでした。ゆえに、可変は不変を含んでいるのです。

暗い子宮である宇宙空間の中に太陽があります。春に発芽した植物が、秋には大地に戻っていきますが、また冬が終わると新しい命を咲かせます。天と地のエネルギーに呼びかけることで、私たちは自然の循環と再度繋がることになります。

しかし最も大事なのは、絶えず養ってくれている母（大地）と、絶対に私たちから離れない父（天）を受け入れ抱擁することです。太古の母親と父親に帰することは、幼児期の傷を癒すためにとても大切です。捨てられたという問題を抱えて私のもとに来るクライアントは、母なる大地と父なる天が本来の自然の両親だったことを知り抱擁することで、多大な変化を体験しています。そのような問題で来た訳ではなくても、必ず天と地のエネルギーと繋がることをお勧めします。

母なる大地に挨拶をすることで、すべての命、樹々や魚、鳥や石と自分の繋がりを認識します。そして、天に挨拶することで、兄弟姉妹である星々との繋がりを認識し、すべての命を創った創造主である「グレート・スピリット」に、自分を癒す努力をすると誓うことになるのです。

聖なる空間を開く

この章の冒頭で紹介した、六つの方角への呼び掛けの言葉を唱えてください。その際、セージのスマッジスティックを燃やしても良いですし、香りのついた聖水を各方角に使っても良いです。

アメリカ大陸のシャーマンたちは、祈りを捧げるとともに必ずセージやインセンスを燃やし、その煙を、羽を使って各方角に振りかざし、香りのついた聖水も各方角に向けて数滴口の中に含んでから吹き、各方角に唱えながら手をかざして挨拶をしていきます。

方角は確認する必要があります。コンパスで正確に測るのがベストですが、その土地に慣れているなら、大体の方角でも大丈夫です。

まず南から始めます。煙をかざすか、口に含んだ聖水をその方向に吹きます。そして掌を外に向けてかざします。それから、母なる蛇であるサーペントを呼び寄せる言葉を唱えます。各方角で同じことを行なっていきます。

大地に呼びかけている時には大地を触りながら言葉を唱え、空に呼びかけている時は、上を向いて同じように行います。

聖なる空間を閉じる時には、各方角を向いて、サーペント、ジャガー、ハチドリ、イーグルにお礼を言います。そして、エネルギーを解放して地球の四方向へと帰します。

その一つのエネルギーと繋がりたい時には、その方角だけ閉じないでおきます。代わりに、そのアーキタイプに、自分の中に入って道を一緒に歩んでくれるように頼みます（原注：クライアントに行う場合には、たとえば東の方角のアーキタイプを使う必要があると思ったら、東の方角を閉じずにイーグルのスピリットをクライアントのクラウンチャクラに吹き込む。そして、イーグルのスピリットがその人に情報を与えている状態をイメージする）。

そして最後は、母なる大地と天なる父に挨拶してお礼を言います。

自分の光輝くエネルギー・フィールドを拡張させる

各方角に呼びかけることのほかに、もう一つ聖なる空間を創るパワフルな方法があります。それは、頭の上に位置する第八チャクラの光を利用して行うやり方です。

聖なる空間のパワーは、光を周りに広げ、その中にいることで何倍にも強くなります。第八チャクラは光輝くエネルギー・フィールドの中にあり、肉体の外に位置します。その部分の自己は、どの瞬間も神と一体です。その光を水晶のドームのように広げることで、私たちはその中に座り、殺伐とした外界からシールドを張ることができます。

第八チャクラがあなたの頭上に、太陽のように輝いているのを想像してみてください。人によって、その感覚は温かいものだったり、冷んやりしたものだったりします。その鼓動と周波数を知覚してみましょう。それは振動しているでしょうか？　リズムを感じますか？想像力を使って、太陽が昇っているかのようなその玉(オーブ)の色を思い描いてみてください。その光輝く表面はさざ波がたつように広がり、あなたはオレンジ色や黄色の光を浴びています。

両手を胸の前で祈りのポーズにします。両手を合わせたまま、ゆっくりと手を上に上げていき、頭の上までもっていきます。

第八チャクラの中に入っていくにつれ、その感覚を指先で感じてみましょう。その渦巻く太陽のような光を開く時の感覚も感じてみてください。

孔雀が羽を広げるように、ゆっくりと両手を両側に開いていき、その輝かしい光の玉を身体の周りに広げます。両腕が一番下に来て、手が椅子に触れるまで下げていきます。

そして、第八チャクラの光を全身に浴びてください。

この光輝くドームの中で自分を体感してみましょう。この空間の中の静寂を味わってみてください。

呼吸を意識します。吸い込む息を追い、ゆっくりと吐きます。

意識を使ってこの輝かしい玉の中を探究していきます。この膜の中にいる感覚はどんな感じでしょうか？

私は、強い太陽のような輝きを放つ大きなシャボン玉の中に、たくさんの色の波が流れているようなイメージを持ちます。

この空間を満足いくまで体感したなら、両腕を伸ばし、下からゆっくりと孔雀の羽を閉じるように、頭の上の光輝くチャクラまで動かしていきます。

そのチャクラが輝いている状態を感じてみてください。そして手を合わせ、胸の前でまた祈りのポーズになり終わります。

聖なる空間を開き、その中で作業を行なった後は、最後に必ず、また閉じることが大切です。第八チャクラの輝くエネルギーを、また頭上にまとめて戻す必要があります。また、サーペント、ジャガー、ハチドリ、イーグルのスピリットも呼び込んでいたなら、元の方角に帰します。そして、天と地にもお礼を言います。

聖なる空間は開きっぱなしにしておくと、清らかな水が濁るように、その空間も汚染されてしまいます。そしてアーキタイプの動物たちを呼んでも来なくなり、自然界はあなたの呼び掛けに応じなくなってしまうのです。

聖なる空間を開く際には、大いに敬意を表してください。聖なる空間を保持するということは、一つの音をずっと保持するのと同じような感じです。その性質をピュアに保持するためには、あなたが声にする祈りが実直で透明である必要があります。

卓越したシャーマンや素晴らしい先生がいる空間には、いつもと違う特別な感覚を得ます。その空間は澄みきっており、何か強い磁気を感じます。

聖なる空間を保持するためには、自分の中を愛と意図で満たし、練習を重ねていくことです。練習を重ねていけば、やがて自然と簡単にできるようになるでしょう。空間は自ら神聖さを保持するようになっていきます。

第Ⅲ部

シャーマン・ワーク

次に行う技術をクライアントに施す前に、光輝くヒーリング法の訓練を必ずきちんと受けてください。「イルミネーション（光明）・プロセス」と「摘出（エクストラクション）プロセス」をマスターするためには、指導者のもとできちんと習う必要があります。

「イルミネーション（光明）・プロセス」とは、チャクラの中に溜まる重いエネルギーを代謝させる技法です。光輝くエネルギー・フィールドの中に刻印されている病の形跡を浄化し、残存している毒素を燃やします。

生徒たちには、まずは聖なる空間をきちんと開けるようになるまで充分に練習を行なってから、「イルミネーション・プロセス」を行うように厳しく指導しています。これは無菌の空間で外科手術を行うのと同等の内容です。バイ菌に晒されている部屋では、技量の高い外科医でも手術はできません。感染源が侵入し、患者を危機に晒すことになってしまうからです。

同様に聖なる空間を創ることで、有害なエネルギーの侵入を防ぎ、安全な環境を整えます。私は生徒たちに、聖なる空間が崩壊すると、自分とクライアントを危機に晒すことになると注意しています。

聖なる空間を維持させるには、自分でその意図を維持します。このためにヨガや瞑想の練習はとても役に立ちます。瞑想する人は、思考を休め意識を集中させる方法を習っているからです。

数年前に行われた研究では、卓越した禅の瞑想者たちは、アルファー波（原注：脳波が一秒に八回程度振動する）を持続させることができました。大きな音を立てると、その瞑想状態の脳波から外れましたが、数秒後にはまたアルファー波に戻ることができます。もう一方で、瞑想する習慣のないグループに同じ実験をすると、大きな音からアルファー波に戻るまで数分以上かかり、人によってはまったく戻ることができませんでした。

「摘出（エクストラクション）プロセス」とは、結晶化してしまっているエネルギーがクライアントの体に付いていた場合に、それを摘出する技法です。これは、洗練されたキネシオロジーの技術を必要とします。さらにヒーラーが、シャーマンの見方である「第二の気づき」に目覚めていることが求められます。

このプロセスでは、クライアントに付着している、勝手に侵入したエネルギーの塊あるいは憑依している霊体を摘出します。侵入したエネルギーや霊体の憑依などというと、嫌悪感を抱く人が多いようです。見えない世界には、美しく光輝いた善意のある存在で溢れていると思いたいのです。生徒たちには、そのような先入観が実体験を阻害させないように、と注意しています。

侵入したエネルギーや霊体が私たちに影響を与えることがあるという事実は、ショッキングなことかもしれませんが、これを取り除く方法があり、そのようなエネルギーによって体調を壊している人を癒すことが可能であると知ると安堵します。心理療法に何年通っても治らなかった症状が、一回の「摘出（エクストラクション）プロセス」で治ったという実例を、私は自分で体験しています。

デス・ライツ（死の通過儀礼）は、シャーマンでなくとも行うことができます。これを施す機会がないことを私は心から願っていますが、現実では愛する人が他界しようとしている時、無事にスピリットの世界へ還れるように手助けをしてあげる場面に遭遇することもあります。

今からその準備として練習し、感覚を磨いておくとよいでしょう。自分をこの世に産んでくれた親が向こうの世界へ旅立つ時に、最後の橋渡しを手助けできたら、最高の恩返しになるのではないでしょうか。

第7章 イルミネーション・プロセス

断食を始めて三日。何時間も探していた洞窟を偶然に見つけることができた。雨が降り出したちょうどその頃、張り出した岩を見つけ、そこで雨やどりができると考えた。アントニオに、マチュピチュの裏側にある月の寺院を探してこいと言われたのだ。

「毒蛇に気をつけろよ」とニヤリとしながら手を振っていた。彼のユーモアのセンスは、時々理解できない。今のところ蛇は一匹も見ていない。ただ薮の中を歩いた時の擦り傷やアザがあるだけだ。

ここには道が見当たらない。微かに残る花崗岩の段や崩壊しかけている段々畑だけだ。

洞窟はスクールバス程の大きさだ。インカの精巧な石作りの技術を見ることができる。壁面にはたくさんのニッチ（訳注：壁の一部をへコませることで作ったスペース）が掘られている。後方には、二つの壁が斜めに合わさっており、モルタル壁ではなく上に行く程に小さくなる三角形の石がぴったりと完璧に合わさり石工されている。一番上の三角はマッチ箱程の大きさだ。苔が全体に生えているが乾燥している。

アントニオは、私が草取り人で、彼自身は庭師だと言う。彼は、私が自分の中にある心の傷を、草取りをするように掘り出し、欠点を癒すことに力を注げと、常に念を押してくれた。

彼は、「おまえの魂の庭には何も美しいものが育たない。最上の自分になるための自分の中にある種に、どうやって水を注いでいくべきなのか、その術を知らない」と言った。そのため五日間断食し、ヴィジョン・クエストを行うように私をこの洞窟へ送り込んだのだ。

昨日から二日間、洞窟内の草取りをしている。どうやら草取りの才能はありそうだ。地面は綺麗になり、豊かな濃い土がよく見えている。

今朝、バックパックの底にあったハーシーのチョコレートバーを捨てた。包みを外しアルミから出して、チョコレートだけをジャングルに投げた。この二日間は、ずっとそのチョコレートのひと欠片のことばかり考えていた。

アントニオは正しい。私は草取り人で、私の人生はジャングルのようだ。絡まっていて草がボウボウに伸びている。ただ勝手に生えている。時にはエキゾチックな植物が生えるが、ほとんどは蔦とか這うような植物で、私はそれに絡まってしまっている。

地面が見えるまで、それを取り払うのにすべてのエネルギーを使ってしまった。自分がずっと一緒に歳を取っていきたいと思うような、果実のなる木や花々をどうやったら育てられるのだろうか？

日記より

西洋の神話では、私たちは常に悪い微生物やお腹を空かせたジャガーたちに付き纏われた「捕食性宇宙」に住んでいるといいます。しかしメディスン・ピープルは反対に、私たちは「恵み深い宇宙」に暮らしていると信じています。世界が略奪的に見えるのは、自分がバランスを崩しているからです。

今の世の中はバランスが崩れています。人間も穀物も、すべてが悪い微生物とウィルスに攻囲されています。抗生物質の在庫もすぐに使い物にならなくなる事態です。

そのため、「イルミネーション（光明）・プロセス」を受けることでバランス、つまりインカのシャーマンがいう「アイニ」（調和）を取り戻し、ジャガーや微生物、すべての命と正しい関係を築き、宇宙が再び私たちにとって恵み深いものになるようにしたいのです。

「イルミネーション（光明）・プロセス」は、三つの方向からヒーリングを施します。

最初に、チャクラの壁に付着している汚泥を燃やします。これにより免疫力を高め、長寿を促します。

二つ目に、身体と感情の負の刻印の周りに漂う、有毒なエネルギーを燃やします。負の刻印は、この毒素を燃料として、それを表現しようとします。

三つ目に、光輝くエネルギー・フィールドの刻印を綺麗に消去します。「イルミネーション・プロセス」は、私たちの大元の部分である青写真の中でヒーリングを起こします。これらの刻印が消去されると、ネガティブな感情や態度も自然と変化し始めます。免疫力も上がり、身体が癒される速度も上がります。

光輝くエネルギー・フィールドの中のすべての刻印は、一つのチャクラに繋がっており、そこから中枢神経組織へ毒になる情報が流されています。刻印が元であり、チャクラがパイプラインとなって、中枢神経が分配するネットワークです。

それぞれのチャクラには、人生の中の身体と感情に関する地図が含まれています。山脈が航空地図や地形図、人口密度分布図など、いろいろな地図によって描写されるように、チャクラもそれぞれに異なるレンズを通して、人生の経験を解釈し地図化されているのです。第一チャクラには、生き残るための地図が描かれています。第二チャクラには、感情の地図がある、といった感じです。

クライアントの問題をより深く理解するためには、その問題がどのチャクラに一番関連しているのかを確認します。これによって光輝くエネルギー・フィールド内のどのチャクラに刻印があり、クライアントの健康状態を損なわせているのかわかります。

エネルギーを燃やす

バックミンスター・フラー（訳注：「宇宙船地球号」を提唱した思想家）は、地球が太陽の周りを周回する際、太陽の光の帯が木々の幹や枝に巻かれていく、と言っていました。そして、暖炉に薪を入れて火を点けると、その太陽の光は再び解放されるのだ、と。

生きているすべての命は、物質の中に光が閉じ込められているのです。鯨は、光によって生かされているプランクトンを食べます。私たちが食べる植物も、光によって育ちます。私たちが食べる動物も、光によって生かされている植物を食べています。すべては光から生まれているのです。チャクラを汚す負のエネルギーや刻印の燃料でさえも、元は光です。

薪に火を点けることでその中の光が解放されるように、負のエネルギーも燃やす（原注：あるいは摘出する――詳細は次の章にて）必要があります。アンデスのシャーマンたちは、これを「ミフイ」といい、「消化する」あるいは「燃やす」という意味があります。インカのシャーマンの伝統においては、「悪い」エネルギーというものはありません。エネルギーは光であり、「軽い」エネルギーは生命をサポートし、「重い」エネルギーは消化できないという区分けになります。

クライアントにセッションを行なっている間も、あなたの光輝くエネルギー・フィールドは、クライアントをも包み込み、自然にまた自動的にエネルギーを燃やします。燃えなかった残骸は、燃えカスである灰と同様に大地へと還っていきます。

「イルミネーション・プロセス」では、肉体の中に閉じ込められていた光を取り除きます。聖なる空間の中で作業をしていれば、クライアントから出る負のエネルギーを吸い込むような危険性はありません。伝統では、ジャガーのスピリットがこのエネルギーを食べて光へと戻してくれるといいます。クライアントの体から出てきたエネルギーは燃やした後、また綺麗な光となり体内に戻っていき、その人の光輝くエネルギー・フィールドの燃料として蓄えられます。

「イルミネーション・プロセス」では、重いエネルギーが光へと変換されます。これは、心の傷をパワーと知識へと変換させることの比喩でもあります。伝説では、これを「傷ついたヒーラーの道」とも呼びます。錬金術的な手法（ミフイ）を通じて、心の傷を勇気というパワーと力強さに変換させるのです。

クライアントが体験した心の傷の一つひとつには、学びがあることを私は理解しています。一度学んだなら、もうその痛い経験を再現する必要はないのです。傷は現実の世界のシナリオを書くのを止め、愛と強さの贈り物に変換されます。悲劇だったストーリーが新しく見いだした、平和で慈悲深いものへと変換させることができるのです。

ヒーラーは心の傷を負ったことがあるからこそ、人の痛みがわかるのです。しかし過去によって苦しむことはなく、その体験がどんなに痛くひどいものであったとしても、そこから学び、閃きを受けます。やがて、その力は鋼鉄の魂へと変わっていくのです。

私がゲイルと知り合ったのは、彼女が私の学校に訓練を受けに来た時です。彼女はヒューストンから来たユング派の心理学者でした。彼女の親切心と慈愛に満ちた態度はとても印象的でした。彼女は誰に対してでも必要な時に時間を作り、いつも笑顔でとても優しい言葉をかけていました。

そんな彼女が、数年前に二十四歳の娘を亡くしていたことはまったく知りませんでした。悲劇が起きてからは、家から一歩も出なくなり、生きる気力も失い、たまに少し食べる時も一人で部屋に籠って食べていたそうです。夫はゲイルをどうやっても喪失感から救うことができませんでした。彼女は毎日何時間も黙想にふけっていました。

しかし娘さんの死から一年経った頃、ゲイルは急に暗闇から抜け出し、鬱から回復したのです。その一年間の一人で過ごす時間の中で彼女は、自分の宿命はできるだけ多くの人を助けることだと気づいたのです。そこから彼女は米国においてダライ・ラマの擁護者となり、数々のチベット人を米国に移住させる支援事業を個人的に実践してきました。

ゲイルは一年という哀悼の時間から、自分は世の中にとって役に立つことができるのだと、勇気を得たのです。世界中のたくさんの人々の人生に関わってきました。そして何よりも、喪失と哀悼を乗り越え、その経験の中から強さを自分で見いだした女性の代表的存在です。彼女は人生から与えられた学びをしっかりと自分のものにしただけでなく、それをバネに精神力と慈愛の心を育てたのです。

人生における学びは、エネルギーのレベルにおいて融和されます。チャクラの中の毒素が燃やされると、チャクラに存在する本来の種が成長し始めます。腹の中に在る恐れが消えると、慈愛の心が芽吹きます。第一チャクラから恐怖心が消えると、宇宙的で豊かな愛を体験します。第二チャクラから哀しみが消えると、世界を変える力が湧き出てきて、光輝く構造に変化が起きます。それから数週間経った頃には、知的な理解が湧いてきます。

私たちの行うセッションでは、必ずヒーリング後に、理解があとを追って起きます。最初はエネルギー・レベルで変化が起き、その後に知性レベルで発展があるのです。この反対に西洋的なやり方では、知的な理解がヒーリングに繋がると教えます。変化への道に乗り出す前に、父親や母親が側にいてくれなかったという物語を正当化させることから始まります。

光輝くヒーリング法では、身体のエネルギー・フィールドに変化を起こした後に、自然と理解が湧いてくるのです。逆に、理性から真の変化を起こすことは不可能だと考えます。

「イルミネーション・プロセス」は、トラウマや病気によって作り出された重い感情を、栄養豊かな生命の力へと変換させるのです。たとえば、薪を燃やすことで発生する副産物は、熱と光です。重いエネルギーは、凝り固まっているため、生きる原動力としての燃料にはなりません。薪もしっかりと燃え始めないと手を当てても暖かくないのと同様に、「イルミネーション・プロセス」でも重いエネルギーを削除していかないと光が自由に放たれないのです。

最初のステップでは、チャクラの中に凝り固まったエネルギーの汚泥を燃やしていきます。皮膚を切った時には、まず洗浄するのと同様に、エネルギーも洗浄します。切り傷を負った場合、しっかりと洗浄しないとそこから感染症を引き起こし、傷は治りません。光輝くエネルギー・フィールドでも同じことが起きます。

違いは水と石鹸で洗浄するのではなく、火を使って負のエネルギーを燃やしていくことです。「イルミネーション・プロセス」は、刻印の周りに閉じ込められているエネルギーを燃やし、光へと変換させます。このエネルギーは汚泥であり濁りです。綺麗になったチャクラは、光輝くエネルギー・フィールドの鏡となり、構造が明瞭に読み取れるようになります。「第二の気づき」を活用すると、私にはその汚泥の原因となった元の出来事が見てとれます。

精神的なヒーリングでは、刻印の中に閉じ込められていた感情的エネルギーを解放することが可能であり、その原因となった痛みを理解することができますが、知的な理解だけでは、その原因となっている刻印を消去することができません。それはまるで、傷口を洗浄したけど絆創膏を貼ってない状態です。数週間あるいは数カ月経つと、その感情的エネルギーは再発し、刻印の周りに集まり、症状も再発してしまいます。そうすると、すでに解決したと思っていた心理的問題がまた醜い姿を現し、再び破滅的態度が表面に踊り出てきます（原注：この状態が続くため、人は心理療法に何年も通い、話し続けなければならない。それはずっと傷を払い続ける必要があるからだ。そこで近年では心理学者たちがシャーマニックなヒーリング法に興味を持ち始めている）。「イルミネーション・プロセス」では、刻印の周りのエネルギーを燃やしたなら、その原因となっていた刻印も消去されます。元の青写真の中には過去の現実はもう存在しないため、再発することはありません。

「イルミネーション・プロセス」における有毒な感情的エネルギーを光に変換させるという点は、本質的利点ですが、このプロセスはそこで終わりではありません。チャクラの中の汚泥と刻印の周りのエネルギーが燃やされた後、刻印の中の情報を上書きするように澄んだ綺麗な光を入れます。「イルミネーション・プロセス」と呼ばれる意味はここにあります。チャクラに純粋な光を入れることで輝きを与え、刻印を上書きするのです。

それには、第八チャクラの光輝く太陽からエネルギーを注入し、上書きします。クライアントの開かれているチャクラの中に、金色の太陽光を注ぎ入れるのです。この段階で、「安らぎとスピリットとの深い繋がりを感じた」という報告をクライアントから多く受けています。これが無限を味わう瞬間です。

「イルミネーション・プロセス」は、忘れていたつらい記憶を引き出すこともあります。しかし、これはクライアントが自分の過去の記憶を辿り、それについてカウンセラーに語っていく心理療法のプロセスとは異なります。「イルミネーション・プロセス」はエネルギー・レベルで行うヒーリングです。クライアントは過去の記憶を思い出すのではなく、その時の痛みや悲しみがエネルギーの波となって流れていくのを感じます。

ヒーリング・セッションの後、クライアントは平和に包まれる感覚があり、至福感を感じる人も少なくありません。クライアントが私を訪問して来た際、その人が来た理由、そのトラウマの際の感情についてどのくらい強いものかを聞きます。本人はその感情のエネルギーの強さを感じますが、実際の体験を再度呼び起こし、再現する必要はありません。多くの場合、その出来事の詳細についてはセッション後まで語ることはありません。もしも、そのクライアントが幼少期に親からネグレクト（訳注：養育すべき者が食事や衣服などの世話を怠り、放置すること。育児放棄）を体験していた場合、その人にその時の感情、悲しみや痛みを思い出してもらいます。この過程で、私はその人のどのチャクラにその感情が残存しているかを確認します。そうやって、光輝くエネルギー・フィールドの中のどこに刻印があるのかを見るのです。

セッションの間は、常にクライアントに流れの主導権があることを伝えます。時には、感情が強く表れ、手足が攣ったり、体が勝手に動いたりすることもあります。不快な気持ちになった際は、右腕が左腕の上になるように胸の前で交差させることで、いつでもその状態を暖和させることができます（原注：この技法は、エネルギーの流れを止める方法として各文化で知られている。古代エジプトのファラオたちは、死後の世界への旅の間に自分を守るために、このポーズで棺の中に入っている。武道家は、打撃から自分を守る際にこのポーズを使う）。これを教えておくことで、クライアントは、どの程度深くまでいきたいのか、いつでも自分でペースを緩めたり、止めたりすることができます。

【イルミネーション・プロセスのステップ】

セッションは一時間程度です。一回に一つの問題についてのみ、一つのチャクラのみに行います。ステップは次の通りです。

1. クライアントにセッションに来た理由を聞く
2. 刻印をトラッキングする

3. 聖なる空間を開き、すべての方角に呼びかける
4. クライアントを自分の光輝くエネルギー・フィールドで包む
5. ディープニング・ポイント（269ページのイラスト参照）を10分間押す
6. 問題に関連するチャクラを開く
7. そのエネルギーを解放するリリース・ポイント（269ページのイラスト参照）に手を当てる
8. 重いエネルギーを取り出し、大地へ戻す
9. ジャガーに呼びかけ、重いエネルギーの代謝の援助を頼む
10. イルミネーションを行い、刻印を浄化する
11. チャクラのバランスを整え、光輝くエネルギー・フィールドを閉じる
12. クライアントとセッションの体験について語り合う
13. 各方角を閉じる

◆1. クライアントにセッションに来た理由を聞く

私はセッションの最初に、来た理由をクライアントに確認します。最初にクライアントの話を聞いたほうが、エネルギーの問題がどこにあるのか特定しやすいからです。

注意深く話を聞き、クライアントが満足いくまで聞きます。この最初のステップに一時間くらいかけることもよくありますが、心理療法のセッションにならないように気をつけます。私はその人のストーリーには

興味がありますが、それを分析しようとはしません。クライアントの身振り手振りを注意深く観察し、その人が痛みや問題について語る際に手がどこにいくかを見ています。そして、問題に関連する刻印のあるチャクラはどこか、クライアントの潜在意識から出てくるヒントを探し出します。

◆2．刻印をトラッキングする

『ヒーリング・ザ・ライトボディ・スクール』では、生徒たちに筋肉テストとして知られている「キネシオロジー」を使い、光輝くエネルギー・フィールドの中の刻印をトラッキングする方法を教えています。キネシオロジーは、ジョン・ダイアモンド博士により開発されましたが、シャーマンたちも筋肉テストの一種を活用します。

このテクニックは、一般的にはカイロプラクターやその他のボディ・ワーカーが骨格や筋肉の整列をテストする時に使います。そして、私は光輝くエネルギー・フィールドの中の刻印を見つけ出すために、この技法を取り入れました。病気の刻印が黒いシミのように見える超視覚が発達するまで、この技法は、実用的で信頼できるものです。正しい方法で行えば、クライアントのエネルギー構造内の状態を正確に確認することができます。これはクライアントの思考が答えを出すのではなく、体が反応するため、比較的正確な情報であるといえるでしょう。

ヒーラーもクライアントも、身につけている金属やジュエリー、腕時計などを外します。クライアントは目を閉じ、腕を前に、床と平行に伸ばします。二本の指でクライアントの手首を下に押しながら、「抵抗するように」と伝えます。ほとんどの人は抵抗し、腕を床と平行に前に伸ばした状態を維持できます（２６４ページ参照）。

次に、クライアントに「愛する人のことを考えるように」と言い、また腕の強さを確認します。愛する人に対する思いは、私たちのエネルギー・フィールドにダイナミックな強さを引き出すため、腕はとても強くなっているはずです。

次に、「誰か嫌いな人、あるいは恐れを感じる人のことを思ってください」と言います。腕は弱くなり、ヒーラーが指二本で手首を押した際に、腕が床に向かって下がってしまうでしょう。なぜなら、恐れや批判は、私たちを衰弱させる傾向があるからです。

正確な答えが得られるように、筋肉の反応をさらにテストしていきます。

ダライ・ラマ、仏陀、キリスト、女神など、クライアントが愛と慈愛の象徴であると思う存在のイメージを心の中で描いてもらいます。ここでは筋肉は強くなるはずです。しかし、スワスティカ（訳注：ナチスのシンボルとして使われていた「かぎ十字」のマーク）やナチスの死の収容所を連想したなら、筋肉は弱くなるはずです。

最後に、クライアントに「ＹＥＳ」と繰り返し唱えてもらい、テストします。ここでは反応は強くなるはずで、逆に「ＮＯ」を繰り返し唱えると弱くなるはずです。この最後のステップは、クライアントの表象システムと無意識のプロセスの関係を構築するためにとても重要です。

たまにですが、逆の反応をするクライアントがいます。強いはずの時に弱く、弱いはずの時に強くなるのですが、私の経験からすると約十人に一人の割合で、こうなる人がいます。この人たちの神経の中で伝達される電気回路が交差しているため、逆の反応が起きるのです。

実際には、私たち誰もが、時として回線が交差してしまうことがあり、世の中から得るシグナルを逆に受け取ってしまうことがあります。しかし、これは簡単に治すことができます。愛する人のことを思いながら、胸腺（胸骨の一番上）を三本の指で強めに三回叩くことで普通の反応に戻ります。これで正しい回答が出るはずです。胸腺を叩くことで、エネルギー構造内の流れをリセットし、正しい極性に戻すことができます。

刻印をトラッキングするためには、まずその苦い記憶を呼び戻し活性化させなければなりません。休眠している刻印を探すのは非常に難しいです。それは、コンピューター内でまだ起動されていないプログラムを見つけるような感じです。

刻印が活性化すると、ヒーラーは光輝くエネルギー・フィールドの中のどのチャクラに、その問題が位置するのかを確認できます。刻印を活性化させるのは、コンピューターの中でプログラムを起動するのと同じ感じです。コードが起動され、スクリーンに操作方法や使う項目も出てきます。

刻印を起動させるためには、クライアントがその時の痛み、悲しみ、羞恥心など、出来事に付随する感情を思い出す必要があります。理知的に回想するだけでは不十分なので、その時の強い感情を深く心の奥底から引き出すことが必要なのです。

このテストをすることで、ヒーラーは有毒な刻印の有無を確認することができます。

最初にクライアントの腕の強さを確認します。腕を前に伸ばした状態で、自然の中で一番好きな場所を思ってもらいます。二本の指で手首を押した時、クライアントの腕は強く抵抗できるはずです。

次に、今回確認したい刻印に関連する過去のつらい出来事を思い出してもらいます。目を閉じた状態で、できるだけ詳細に思い出してもらいましょう。たとえば「体のどの部分にその悲しみ／痛み／恥を感じますか？」「どこが痛いですか？　どの出来事が起きた時にどのように痛みを感じましたか？」あるいは「どんな気持ちになったか、動きやポーズで見せてください」などと聞いてみます。もしもクライアントがその出来事の記憶をはっきり持っていない場合には、ただ感情だけを表現するように、と伝えます。その出来事が刻印に関連していれば、筋肉テストは弱いという反応が出るでしょう。その時のクライアントの腕の反応は大きく変わり、まったく力が入らない状態になるはずです。

ジョンは、『ヒーリング・ザ・ライトボディ・スクール』の生徒でした。ある朝の授業で、私がこの技法のデモンストレーションを見せる時に、彼にモデルになってもらいました。教室の前まで彼が歩いてくる時の彼の態度を観察すると、筋肉質で、自信あり気に「試してみろよ」という態度でした。彼は力いっぱい腕を上げ、私がどんなに押しても絶対に下げさせないようにしている感じでした。「自然の中の好きな場所を思い出して」と言った後の腕は、鉄棒のように硬くなっていました。

しかし、最近離婚した時の痛みと息子との別居のことを思い出した時、彼の腕はパテのようにヘニョヘニョになってしまったのです。彼は目を大きく開いて、驚いて私の顔を見ました。彼からすると同じだけ力を入れていて、何も変化を感じていなかったのですが、私の二本の指が百キロくらいの重さに感じた、と言いました。

体は嘘がつけません。クライアントが「刻印がある」に反応した場合は、その刻印を起動させてから、どのチャクラに関連があるのかを確認します。発動した刻印は、必ずどれかのチャクラに関連しています。チャクラを通じてのみ、神経組織に情報が伝達されるからです。

たとえば、刻印の原因が幼少期のネグレクト（育児放棄）だったとします。これが第二チャクラに関連することがわかると、自分への自信に関する問題があることになります。刻印が額（第六チャクラ）にある場合には、人生の進路を決断する能力に欠けてしまっているか、もしくは感情的問題を知的に解決し癒そうとしていることがわかります。

クライアントが出来事を思い出した直後に、チャクラのテストをする必要があります。まだ光輝くエネルギー・フィールドの中で、クライアントの悲しみや痛みの記憶のショックが波紋を作っている間に行います。ヒーラーは、クライアントの第一チャクラの位置の皮膚から五センチ程離した場所に手を置き、クライアントは片腕を前に真っ直ぐ伸ばします。人差し指と中指を使って、手首を押します。同様に下から上へと順番に、各チャクラをテストします。各チャクラの間はひと呼吸置きますが、割と早く移動しないと、トラウマの記憶の波動が薄らいでしまいます。

刻印に関連するチャクラが複数あることもあります。その場合は、弱かった一番下のチャクラに原因の元があるので、そのチャクラを確認しましょう。

後に、そのチャクラに「イルミネーション・プロセス」を行います。チャクラが浄化され光輝くエネルギー・フィールドから刻印が消去されると、上のチャクラも自動的に調和を取り戻していきます。

私たちの多くは、つらい出来事を経験してきていますが、すべての負の出来事が光輝くエネルギー・フィールドに刻印される訳ではありません。その出来事が起きた時に感情的な消化が自分なりにできていた場合、光輝くボディに刻印は刻まれません。出来事をテストしても強い反応が出ます。

一年前に交通事故で両親を失った、ある建設作業員の男性をみたことがあります。彼は数カ月の間哀しみ、私のところへ来た時もまだ哀しんでいたので、その刻印が刻まれているかどうかをテストしました。その判定が「強い」と出たのには、二人とも驚きました。この出来事に関しては、刻印が残っていなかったのです。しかし、その数週間前に彼の同僚が仕事中に電気ノコギリで人差し指を切断する事故がありました。彼は、その時同僚が四つん這になり、叫びながら切断された指の欠けらを探している姿を思い出しました。彼はその事件に大きく影響を受け、それ以来、電気道具を使えなくなっていたのです。私が彼に筋肉テストをし、その時の様子を思い浮かべるように言うと、腕にまったく力が入りませんでした。

なぜか彼の場合は、この事件が精神の中に刻印されてしまったのです。「イルミネーション・プロセス」を二回受けた後、彼は再度、電気道具を不安なく使えるようになりました。

光輝くエネルギー・フィールドの中の刻印は、それに最も関連が強いチャクラでのみ消去することができます。そこにはクライアントが何年も抱えてきた痛み、哀しみ、羞恥心などがこもっています。正しいチャクラにアクセスできた時、その人の中に隠れ潜んでいた感情の地図(ランドスケープ)が浮かんできます。そして、刻印を刻んだ時の、傷の大元の原因を知覚することができるのです。

筋肉テスト

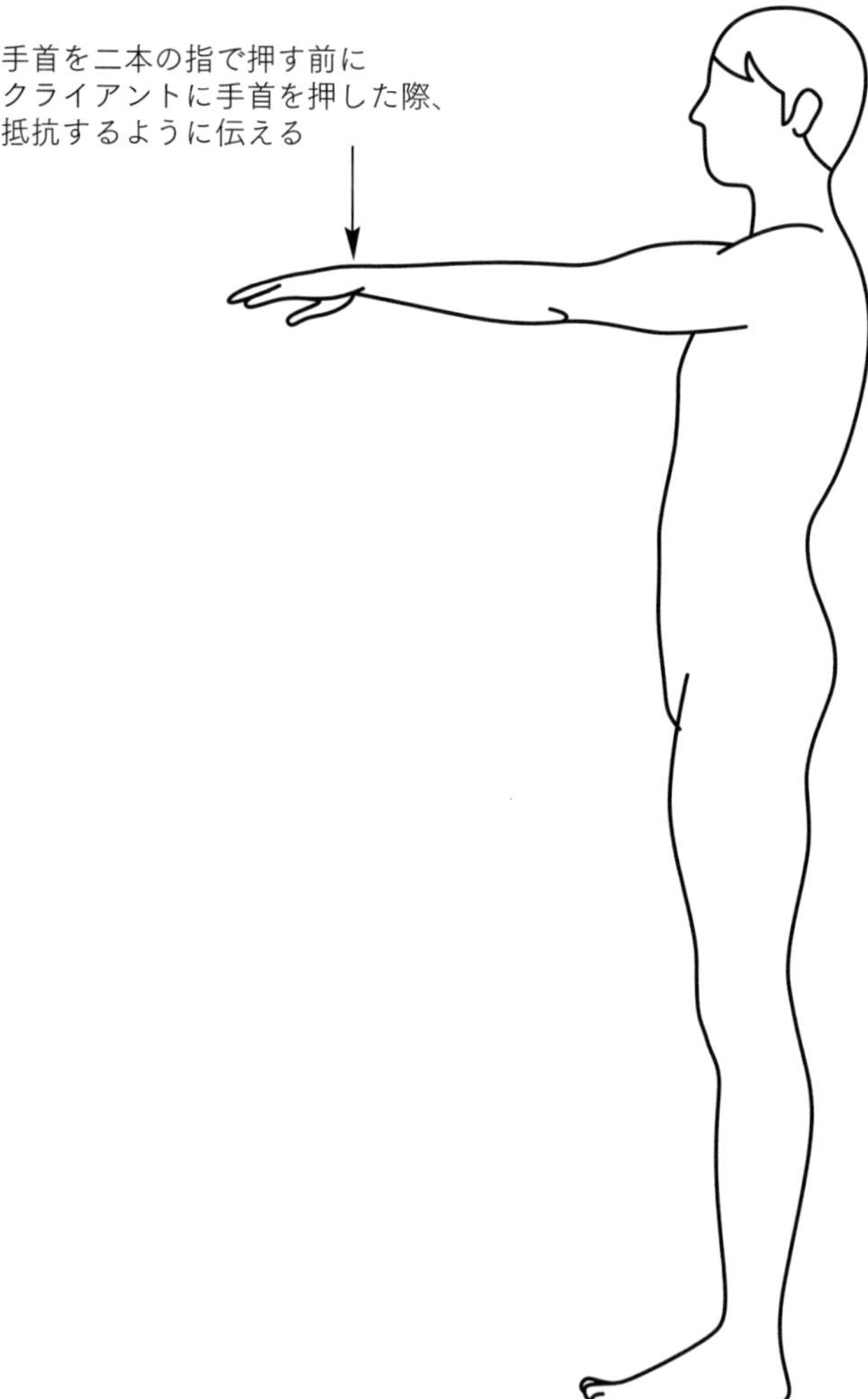

◆３．聖なる空間を開く

エネルギー・ワークのセッションを行う前に、必ず聖なる空間を開く必要があります。ヒーラーは毎日聖なる空間を開き、クライアントが帰る時に閉じてもよいですし、毎回開いて、毎回閉じても構いません。いずれにしても、ヒーラーとクライアントが安全に守られている環境を整えます。自分独自の祈りが見つかるまでは、第６章（２１７ページ）にあった祈りを唱えてください。

聖なるエネルギーの空間を創ることも大事ですが、物質的な空間の状態も大切です。私のオフィスには、心を穏やかにするようなスピリチュアルなアイテムを飾ったり、お香を焚いたり、壁掛けやアース・カラーのラグを敷いています。また、クライアントが座るために、二つの椅子とソファーを置いています。部屋の一角にはマッサージ・テーブルがあり、白いシーツをかけてあります。この上で「イルミネーション・プロセス」を行います。

ロー・テーブルの上は、祭壇になっており、先生方からいただいた儀式用の道具や石のコレクションを置いています。この私の祭壇は少し隠しています。なぜなら、私のクライアントの多くはビジネスの世界の人が多く、あまり神秘的な雰囲気だと抵抗がある人も多いからです。

いずれにしても、私の仕事場は「シャーマン・ケーブ」（訳注：洞窟）であり、クライアントが落ち着いて安心できるように工夫しています。外界から入ってきて、クライアントが安らかな気持ちになれるような環境作りに務めています。

◆4.クライアントを自分の光輝くエネルギー・フィールドで包む

各方角の自然界のパワーとアーキタイプの動物たちに呼びかけて聖なる空間を開いた後、自分の光輝くエネルギー・フィールドを開き内側の聖なる空間を創り、その中にクライアントを包み込みます。各方角に呼びかけて聖なる空間を創るのは、自然界とその基盤を構成する原理と繋がるためです。クライアントを自分の光輝くエネルギー・フィールドで包み込むことで、人間の領域にある情報、つまり人間からのガイダンスと知識へのアクセスを可能にします。

最初の聖なる空間は生物圏へエネルギーを伝達し、私たちの身体を癒してくれる自然界の力によって包まれることになります。

次に、聖なる空間の第八チャクラの光は、光の存在たちや光となったマスターたちからのエネルギーを伝達してくれる「ノウアスフィア（ヌースフィア）」（訳注：精神圏）ですが、その光がヒーラーとクライアントを包み込みます。

「イルミネーション・プロセス」を行う際、私は必ず自然領域と人間領域、両方の聖なる空間を開きます。銀河や草を形成する天地からの情報も欲しいですし、同時に人間の経験をガイドするスピリチュアルな叡智も欲しいのです。

この両方を開くことで、私たちは二重の聖域の中にいることになります。クライアントは、子宮の中にいるような安堵感に包まれます。

まず第6章の冒頭にある祈りを唱えます。

次にヒーラーは、自分の頭上にある第八チャクラの光を、自分とクライアントの上に広げて、セッションの間、光のブランケットで覆われている状態を作ります。クライアントには、マッサージ・テーブルあるいは床に、顔が上向きになるようにして横になってもらいます。ヒーラーはクライアントの頭のすぐ後ろに座っています。私が使うマッサージ・ベッドの高さは、床からたった四十七センチ程に設定し、椅子に座っている状態でクライアントの頭の後ろにちょうど手の位置が合うようにします。

クライアントには、鼻から息を吸い、口から息を吐くことを続け、自分の呼吸のリズムを感じるように伝えます。ある時点でクライアントの呼吸は自動的に早くなったり、ゆっくりになります。呼吸がチャクラ内のエネルギーの燃焼度を調整します。火を焚く時と同じです。クライアントは呼吸を自分で調整することで、プロセスの強度や進行の速度を管理できます。時には、ヒーラーは自分の呼吸に合わせるようにとクライアントに伝えて、クライアントが自分の呼吸のペースを掴めるように誘導します。ヒーラーは呼吸する際に、クライアントの顔に直接息がかからないように、横向きで息を吐くようにしましょう。

◆5．ディープニング・ポイントを押す

次に、クライアントの頭を両手で持ちながら後頭部のツボを押します。このツボを鍼灸では「天柱」と呼び、クライアントを軽い催眠状態に誘導します。ちょうど後頭骨の下に位置します。赤子の頭を持つように両手を頭の下に持っていくと、自然とこのツボに指が当たります。

頭の下にゆっくりと優しく両手を入れます。この二点のツボを押すことによって、クライアントは数分で深くリラックスした状態になります。両手の中指を使って、後頭骨の下の位置の中心から両側に二〜三センチ程離れたこの二点のツボを、優しくかつしっかりと押します。クライアントの頭がやや硬めの枕の上でリラックスできている状態を確認しましょう。このディープニング・ポイントを、少なくとも十分間押します。

この間、クライアントに小さな声でどんな感じかを聞きます。クライアントからフィードバックがもらえるように、コミュニケーションを取っていきます。クライアントの目が閉じた状態で動いているのがわかるかもしれません。

レム睡眠状態は通常、夢を見ている時の状態ですが、「イルミネーション・プロセス」の場合は、軽い催眠状態になっており、意識の中で危機感や批判的な思考が消えてリラックスしている状態を示します。人によっては、とても深い眠りに入っていたけれど、ヒーラーと自由に対話ができたという報告もあります。クライアントは感情的にならずに、セッションの中で起きるエネルギーの変化を観察することができるのです。

ディープニング・ポイント
（身体を深くリラックスさせるツボ）
リリース・ポイント
（エネルギーを解放するツボ）

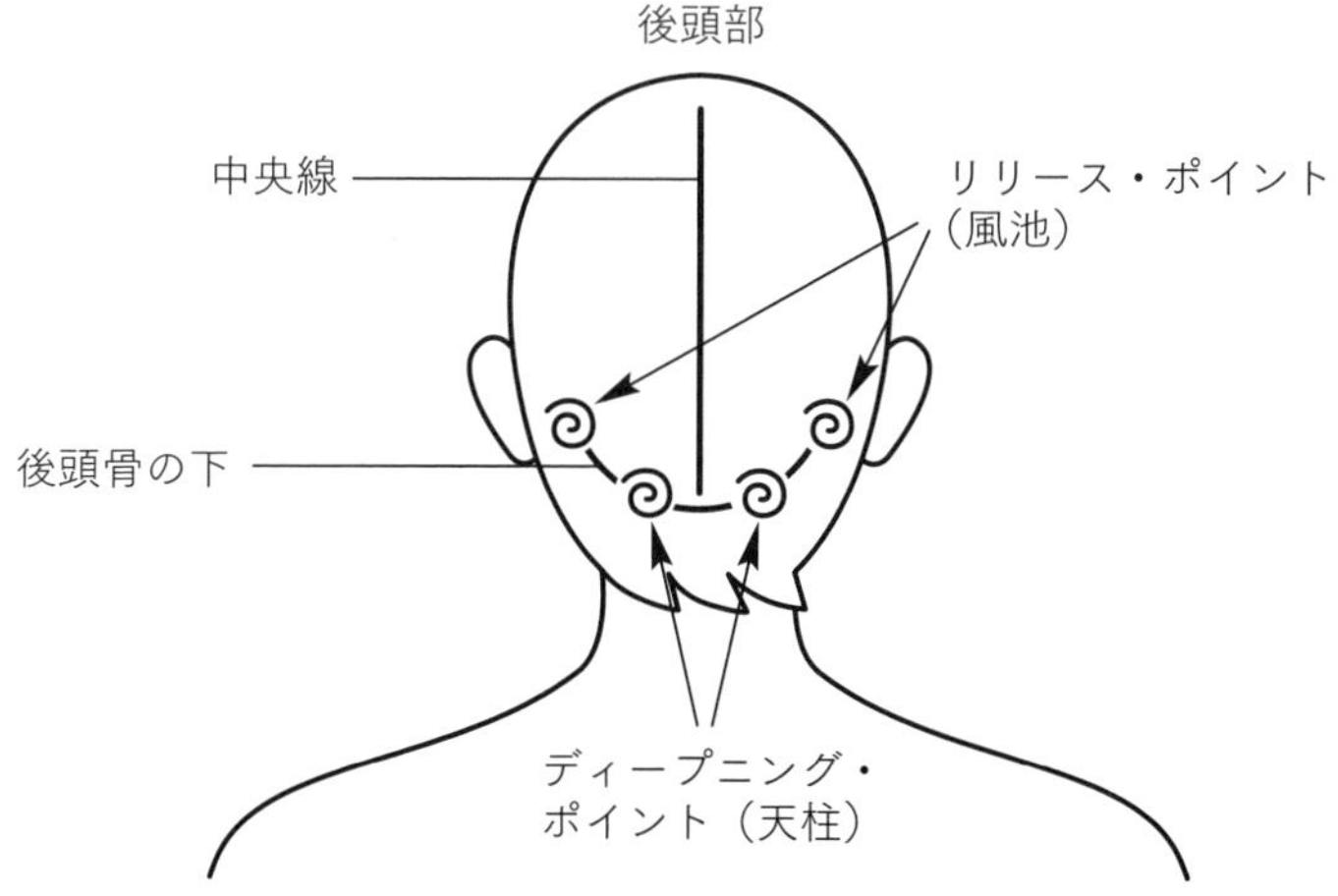

◆6．チャクラを開く

クライアントの呼吸と自分の呼吸をシンクロさせます。

ディープニング・ポイントを十分間押した後、調整が必要なチャクラの数センチ上に手を掲げ、渦巻くエネルギーを感じてみます。そして反時計回りに三、四回、手を回転させます（原注：手がクライアントの頭の後ろの位置からチャクラに届くようにするため、ここでイーグルの羽を使うこともある）。腕が長い人はそのまま届きますが、そうでない場合には頭から手を離しクライアントの横に移動して行い、またすぐ頭の後ろに戻ります。

どちらの方法を使っても構いませんが、注意深く意識を集中させて行なってください。

チャクラが開かれた途端、有毒なエネルギーや汚泥を排泄しようと、「引き波現象」が起きます。これはヒーラーの第八チャクラによって創られた大きな光輝くエネルギー・フィールドの中へ流出し、そこで燃やされます。私は、厚いリボンのような黒い光が、チャクラから渦巻き上に出ていくのをよく見ることがあります。引き波現象が起き、毒素がまた逆流することがあるので、次の数分間は、チャクラの上で反時計回りに何回か回転させます。クライアントにどういう感覚があるかを確認しましょう。時には体温が変化する感覚、勝手に筋肉が痙攣する、身体が振動する、電気が体の中を走る感覚といった状態を報告するクライアントもいます。これらは、刻印の周りのエネルギーが燃え、消え去ったというサインです。

筋肉や細胞内の記憶が解放されると、突然体が動いてしまうという現象が起きます。刻印のエネルギーが身体化する、つまり体の生体組織と同化する時、それは突発的で制御不能な動きによってのみ浄化することができます。生体組織は記憶を持っているため、元となる心の傷が暴行などを受けた時の身体的トラウマであった場合には、このような痙攣の症状が起きることがあります。特殊なケースでは、クライアントが魚のように全身を小刻みに振り始め、どこかを痛めてしまう場合があります。このような場合は、呼吸のペースを誘導し、解放が穏やかに進行するように呼吸の速度を調整することが大事です。

私はクライアントに、腕をクロスすることで、いつでもプロセスのペースを落とすか止めることができることを伝えています。

◈7．リリース・ポイントを施す

このプロセスは五分間で終わらせ、それ以上行わないようにすることが大切です。

リリース・ポイントに指を当てることによって、チャクラの中に溜まっていた汚泥と刻印から放たれた重いエネルギーを解消する作業を完成させます。詰まったチャクラをキレイにするのは、水道管を掃除するのと同じです。刻印の周りのエネルギーを浄化するのは、あなたの飲み水の源流となっている井戸を掃除するような感じです。リリース・ポイントに指を当てることによって、その掃除ができます。

リリース・ポイントは、後頭骨の中心から耳の後ろまでのちょうど真ん中くらいに位置します。自分の頭の後ろの、耳から六～七センチ程内側にあるツボを指で探してみてください。後頭骨のこぶになっている部分です。この二点のツボに指を当てることによって、深い浄化を促し、刻印に留まっていたエネルギーを解放し、燃やすことができます。

◆8．濃く重いエネルギーを摘出する

時として、刻印から出てくる汚泥が、濃く重すぎて燃えにくい場合があります。私は、このような状態がチャクラの中にあると、油の塊のように知覚します。このような塊があった場合には、チャクラを反時計回りに回しながら、手でその濃く重いエネルギーを取り出します。

そのエネルギーの塊を大地に落とし、手首を早めに振り払います。枯葉が土となり大地に戻っていくのと同じように、このエネルギーもまた大地という生命の中に戻っていきます。

◆9．ジャガーに呼びかける

私は重いエネルギーを代謝させる時には、ジャガーのスピリットに呼びかけて助けてもらいます。ジャガーを呼び込むと、闇夜ほどに真っ黒な大きな猫が空間の中に入ってきて、漂う有毒なエネルギーを食べてくれる様子を知覚します。ジャガーは偉大なる捕食者であり、死を生へと変換させる力を持っています。

この段階では、クライアントは、体の中を早足で何かが流れるような、最も強い感覚を体験することになるでしょう。人によっては、背骨を行き来する稲妻のような電気の流れを体感する人もいます。

クライアントの呼吸が次第に落ち着き、とても静かになった時点で、プロセス完了の合図となります。

◆10. イルミネーションを行い、刻印を浄化する

ここでヒーラーは、「イルミネーション・プロセス」を行います。

この段階では、クライアントの中で自然に問題解決が起きている様子がうかがえます。エネルギーに明白なシフトを感じることでしょう。激しさが収まり、平和な感覚が広がっています。開かれているチャクラの上に手を置き、その回転がスムーズで統一感があるのを確認します。

次に、右手で頭の上に手を伸ばし、第八チャクラからエネルギーを集め、クライアントの開かれているチャクラの中に注ぎ込みます。私は頭上に輝く太陽をイメージし、その太陽光を手ですくい出し、チャクラの中に黄金の光を浴びせるようにしています。

これを3回繰り返します。イルミネーションを行うことで、刻印を純粋な光で上書きすることができます。

◆11. チャクラのバランスを整え、光輝くエネルギー・フィールドを閉じる

「イルミネーション・プロセス」を終了させたら、再びクライアントの後頭骨のディープニング・ポイントを数分間押します。これにより、癒され新しくなった光体（ライトボディ）が再形成されていく間、クライアントがゆったりとした気持ちでいられるように手助けします。この段階でも、クライアントの体が痙攣したり、少量のエネルギーの解放が起きるかもしれません。

ここでチャクラを三、四回時計回りに回し、バランスを整えます。そして自分の光輝くエネルギー・フィー

ルドを閉じ、頭上の光の珠に集め、戻していきます。

拡張された光輝くエネルギー・フィールドは、重いエネルギーを燃焼する焼却炉となります。このフィールドを閉じると火は弱まり、第八チャクラに納めることで元の純粋な光となります。

ヒーラーが自分の光輝くエネルギー・フィールドを閉じずに、そのままにしておいたことで、クライアントから出た毒素を吸収してしまい、自分も病気になってしまった事例を私は見てきました。

◆12. セッション後のクライアントとの対話

クライアントが、起き上がる準備ができたら座ってもらい、体験を話してもらえるか聞きます。

「イルミネーション・プロセス」の体験は、皆個々によって異なります。人によっては、身体的な感覚がほとんどで、身体が痙攣する、エネルギーが足を上下に走っている感覚がする、四肢にピリピリした感覚がするなど、様々です。

ほかには、イメージに同調し、セッションの最中に突如として映像が湧いてきたという報告もあります。そのほかは、深くリラックスしただけの人や、寝ていたような感覚だったという人もいます。

「イルミネーション・プロセス」は、身体的症状と心理的状態の両方を癒すことができます。刻印の周りに残存していた毒素が浄化されると体の免疫反応が回復し、身体的ヒーリングも加速します。刻印が活動しなくなると、そのエネルギーから心理的状態も流れて出ていきます。
多くの場合、ヒーリングはほぼ自発的に起きます。

◆13．各方角を閉じる

聖なる空間を開くと、見える世界と見えない世界の両方をまたぎ、小宇宙が創造されます。水仙を生かすフォースと、銀河に渦巻くフォースの両方がこの中に存在しています。

聖なる空間を閉じると、その自然の力とアーキタイプのパワーアニマルたちを元の未分化状態に戻すことになります。

聖なる空間を閉じる時も再度、四つの方角へ、南から順に時計回りに、各方角のパワーアニマルに手伝ってくれたことのお礼を言います。天と地にも同じように行います。

これを行う際、アロマ水（訳注：聖水）を口で吹いたり、セージの煙をかざします。シャーマンがクライアントと一緒に一つのアーキタイプのパワーアニマルを家に連れて帰る必要性を感じた場合には、その方角は閉じずに、そのパワーアニマルに、クライアントを癒し面倒を見てもらうように頼みましょう。

第8章 摘出（エクストラクション）プロセス

彼はセレモニーで使う道具の上に二つ折りに倒れた。私が連れていっていたグループを指導している時だった。グループは、蛇やジャガーの姿が掘られている儀式を行う洞窟アマル・マチャイから、ヴィジョン・クエストを始めるところだった。

夜十一時頃、ドン・エドワルドが私を呼ぶ声が微かに聞こえた。私が彼のもとに行くと、彼は口から泡を吹いていた。私は彼に発作が起きたのかと思った。

「相棒よ、奴らにやられた」と、荒い呼吸の合間に彼は囁いた。寒い夜にもかかわらず、彼はひどく汗をかいていた。彼の「儀式の間に黒魔術にやられた」という言葉に、私の後頭部の髪の付け根が立った。

ドン・エドワルドは、ペルー北部の海岸で名の知れたシャーマンだ。私は彼と長年の付き合いで、彼の持つ力も知っていた。彼に攻撃を仕掛けて成功する人がいるのか？　彼がペルーのメディアに認められ、その注目に嫉妬する人たちがたくさんいるのは知っている。国の首相でさえ、彼に助言をもらいに来るのだ。

「刺された」と彼は言った。肩から心臓に近いところに矢が刺さっていると指差した。私にはそれが見えなかったが、彼の祭壇にあった花の精油の入ったボトルを取り、それを口いっぱいに含み彼の肩に唇を当てた。すると口の中で金属の味がした。この物体を口の中に吸い込み始めると、クラクラと目眩がした。突然、そのナイフのようなものが緩み始め、私の口の中に入ってきた。私の気管を通過し、お腹に入っていくのを感じる。私は抑えきれない衝動で吐いた。胃が空っぽになるまで止まらず、最後は何も出ずにむせかえるだけだった。

ドン・エドワルドは、姿勢を直し座りこんで、こう言った。

「相棒よ。ありがとう。君のおかげで命拾いをした」

その事件から二日経った今でも胃が痛い。吸い込む摘出法は、もう二度とやりたくない。

日記より

これはブラジルでしか起こり得ないことだ。インド系、ヨーロッパ系、アフリカ系、なんと多国籍のミックスなのだろうか——想像できるすべての人種が混ざっている。私たちが滞在していたホテルの隣で、国際ビジネス会議が開催されていた。

その夜、海岸で、私は進化の道はどこかで二つに分かれたと悟った。一端では美しい曲線の優美な肉体を持つブラジル人が、イパネマの海岸で海に浮かんでいる。もう一端では、色白で肥満体のビジネス系の人たちが、小さな傘のついたエキゾティックな飲み物を片手にアザラシのように海岸に寝そべっている。

ブラジルでは、何でもなりたい者になれる。アフロ・ブラジリアンの伝統儀式を受けることで、医者にさえなれるのだ。

昨夜、私はグループを連れてこの医者を訪問した。彼のところには、かなりの訓練を積んだ霊媒師の集団がいる。彼らは人にヒーリングを施す前世療法の達人なのだ。

私のグループの一人であったエスターという女性が横になると、その数分後に一人の霊媒師が泣きじゃくり始め、小さい少女の声で「どうか、もう私を触らないで」と言った。

エスターの姉もこのグループに参加していたが、彼女は私を見て驚いた表情を浮かべた。彼女は何が起きているのかわからない様子だった。

するともう一人の霊媒師がトランス状態に入り、死んだエスターの兄である、と言った。彼はエスターのほうを向き、彼女が赦してくれないと自分の中の平和を取り戻せないと言うのだ。そして彼は、彼女が幼い頃に性的暴行をしたことに対し、傷つけて申し訳ないと謝り始めた。私はエスターの姉のほうを向き、何が起きているのか聞いた。驚いたことに、一年前に他界した兄は、エスターが幼い頃に性的暴行を繰り返していたのだと彼女は説明した。

エスターは再び体を起こし、死んだ兄と対話を続けながら子どものように泣きじゃくる霊媒師を慰めていた。兄は、自分はとても苦しんでいると言い、妹を傷つけたことについて謝っていた。その対話は二十分近く続いた。

対話の最後にエスターが兄に、「あなたを赦すわ。平和になって。愛しているわ」と言ったその瞬間、時計仕掛けの人形のように二人の霊媒師は憑依から抜け出し、何もなかったかのように普通に姿勢を正して座り直した。今起きたことに関して、何も覚えていないようだ。一人の霊媒師がエスターの幼少期の少女のスピリットになり、もう一人の霊媒師が死んでからずっとエスターの周りに漂い、赦しをもらえる機会を求めていた死んだ兄のスピリットになったのだ。

こんなことはブラジルでしか起きない。

日記より

「人は孤島のごとくには生きられない」という諺は、確かに正しい。私たちは、大きな世界の一部であり、皆、繋がっているのです。

光輝くエネルギー・フィールドの電磁波は、体の外に向かって光速で拡張していることを私たちは知っています。一人のエネルギー・フィールドは、他のすべての人のエネルギー・フィールドと重なり合っているのです。

小石を池の中に投げ入れると、水輪が広がっていく様子を想像してみてください。そこに、もう一つ小石を投げ入れる様子を想像してみてください。二つの小石によって生じた水輪は重なり合い交差しますが、その水輪と同じように干渉し合うパターンが、空間の中で私たちのエネルギー・フィールドにも生じています。私たちは常に人々と、エネルギー・レベルで交流し合っているのです。

結晶化したエネルギーの摘出

「イルミネーション・プロセス」では、光輝くエネルギー・フィールド内にあるエネルギーのほとんどを燃やすことができますが、中には結晶化してしまう有毒なエネルギーがあり、それは物質化に近い状態になっているため、「イルミネーション・プロセス」では代謝が不可能です。それは石化した木のごとく、燃えることができません。このような結晶化したエネルギーは短剣、矢、槍、刀などのような形状で身体の中に埋め込まれています。

アマゾンのシャーマンは、この結晶化されたエネルギーは黒魔術あるいは呪術の結果であると信じています。私は、これは他人から向けられた怒り、妬み、憎しみが原因である場合もあると気づきました。それはさらに前世の死に方、受けた傷、殺された記憶の残像である場合もあります。

　当然ながら、自分に喜びを与えてくれたり、傷つける行為をしてくる可能性が最も高いのは、自分に近い存在――家族、友人、同僚です。このような人たちは私たちの最もプライベートな部分を知ることができるため、彼らからの怒りや嫉妬、裏切り行為に対して、私たちは弱い立場となります。まだ怒っている前妻や前夫からの負の思考は、私たちの光体（ライトボディ）の中に短剣が刺さっているように現れます。

　最初に、このようなエネルギーが入ってくる時は、私たちの光輝くエネルギー・フィールド内をただ通過していきます。免疫組織が外来菌を排除するのと同様に、私たちの体の組織は、そのエネルギーを外来のものであると認識し、一般的にはそれを根絶させます。しかし、その負の行為が長期にわたると、光体（ライトボディ）の防御システムも排除しきれなくなります。我々に向けられた負のエネルギーは結晶化し、それは身体に埋め込まれてしまうのです。これは数週間、あるいは数カ月で結晶化します。

　このようなエネルギーは、本来私たちのものではありません。物質化しそうなエネルギーは、手動で取り除く必要があります。

　この「摘出（エクストラクション）プロセス」を行う前に、必ず「イルミネーション・プロセス」を行い、光輝くエネルギー・フィールドを浄化します。

ジャングルのシャーマンのもとで修行していた際に、一度アマゾンの上流で施された「摘出（エクストラクション）プロセス」を見る機会がありました。

女性シャーマンのその夜の患者は、近くの町から来た影響力のある男性でお店を営んでいる人でした。彼は、このシャーマンに会うために、三日間、熱帯雨林の中を歩いてきたのです。

彼はこの数カ月間、気力を失い、胃腸の調子が悪く食欲がない、と言いました。そのうえ、家族との関係が崩壊し、妻は彼と別れて家を出ると脅していたのです。

シャーマンは、この店主に横になるように言いました。彼女は、四つの方角に挨拶をしてから、アマゾンの上流でヴィジョンを見る時に使われる植物フアマン・サイヤーから作られたたばこの葉をメディスン・パイプに詰めました。マッチを点けパイプに火をかざし、深く吸い込み、母なる大地に祈りを捧げ、その後、父なる天にも祈りを捧げました。彼女は、それから手足を伸ばしている男性の体に煙を吹きかけ、その青みがかった煙の中で彼の光体（ライトボディ）をスキャンします。彼女は、時々彼の体の周りを手で撫でるような仕草をしました。終わると、彼に体を起こすように言いました。

メディスン・ウーマンによると彼の症状は、「ダノー」と呼ばれる、妬みからくる黒魔術でした。

メディスン・ウーマンは次に、彼の頭をそっと揺らしながら、優しく歌い、光輝くエネルギー・フィールドをコンゴウインコの羽を使って浄化していきました。彼は、その間ずっとお腹の痛みを訴えていました。シャーマンはこともなげに、「槍が彼の脇腹に刺さっている」と言いました。そして、彼が助けてあげた男性が彼を裏切った、と。その男は、この店主の親切な人柄に乗じて、彼が仕事で留守にしている間、奥さんと浮気をしていたのです。

シャーマンはそう言うと、彼のお腹にある見えない心棒の周りに手を当て、引くような動作をし始めました。彼女は片手を腹に当て、もう片方の手で見えない槍を少しずつ捻ったり回したりしながら優しく抜き出しました。この時点でその男性は唸り声をあげ、腹の中からトゲを抜かれているような感じだ、と訴えています。店主は、施術が終わると草の敷物の上に倒れ、疲れ果てた様子でぐったりとしていました。

引き続きシャーマンは、彼にこう助言しました。「人に親切で尽くすのは大事だが、同時にバカではダメだ」と。彼女が彼の腹から抜き取った槍は、そのもう一人の男性の、彼の成功に対する嫉妬心が原因だったのです。

私はメディスン・ウーマンに、摘出作業をする前になぜエネルギーの浄化を行なったのかと聞くと、彼女は、槍を軸から抜き出す前に、その周りに溜まっていた重いエネルギーを燃やす必要があったと説明しました。このエネルギーは心棒のように固まってはいませんでしたが、地面に刺さった杭の周りに積もった泥のように、その場所にしっかりと詰まっていたのです。

彼女は、アマゾンでは一般的な、口で吸い出す方法を使うこともできました。しかし誤ってその槍を飲み込んでしまい自分が病気になってしまうことがあるため、これは危険な手法です。イルミネーションと摘出という、二つのステップを踏んだほうがずっと安全です。

私は最初、患者に刺さっている物体が短剣、槍、矢に見えるのは、アマゾンで彼らが使っている日常品であるからだと思っていました。母国に戻れば、クライアントの光輝くエネルギー・フィールドに埋め込まれているものは、もう少し現代的な拳銃とか弾丸などになるであろうと想像していました。しかし驚いたことに、帰ってからも、ジャングルのヒーラーたちが表現した物と同じシンボルが見えたのです。

最初はこれを理解するのに苦しみましたが、脳の大脳辺縁系が進化したのは何千年も前のことであり、当時我々の先祖は狩りをし、短剣や槍を投げていた時代だったことを考慮しました。この古代脳の構造の中でのイメージのレパートリーは、その当時と変わらないのです。

大脳辺縁系の部分の脳は、象徴的な表現を文字通りに受け止めます。裏切られた時に象徴的な表現として「後ろから刺された」と言いますが、このような裏切り行為とそれに伴う強い感情は、光輝くエネルギー・フィールドの中でエネルギーが停滞し、塊のようになります。裏切られた本人が、受けた行為から回復するまでに時間がかかればかかる程、その重いエネルギーはより結晶化していきます。やがて、それは槍が背中に刺さっている形状になり、我々の大脳辺縁系の脳はそう知覚します。

私たちが失恋で心を傷つけられた時には、そのエネルギーは金属の帯でハートを締め付けているように見えたり、鋼鉄の塊で覆われ、感情が閉じ込められているように見えたりします。同様に、幼少期に性的暴行を受けたクライアントの場合には、セクシュアリティや自分への自信に関連する下腹部に位置するチャクラを突き抜けるように、矢や棒が刺さって見える場合が多いです。

一度、クライアントの首の周りにエネルギーの縄を発見しました。彼女は夫から暴力を受けており、その縄が彼女の喉を締め付けていたのです。

この手法を行う際には、頭を柔軟にすることが大事です。私は、クライアントの体内に細長い物を知覚した時、すぐに槍だ！と判断しないようにしています。その代わりに、温かい、管のよう、細長い、硬い……などと、感覚を自分で言いながらメモします。摘出した後で、それが実際に鋭い刃があり持ち手があった場合のみ、それを短剣だったと判断します。名付けるのは理性的な行為であり、体験することから我々を阻害するため、生徒たちには、名称を付けないように心がけることを勧めています。

さらに生徒には、「イルミネーション・プロセス」をマスターするまでは、結晶化されたエネルギーの摘出を行わないように注意しています。『ヒーリング・ザ・ライトボディ・スクール』では、生徒は結晶化したエネルギーを正確に確認できるように、キネシオロジーの技術を修練します。最初の頃は、刻印の周りに漂う重いエネルギーと、埋め込まれているエネルギーの塊を取り違えることがよくあります。

過去生から引き継いで結晶化したエネルギー

メディスン・ピープルから習う過程で、身体の中で硬く結晶化してしまったエネルギーは、過去世から引き継いでいる場合がけっこうあることを学びました。あまりにも長い年月、体の中に埋め込まれていたため、体の細胞組織の中に入ってしまっているのです。

摘出作業のセッション中、クライアントは今とは異なる時代の風景を、突如説明し始めます。それは戦場で放置されている様子や死んでいる姿、あるいは家が燃え上がり、親戚が殺されている様子だったりします。

シカゴで成功している弁護士のパトリシアが、私に会いにきました。彼女は五十歳になるところでしたが、男性との出会いがあっても数カ月以上続いたことが一度もないとのこと。彼女は性依存症を患い、心理療法にしばらく通っていました。

彼女が私のところに初めて訪ねてきた時、彼女は「私は男性をティッシュペーパーのように使い捨ててしまうのです」と言いました。性行為が終わると、もうその男性に興味がなくなってしまうのだそうです。一晩一緒に寝るのも嫌で、性行為が終わると男性を家に帰すといいます。この一年だけでも、十二人以上の男性と関係を持ったけれど、欠点を見つけては捨ててきたのです。

彼女が一向に進歩しないため、パトリシアのセラピストが私のクリニックを彼女に紹介しました。

私は、結晶化したエネルギーがあるかもしれないと思いながら、「イルミネーション・プロセス」を彼女に行いました。私が彼女の光輝くエネルギー・フィールドをスキャンすると、数本の細い棒らしき物体が心臓から突き出ているのを知覚しました。それらはハリネズミのような感じで、もっとよく観察すると心臓が針山のようになっていました。

私は彼女の頭の後部にあるリリース・ポイントに戻り、優しく手を当てました。リリース・ポイントが刺激されると、チャクラの中の物語や役者たちがすべて躍り出て、全体の映像を見せてくれました。

私が手を彼女の胸の上に移動させると、またたくさんの冷たい金属的なトゲが心臓から出ているのを感じました。私が結晶化したエネルギーに触れると、その記憶が活性化されました。

一本のトゲを掴むと、パトリシアは「熱帯雨林に暮らす十代後半くらいの青年が見える」と言いました。彼は、魚を釣ったり果物を採って暮らす先住民の平和な部族の一人でした。彼女は、男性が数名集まり、その家族が平地に住まいを設置しているのが見える、と言いました。そしてすべての小屋が燃え、人々も焼かれている匂いを彼女は感じています。

次にパトリシアは、青年の視点でその光景を見ていました。青年の視点でよく見ると、その男の群れが彼の妹に暴行しているのが見えました。青年は、自分の弓で矢を放ちます。矢は、一人の男の喉に突き刺さりました。すぐに他の男どもが彼のあとを追いかけ、彼は捕まってしまいます。

まるでパトリシアの目の前に映像が流れているように、彼女はその光景を鮮明に描写しました。彼女は、その青年が自分の家族を殺した男性群に集団暴行されている光景も目撃しました。最後に彼は、木にロープで縛られ飢え死にしてしまいます。

パトリシアは、その青年の体験に、憤りと嫌悪感を抱いていました。彼女はセックスのために自分を利用した男性全般に対し、同じ怒りを抱いていたのです。私に見えたハリネズミのようなトゲは、誰とも深い関係に陥らないようにするために、彼女が自分で築いた防衛システムだったのです。

私がトゲらしき物を抜き取る作業をしている間、パトリシアは泣きながら、手を握り締め、床を叩いていました。その後私はイルミネーションを行い、これらのエネルギーを引き寄せる由縁を変換する作業をしました。

ヒーリングのセッションを行なっている間のイメージについて、パトリシアと語り合いましたが、彼女はその青年が自分で、この経験から男性全般に対して嫌悪感を持つようになったと感じたそうです。この青年の集団暴行の映像が、彼女の過去世で実際に起きたことなのかどうか、正確に判断するのは難しいです。これが過去世の体験なのか、それとも現世で彼女に起きたことの比喩なのかは、どちらでもよいのです。重要なのは、この物語が彼女の中に生きていて、彼女の人生に情報を与えていたということです。

パトリシアが見た映像の心理的解釈は、幾通りもあります。しかし多くの解釈よりも、パトリシアが受けたヒーリング・セッションから実際に得た有益な変化のほうが大事です。

それからしばらくして、彼女は一人の男性とずっと付き合うようになり、乱れた性生活には終止符を打ちました。数カ月後に私は彼女のセラピストから連絡をもらい、パトリシアは男性との交際に関する複雑な要素を理解できるようになり、進歩を見せているという報告を受けました。

「摘出（エクストラクション）プロセス」のパワーに関して、私が最も好きな事例は、私自身の体験です。それは、九歳の息子と海岸で遊んでいた時のことです。息子をちょうど肩車している時に大きな波が押し寄せてきて、二人一緒に倒れ、息子が私の腕の上に落ちてきました。私は右肩の回旋腱板を痛めてしまったのですが、その痛みのせいで、腕を頭よりも上に上げられなくなってしまったのです。

六カ月のリハビリを行なっても一向に効果が出ず、医者は私に手術を勧めてきました。『ヒーリング・ザ・ライトボディ・スクール』のプログラムの中で私が「摘出（エクストラクション）プロセス」を教えていた時に、ふと閃き、この手法で私の肩を治すことができるかもしれないと思いました。

私は学校の上級クラスの指導者であるリチャード・ジョーンズ博士に頼み、肩に結晶化しているエネルギーがあるかどうかをスキャンしてもらいました。彼が光輝くエネルギー・フィールドをスキャンすると、脇の下に何かが刺さっているように感じると私に伝えてきました。彼は、「金属製の物体が皮膚から十センチ程外に突き出ている」と描写しました。

彼の光輝くエネルギー・フィールドで私を包んだ後、彼は私に「イルミネーション・プロセス」を施しました。イルミネーションの途中で、彼は私に体を起こすよう指示し、その金属製の物体を摘出する施術に進みました。彼がその物体を捻る(ひね)と、私の指先まで痛みが走り、首の片側にも広がりました。それはまるで、私の肩甲骨の中でナイフの刃が捻られているような感覚でした。私は肩の中を走る痛みを追っていきました。リチャードが埋め込まれていた物体を完全に摘出するまで、五分近くかかり、それは持ち手の付いた三角の短剣のような形をしていたのです。

それから私の回旋腱板は、ひと月ほどで治り、腕を最大範囲回せるまでに回復しました。施術を受けている間、私には、そのエネルギーの原因となった事象のイメージや手がかりはまったく湧いてきませんでした。リチャードは、私が何かを失い苦しんだことに関連する、古い過去の傷跡ではないかと推測しましたが、それ以上の詳細はわかりませんでした。

私自身は、これは数年前にドン・エドワルドに私が施した、吸い込む摘出法で残存したエネルギーだ、と確信していました。リチャードは、あとから理解が湧いてくるかもしれないから心をオープンにしておくように、と励ましてくれました。

私は自分の人生において「喪失」というテーマがあることに気づきましたが、抱えている現世や過去のトラウマとはまったく関連づけることができませんでした。

「摘出（エクストラクション）プロセス」の間、クライアントは、通常イメージが湧いてきたり、思い出すことはありませんが、数日あるいは数週間経ってから、夢や幻想として現れることがあります。私は喪失について、じっくりと考え続けました。リチャードは臨床心理士ですが、私の中でその体験への理解を深める作業について急がせるようなことはしませんでしたし、私に起きたヒーリングと過去世のトラウマとを関連づけようともしませんでした。

しばらくしてから、夢の中である物語が出てきました。私は暗い森の中を馬に乗って走っています。行けば行くほど、森は暗くなっていきます。道がどんどん狭くなっていくのが感じられ、木の枝が多すぎて、これ以上前に進むのは無理な所まで来てしまいました。馬と引き返すことも、これ以上、森の奥に進むこともできません。

すると、青いドレスを着た女性が突如現れました。彼女は馬の手綱を持ち、私に「家まで歩いて帰らなければいけない」と言いました。私は馬から降りようとしますが、右腕がだらんと垂れていて、力が入らないことに気づきました。彼女は私が馬を降りるのを助け、私は彼女の肩を借り、森を抜けるまで助けてもらいました。

目が覚めた時、その夢が私に自分の中で欠けていた女性性の要素を人生の中でもっと取り込むように、と伝えてきたことに気づきました。自分が安全に家に帰るためには、右腕、つまり男性性に頼っていてはいけないという意味です。

私がこの夢をリチャードに伝えると、彼は「その解釈は正しいように思える」と言い、彼自身の分析を私に押し付けることはしませんでした。私たちの行うセッションでは、クライアントが自分で自分のヒーリングに繋がる物語を見つけていきます。

硬くなったエネルギーの摘出

次に紹介する技法は、身体の中で結晶化してしまったエネルギーを摘出するために使われる方法です。「摘出（エクストラクション）プロセス」では、幾つかの段階を踏みます。その段階にはクライアントの光輝くエネルギー・フィールドをスキャンし、結晶化したエネルギーを確認し、摘出する作業が含まれます。摘出する作業は、必ず「イルミネーション・プロセス」の途中で行います。結晶化したエネルギーは、光輝くエネルギー・フィールド内の一番外側の層でなければ、見つけるのは難しい場合があります。「イルミネーション・プロセス」を施している間にチャクラのエネルギー的な地図（ランドスケープ）が現れ、光輝くエネルギー・フィールド内のすべての層で容易に結晶化されたエネルギーを見つけ出すことができます。

さらに「イルミネーション・プロセス」は、結晶化したモノの周りに集まり、体の中に固定しているエネルギーを燃やしてくれます。「イルミネーション・プロセス」は、皮膚に刺さったガラスの破片を取り出す前に汚れをキレイに洗い流すのと同様な作業です。

元々、負のエネルギーが私たちに惹かれるのは、私たちの中に類似性を見つけるからです。私たちの脳にはレセプター（訳注：受容体部位）があり、ある種の化学物質に反応するのと同様に、負のエネルギーに対しても私たちはレセプターを持っています。私たちはある種の人たちを自分に引き寄せるのと同様に、ある種のエネルギーを引き寄せているのです。

すべてのエネルギー形体には、周波数と振動数があります。私たちの光輝くエネルギー・フィールドの中に怒りの振動が存在していなければ、怒りが入り込んでくることはありませんし、自分の中に自己嫌悪がなければ、嫌悪が影響を及ぼすことはないのです。

たとえば、離婚問題、家族不和、大きな失望などのような負のエネルギーが、今あなたに向けられているとすると、因縁を作り出します。ですから最終的には、クライアントに影響を与えている結晶化されたエネルギーを摘出するだけでは充分ではありません。クライアントから怒りや自己嫌悪を癒し、因縁を変え、クライアントが同等のエネルギーを再度引き寄せないようにする必要があります。「イルミネーション・プロセス」によって、クライアントの保つ因縁を作っているエネルギーを浄化し、チャクラの回転の周波数を上げることで、クライアントを癒すことができます。さらに、チャクラの振動数が上昇すると、澄んでいて純粋で有益なエネルギーを惹きつけるようになります。

「イルミネーション・プロセス」を行い、チャクラを閉じる前に、ヒーラーは「摘出（エクストラクション）プロセス」を施します。このプロセスには、五つのステップがあり、二十分程度かかります。

【摘出（エクストラクション）プロセスのステップ】

1. 光輝くエネルギー・フィールドをスキャンする
2. 重いエネルギーを徐々にほぐし浄化する
3. リリース・ポイントを押す
4. 結晶化したものを摘出する
5. チャクラにイルミネーションを行う

◆1. 光輝くエネルギー・フィールドをスキャンする

クライアントの身体の数センチ外側で手を動かしながら、エネルギー・フィールドを感知していきます。ゆっくりと、温かい箇所・冷たい箇所を見つけていきます。結晶化されたエネルギーの有無を探し出す時、振動数を温度で感知するとわかりやすいです。形らしきものを感じたら、その周りに手を当て印象を感じ取ってみます。金属、木製、それとも石っぽい？　物体が何か決めつけないようにしましょう。感覚だけを大事にしていきます。

◆2. 重いエネルギーを徐々にほぐし浄化する

物体らしきものの周りにある重いエネルギーを徐々にほぐすように指先で集め、大地に向けて払っていきます。こうすることで、埋まっている物体が緩んできます。

◆3. リリース・ポイントを押す

頭蓋骨の後ろのリリース・ポイントを押し、チャクラに残っている有毒なエネルギーを解放します。結晶化されたエネルギーと一番滞っているチャクラには、直接的な関係がない場合があります。また結晶化されたエネルギーが足先にあり、ハートチャクラとの関連性を見つける可能性もあります。

◆4. 結晶化したものを摘出する

その物体をゆっくりと左右に揺さぶりながら取り出していきます。ヒーラーは、行なっている作業について、クライアントに「早すぎますか？　遅すぎますか？　痛いですか？」などと聞きながら様子を伺い、「イメージが浮かんできたら教えてください」と伝えるのもよいでしょう。

◆5．チャクラにイルミネーションを行う

チャクラに純粋な光を浴びさせる「イルミネーション」を行い、振動数を上げ、性質に変化を与えます。最後にチャクラを閉じ、クライアントと語り合います。

「摘出（エクストラクション）プロセス」では、手で感じていくことが大事です。私は主に超視覚を使って結晶化したエネルギーを見ますが、それでもクライアントの光輝くエネルギー・フィールドを手で感知していくことも同時に行います。

知覚力がとても鋭くなり、光体（ライトボディ）のエネルギーの流れの満ち引きを感じることができると想像してみてください。感覚器官の中で皮膚が最も大きいものであることを忘れてはいけません。

私の生徒たちは、技術を発達させることで触覚力も鋭くなってきます。生徒たちには、自分で知覚する普通ではない感覚を信じるように、と教えています。多くの生徒は、エネルギーは見えないけれど、とても精錬された触覚力を発達させています。触覚というのは嘘がありません。感覚というのは、私たちにとって、とても個人的で密接かつ内的なものです。

この手法を使うことで、結晶化したエネルギーを正確にトラッキングすることができます。

勝手に侵入するエネルギーや霊体

結晶化されたエネルギーは、体の中に埋め込まれています。それに対して、勝手に侵入したエネルギーは中枢神経組織の中に侵入します。勝手に侵入するエネルギーや霊体は、体内を動き回ることができるので、結晶化されたエネルギーと同じ手法を使うことができません。水を掴もうとしても掴めないのと同様に、流動的なものは掴み取ることができないのです。

多くの心理的あるいは身体的な問題は、この侵入してくるエネルギーや霊体が原因だったり、症状を悪化させていることがあるのです。これによって生じる主な症状としては、不安症、鬱病、依存症、気分のムラなどがあります。

勝手に侵入した霊体が存在するサインの一つとしては、診断を特定できないようなコロコロ変わる心理状態を見せる時です。このような霊体の憑依を取り除いてあげることで、クライアントの態度が変わり、瞬時にヒーリングが起きることはよくあります。

憑依してくる霊体というのは、この世とあの世の間に挟まってしまい、転生できない状態です。それは時には、私たちの過去世の時の自分である場合があります。無意識の中から目覚め、もう一度生きてみたいと思い、中枢神経組織へのアクセスを勝ち取ろうと、現在の自分と争うのです。

勝手に侵入した霊体は、一つのチャクラに付着し、そこから中枢神経に侵入し、その肉体の持ち主に寄生する関係になります。彼らは「スピリット」の世界の吸血鬼的な「ならず者」の存在です。

勝手に侵入するエネルギーは、流動性を持っています。光輝くエネルギー・フィールドの中を、まるで暗闇の中のさざ波のように動き回ります。そして、チャクラからチャクラへと、神経組織の間を移動していきます。

勝手に侵入する霊体は、一つのチャクラに留まり、そのエネルギーを吸って生きています。侵入したエネルギーは、時としてとてもパワフルなため、性格を持っているように感じられ、それを霊体であると思い込んでしまうことがあります。また反対に霊体であっても、とても弱い霊体である場合、エネルギーであると思い込んでしまいがちです。

霊的感受性のある人が精神的にバランスを崩した時、この寄生虫のような侵入した霊体が取り憑く標的にされてしまいます。このように肉体を持たず、さまよう霊体は飛んで火にいる夏の虫のごとく、霊感はあるけれども無防備な人のもとへ飛び込んでいくのです。このような場合、心理療法でいくら話しても解決できません。このようなエネルギーを摘出することで、ヒーリングをもっと早く進展させることができます。

とても基本的で原始的なものでも、すべてのエネルギーは意識を持っています。そのため、勝手に侵入してくるエネルギーでも、人格のようなものを感じます。ヒーラーがそのエネルギーに周波数を合わせると、そのクライアントに向けられた怒り、憎しみ、嫉妬などの想念を感じ取ることができます。

摘出するために使った水晶を最後に浄化する際に、水晶を炎で炙るのですが、私の体験では、そのエネルギーが水晶の中から解放された瞬間に初めて、エネルギーだったのか霊体だったのかがわかるということも度々ありました。

一度水晶によって摘出された、勝手に侵入したエネルギーは、人の光輝くエネルギー・フィールド内にいることはできなくなり、自然界の中で溶解されます。それは木や石や大地と同化し、そこで枯渇していきます。

侵入した霊体は、光輝く存在たちによって誘導され「スピリット」の世界に還っていきます。光輝く存在たちは、混乱しさまよえる魂が意識を取り戻すことを手伝い、光へと還します。

信じたくないかもしれませんが、勝手に侵入する霊体の憑依は結構よくあります。侵入する霊体のタイプには、二種類あります。

一つは、過去世の自分（潜在意識の中から目覚めた過去世の自分）。もう一つは、私たちの光輝くエネルギー・フィールド内に侵入してきた迷える魂です。

侵入する霊体は、死んだ親戚や友人で、私たちに助けを求めてくることがあります。突然の事故で亡くなった場合や、病院で麻酔薬を投与された状態で亡くなると、この世とあの世の境に挟まり、行き場を失ってしまいます。それにより、悪夢から目が覚めないような状態に陥ってしまいます。本人は自分が死んでいることに気づかず、助けを求めてくるのです。

傷ついたり苦しんでいる人を見たら、家で介抱してあげるのと同様に、このような迷える魂のことも、安全な光体（ライトボディ）の中に知らずに招き入れてしまうことがあります。するとその霊体のエネルギーと自分のエネルギーが混じり合い、光輝くエネルギー・フィールド内に惨事を起こしてしまうのです。

死んでいるその霊体は悪気があって侵入してきたわけではなくても、違う人の体に侵入したことで侵入されたほうの体には問題が生じます。時には、その霊体が死ぬ前に起こしていた身体的あるいは感情的な症状を発症することもあります。勝手に侵入した霊体を摘出した後、多くの場合、クライアントから身体的あるいは精神的な症状が消えます。

私のところに来たクライアントのうち四人に一人は、勝手に侵入したエネルギーあるいは霊体の存在を確認しています。時には、意図的にクライアントを傷つけたいと思っている霊体の存在である場合もあります。それはクライアントが過去（過去世を含め）に関わっていた良くない関係が元になっています。

侵入した霊体は、一つのチャクラに留まり、そのチャクラと中枢神経組織のエネルギーを吸い上げるので、そこには栄養となるエネルギーがなくなってしまいます。憑依した霊体は、一つのチャクラを通して自分を脊髄に付着させることで、その体の持ち主の思考や感情を体験できます。

肉体は消化できないものを尿道や腸から、また汗や呼吸として排泄できますが、光輝くエネルギー・フィールドは、このような外から侵入してきたエネルギーを排泄することができません。中枢神経に勝手に侵入したエネルギーは、水晶を使って摘出しなければならないのです。

摘出するための水晶

自然界の中で、水晶が最も安定した構造を保っています。水晶は変換器であり、ある種のエネルギーを他の種のエネルギーに変換させることが容易にできます。このため、コンピューターの電子チップとしても使われています。

透明なクオーツは、勝手に侵入するエネルギーや霊体を摘出するのに最適な道具です。クオーツは、非常に安定した性質であるため、エネルギーは自然と引き寄せられます。八～十センチの大きさの、一切傷のない透明なダブル・ターミネイテッド・クリスタル（訳注：両側が均等に尖っているように細工された水晶。著者が教える学校では六面体から十三面体のものを推薦している）は、ヒーラーのメディスン・バッグの中に入っている道具の中で、最も洗練されたものです。この水晶は、特別にカットされた、完璧に近い透明度を持ったクオーツであり高価なものです。私は生徒たちに、自分が買える最上級のものを買うように勧めています。

摘出を行う際の水晶は、中に傷や線があってはなりません。傷や線が入っていると、そこからエネルギーが漏れてヒーラーを汚染することがあるからです。水晶の中に不純物や曇り、交差する線などがあると、その中に霊体を摘出した際に、霊体はひどい痛みを感じることになります。この霊体はあなたの親戚か、前世の自分の場合もあるわけです。これ以上クライアントを苦しませたくありませんが、勝手に侵入してきたエネルギーや霊体も、これ以上苦しむ必要はありません。どんなエネルギーや霊体だとしても、その存在を癒すのがヒーラーの仕事です。水晶は、侵入したエネルギーや霊体の一時的な家となるわけですから、居心地の良い場所を提供しなければ摘出されるのを拒みます。

侵入してきたエネルギーや霊体を摘出した後、結晶化されたエネルギーを排除した時と同様に、また同じような存在を引き寄せないため、クライアントの持つ良からぬ因縁となっている性質を変換させます。これは「イルミネーション・プロセス」を行うことで変換できます。

「摘出（エクストラクション）プロセス」の場合、ヒーラーは抽出するだけでなく、それを癒してあげる必要があります。迷える魂を閉じ込められた悪夢の中から目覚めさせ、愛と光の「スピリット」の世界へと送り返してあげるのです。

ブラジルにある「スピリティスト・メディカル・アソシエーション」の医師は、この病院の患者の半分は、病気の原因が迷える霊体や負のエネルギーによるものであることを発見しました。

私の父方の祖母が亡くなってから半年後に、私は研究のための助成金を得て、医師たちが毎週金曜の夜、サン・パウロに集まって行なっているヒーリング・セッションに参加しました。三十代前半の褐色の肌をした魅力的な女性であるミディアム（霊媒師）の周りに、医師たちが輪になって座っています。彼女は最近亡くなった患者さんたちを降霊し、意識を少しの時間取り戻させ、ヒーリングを施していました。

幼少期の私は、母親よりも祖母と過ごす時間のほうが多かったので、祖母とはとても親しくしていました。祖母が亡くなってからの数カ月、私は鬱状態に陥っていて、このような療法を祖母も受けられたらどんなに良いだろうと思いながら見ていました。

死んだ霊たちのヒーリング・セッションを二時間ほど行い、祈りを捧げ、サークルを閉じようとしていた時、ミディアムが突然、またトランス状態に陥りました。すると彼女は、母国語であるポルトガル語ではなくスペイン語を話し始めました。全体を仕切っていたヒーラーは、このままセッションを進めることにしました。これ以上、この霊が苦しまないようにしたかったのです。

「私はどこにいるの？　神よ、どうぞ私を助けてください」

彼女はか細い震える声で言いました。

ミディアムに憑依してきたのは、年老いた女性で、痛みを持っていて精神的にも不安定な人のようでした。彼女は、人工呼吸器のチューブから酸素を送られていたため、唇が乾燥しひび割れている、と言いました。そして、「もう死なせてほしい」と言うのです。

サークルに座っていた医師の一人が、「あなたはすでに死んでいるのですよ」と説明しました。今、ミディアムの体を一時的に借りているので、その人の身体を感じてみるように、とその老女に説明しました。手がドレスの下のほうへ動いていきます。ヒーラーが「その手はあなたのものですか？　その胸はどう？」と聞くと、「私のものではない……もっと若いわ」という返事がありました。

この霊は、自分が死んでいることに気づいていませんでした。まだ病室で呼吸器や栄養剤の入った管に繋がっていると思っています。彼女は、生きている喜びでもなく、死んだ安らかさもない場所から解放されるために、ここに連れてこられたのです。

彼女の言葉に耳を傾けていると、本当に苦しんでいる様子が伺えます。

その瞬間、ミディアムが私のほうを向いて囁きました。

「私の可愛いアルバー、あなたなの？　私を助けて、お願い、助けて」

それはまるで夢の中にいるような囁きでした。私をアルバーと呼ぶのは祖母だけでした。そこでヒーラーは、彼女に「あなたを助けてくれようとしている他のスピリットたちが周りにいるから見渡してみて」と言いました。すると彼女は、彼女の母親、父親、そして私の祖父である夫に向かって呼びかけています。私は言葉を失いました。

医師の一人が彼女に、「もうこの悪夢から抜け出して、光の中へ、愛する家族が迎えてくれる『スピリット』の世界へ旅立つ時が来た」ことを伝えました。魂は歳を取らないので、「スピリット」の世界では、自分の好きな年齢のままでいられるのです。その霊は「痛みや不快感が薄らいできて、どんどん若返り、強くなってきた」と言いました。

彼女は去る前にこう言いました。

「ここに連れてきてくれてありがとう」

次に私のほうを見て、「アルバー、私はいつもあなたのそばにいるわよ」と言いました。

そこにいた人は、誰も私の祖母マリア・ルイサのことは知りませんでしたし、彼女が死んだことを知るよしもありません。その日彼女が本当にそこに現れ、次の世界へと移行するステップを助けてもらえたと信じたいです。その一週間後には、私の鬱も治りました。

あとで一人のヒーラーが、祖母は混乱していたので、一番自分が親近感を持っていた私に取り憑き、救いを求めていたのだと説明してくれました。私がスピリチュアル的に心を開いていたことで、彼女は私のもとで気楽に慰安することができたのだと思います。私は祖母の苦しみを感じ、それにより人生への関心を失い、鬱状態として現れていたのでした。

勝手に侵入する霊体が邪悪な霊であることは稀です。その霊体は、大概が迷える魂で、ヒーリングを求めるがゆえに、やむを得ず取り憑いてくるのです。

しかし例外もあります。たまに不快、あるいは「悪どい奴」とでも言いましょうか、そのような霊体に遭遇することがあります。これについては後ほど説明します。

私の祖母のような事例では、親戚が助けを求めてきます。私の経験則では、あなたに助けを求めてくる人の数に比例して、向こうの世界からの救いの手となる光輝く存在たちの数も増えます。このような霊体のほとんどは、私たちとの類似性がない、あるいは感情的な繋がりがないため、私たちの光輝くエネルギー・フィールド内に染み込んでくることはありません。

しかし、万が一、浸透してきてしまったら大変です。私たちは、ブラジルやアマゾン、チベットなどの伝統にあるようなスピリチュアルな技術を持ち併せていないからです。

あるシャーマンが、以前私に「西洋人は死人を埋葬していないと思う」と言いました。なぜそんなバカげたことを言うのかと聞くと、彼は、「西洋人の背後には何人もの〝死にきれていない〟存在がいるからだ」と答えました。「彼らは君たちの先祖であり、きちんと供養されて死んでいない」というのです。

これは私たちが先祖のことを大切に思っていなかったという意味ではなく、単に死んだ後、魂がどうなるかという知識を持っていないからなのです。これについては、次の章で詳しく解説します。

皮肉なことに、先祖に敬意を払い、きちんと供養しないと、先祖は私たちの中で生き続けようとするのです。先祖の多くは、いろいろな問題について未解決のままこの世を去っているからです。

勝手に侵入するエネルギーや霊体の摘出

「イルミネーション・プロセス」や他のエネルギー・ワークでは、一人のクライアントに対して一人のヒーラーが施術します。

「摘出（エクストラクション）プロセス」の場合は、二人のトラッカー（訳注：エネルギーの流れを追跡する人）が側にいることが望ましいです。しかし、二人の助手を付けているヒーラーというのは、実際なかなかいません。ですから、一人ですべてのことを同時に行う方法を習得しなければいけません。エネルギーを動かしながら、トラッキングを行い、摘出することを同時に行います。練習することで、ヒーラーはこの技術を習得することができます。

クライアントは「イルミネーション・プロセス」を一度受けている必要があります。この過程は、約三十分かかり、七つの段階を踏んで行います。

【勝手に侵入するエネルギーや霊体の摘出のステップ】

1. 勝手に侵入したエネルギーや霊体の有無をテストする
2. エネルギーを流し、そのエネルギーまたは体が居座っている場所から動かす
3. クライアントの体内でエネルギーまたは霊体がどこに居るかをトラッキングする
4. エネルギーまたは霊体を摘出する
5. クライアントと語り合う
6. 「イルミネーション」を行い、その原因となった類似性を変換し、ヒーリング・セッションを完成させる
7. 水晶を浄化し、エネルギーまたは霊体を自然界へ還す

◆1. 勝手に侵入したエネルギーや霊体の有無をテストする

第7章で紹介した筋肉テストを行い（264ページ参照）、侵入したエネルギーや霊体の有無を確認します。クライアントに立った状態で手を合わせてもらい、床と平行に腕を上げてもらいます。私はこの時、クライアントに抵抗するようにと言い、その人の手首を右手で押します。この反応の強弱によって、クライアン

トの光輝くエネルギー・フィールドの状態を確認します。

◆2. エネルギーをクライアントの体に流す

クライアントの背後に立ち、利き手でクライアントの尾骨に手を当てます。もう一つの手は首の一番下に当てます。私は右利きなので、右手を尾骨に、左手を首の一番下に当てます。左利きの人は手が逆になります。

そして、赤く熱いエネルギーがクライアントの背筋を走っているのをイメージしながら、下の手から上の手へエネルギーを走らせます。これをクライアントの背筋と自分の手、そしてクライアントの首筋に、充分なエネルギーの流れを感じるまで数分間行います。

これにより熱い火のようなエネルギーが、脊髄に留まっているエネルギーまたは霊体を、その場所から一時的に外すことができます。

エネルギーの流れを強く感じたら、もう一度クライアントをテストします。もしも力が強いあるいはとても強くなっていれば、エネルギーまたは霊体はいないので摘出は必要ありません。しかし、もし明らかに弱い場合には、摘出が必要になります。

エネルギーまたは霊体が一時的に中枢神経から外れると、光輝くエネルギー・フィールドのバランスが一時的に崩れ、力が入らない状態になります。勝手に侵入したエネルギーまたは霊体がいない場合は、ヒーラーが中枢神経に強いエネルギーを流すことにより、力が強まります。

◆3. エネルギーまたは霊体をトラッキングする

ヒーラーに二人の助手がいる場合は、ヒーラーが摘出を行なっている間に一人がトラッキングを行い、もう一人がエネルギーを流します。エネルギーを流している助手は、テストする時と摘出の時、二回行います。トラッキングする人は、この作業の間、エネルギーまたは霊体の位置を感じながら追っていきます。エネルギーまたは霊体は流動性があるため、チャクラ間を、脊髄をつたって上下に移動することができます。

ヒーラーは、両側が尖った、一切傷のない透明な水晶を手に持ちます。できれば長さ八〜十センチのものが望ましいです。

トラッキング担当の人は、クライアントの背後に立ち、片手をクライアントの肩に置き、もう片手を腰に当てます。エネルギーを流す担当の人は、脊髄にエネルギーを流します。ヒーラーはクライアントの正面に立っています。クライアントの両手はぶらんと下に垂れている状態です。クライアントの手のひらに水晶を置き、ヒーラーがその手を包み込んで持ちます。ヒーラーは、クライアントの腕を上下に揺らしながら、エネルギーまたは霊体に意識を合わせます。この過程はしっかりと時間を使って行いましょう。

この間、ヒーラーは呼吸に意識を向けて心を静め安定した状態を保ちます。クライアントには、何かを感じたりイメージが湧いてきたら、そのつど、報告するように伝えましょう。

◆４．エネルギーまたは霊体の摘出

実際の摘出は、背筋にエネルギーを流してから五分以内に行う必要があります。それ以上時間が空いてしまうと、エネルギーまたは霊体は、またどこかに定着してしまうからです。

エネルギーを流している人から充分に行なったことの合図を待ちます。トラッキングをしている人は、どこにそのエネルギーが在るかを知覚し、脊髄から離れ、身体あるいはどのチャクラに隠れているかを感じながら追っていきます。侵入してきたエネルギーまたは霊体は、摘出されることに気づくと、肉体の中に居座ろうとします。トラッキングする人は、ヒーラーに、エネルギーのいる位置や強さなどのフィードバックを伝えます。

私が「摘出（エクストラクション）プロセス」を行う際のコツは、エネルギーまたは霊体を言いくるめて上手く説得することです。こう言うと、怖いとか混乱する方もいると思いますが、静かな声で、あるいは時には強い声で「安全だから大丈夫、きちんとあなたの面倒をみます。もうこれ以上苦しまずにすむから安心して、こっちへいらっしゃい」と言います。または、「私はあなたを癒してあげるためにここにいるのです。絶対に危害は加えないから安心してください」などと説得します。

エネルギーまたは霊体に対しては、通常、子どもに話しかけるような態度で話します。その存在が苦しんでいるのを理解してあげて、痛みをとってあげたいわけですから。

上手く誘導しておびき寄せると、私の前腕にそのエネルギーが伝わってくるのを感じます。肘より上には行かせないようにします（原注：ヒーラーが一切類似性を持っていなくても、光輝くエネルギー・フィールドに影響を与えることがあるから）。その瞬間に、水晶の中に閉じ込めます。

時々、エネルギーまたは霊体が抵抗してクライアントの身体から出てこない場合があります。時には、クライアントがそのエネルギーまたは霊体を手放したくないと感じている場合もあります。その場合、クライアントが無意識に、その存在が親戚あるいは過去世の自分だとわかっていて離れたくないと思っているのかもしれません。このような場合には、クライアントに二十から逆に数えるように、あるいはアルファベットを後ろから言っていくなど、何でも良いのですが、クライアントの理性的な思考が働かないように指示を出します。

そして、エネルギーまたは霊体を前腕のほうに感じた時点で、「ハァ！」と声を出しながら手を引き、水晶の中にエネルギーまたは霊体を捕らえます。

次に、トラッキングをする人にフィードバックをもらいます。

「摘出は、完了したか？」「もう一度やる必要があるか？」「他にもエネルギーまたは霊体がいるのか？」などを確認します。

最後にもう一度筋肉テストを行い、摘出が成功したかどうかを確認するのも良いでしょう。

看護師であるクレアは、カナダから『ヒーリング・ザ・ライトボディ・スクール』に入学しました。ある日彼女は、「摘出（エクストラクション）プロセス」のデモンストレーションのモデルになりたいと言いました。彼女に何か問題があるようには見えなかったので、私はあまり気が進みませんでした。バランスの取れた人で、結婚して幸せに暮らし、子どもも二人いました。人生のすべてに満足している人だったからです。私は、勝手に侵入しているエネルギーで苦しんでいそうな人にデモを行いたかったのですが、彼女が「どうしても自分にやってほしい」と言うので承諾しました。そこでテストしてみると、驚いたことに「いる」と出たのです。私が摘出を始めると、彼女の身体が揺れ始め、膝がガクガクしてきました。背中にエネルギーを流していた人が彼女を支えないと倒れそうな程で、まるでぐったりとしたボロ人形のようでした。

エネルギーを摘出しようとすると、突然彼女が直立し「ダメだ！　これは罠だ！」と叫びました。その後、二つ折になって止めどなく泣き出したのです。私は前腕に黒っぽい反発力のあるエネルギーを感じたので、その瞬間に大きな声で「ハァ！」と叫んで、水晶の中に入れました。すると、クレアは床に倒れました。すべての過程が終了すると、彼女の顔色はまったく変わりました。彼女はクラスの人たちに自分の父親が四年前に亡くなっており、それ以来父親がずっと自分と一緒にいるような気がしていた、と伝えました。「摘出（エクストラクション）プロセス」の後、彼女は疲れた様子で夜までずっと休み、夜の火の儀式の際に、そのエネルギーを解放しました。クレアには、「最後に何かお別れの言葉があったら父親に伝えるように」と言いました。

私が摘出したエネルギーが、本当に彼女の父親だったかどうかはわかりません。私はクレアの直感を信じ、彼女が正しければ、これは死んだ父親との最終的なお別れの儀式として、とても重要なセッションになったのだろうと思います。

クレアは、水晶を手に持ち、父親の霊体に優しく語りかけました。

「お父さんがいなくなって寂しいわ。お父さんのことを本当によく知ることはできなかったけれど、子どもの頃の思い出にはとても感謝しています」

彼女がそう伝えた後、そのエネルギーまたは霊体を解放しました。焚き火の周りの空間がキラキラと波打ち、暖かい風が夜の冷たさの中に入ってきました。

この二つのサインは、私にとって二つの世界の間の扉が開いたという意味でした。そして、「スピリット」の世界から光輝く存在たちやメディスン・ピープルがやって来たのを感じました。彼らは、苦しんでいる、この迷える魂を助けに来てくれたのです。勝手に侵入したこの霊体は、多いなる愛に包まれて家に連れていかれました。

クレアが完全に回復するには、一週間程かかりました。そして、父親が死んでからずっと忘れていた、人生への喜びを徐々にまた感じられるようになったそうです。

助手なしでヒーラーが一人でこの過程を行う場合には、全部一人でこなさなければなりません。まず背部でエネルギーの流れを作ってから、クライアントの正面に回り、摘出を行います。ここでよく注意して意識を上手く使い、エネルギーのトラッキングと摘出を両方同時に行わなければなりません。そして、キネシオロジーのセンスを使って、エネルギーが自分の腕の中を通る感覚があった瞬間に、水晶の中に入れます。クライアントと対話しながら、同時にクライアントの身体の中を動くエネルギーまたは霊体をトラッキングします。

ヒーラーは、この同時進行の作業の方法を習うことで施術できるようになりますが、練習を積み重ねる必要があり、それはとても大変です。生徒たちには三人一組で練習し、それぞれが一つのパートごとに練習することを勧めています。その後に、すべての技法をまとめて一人で施術できるようにします。

しかし、勝手に侵入したエネルギーまたは霊体が「悪どい奴」でなかなか出ようとしない場合には、あと二人のヒーラーを呼び、一人にエネルギーを流してもらい、もう一人にトラッキングを頼み援助してもらいます。

◆５．クライアントと語り合う

私がエネルギーまたは霊体をトラッキングしていた際に何を感じ取ったか、またエネルギーまたは霊体が私に提供した情報があった場合には、その内容をクライアントに説明します。

通常、私がエネルギーまたは霊体に聞くことは「どこから来たのか？」「この人の中にどのくらいいたのか？」「なぜこの人を選んだのか？」「この人から何を求めているのか？」などです。生徒たちは、「どうやってエネルギーと話をするのか？」「エネルギーに声があるのか？」と質問しますが、シャーマンにとっては自然界のすべて、川、木々、エネルギーにも声があります。

私はクライアントがどのような体験をしたのかも知りたいので、「今どんな気分ですか？」「そのエネルギーまたは霊体に対して、今どのような気持ちを抱いていますか？」「どうしてあなたに取り憑いてきたと思いますか？」「同じことが起きないようにするためには、どうしたら良いと思いますか？」などと質問します。

◆6.「イルミネーション」を行い、ヒーリング・セッションを完成させる

摘出の後には、二度目の「イルミネーション」を必ず行います。これによってエネルギーまたは霊体との繋がりをなくし、ヒーリングが完了します。もしも、このエネルギーまたは霊体を惹きつけた性質を変換させないと、また同じようなエネルギーまたは霊体が侵入してくる可能性があります。

摘出は離婚と少し似ています。たとえ別れたとしても、その人との因縁を変換させないと、また同じような人と結婚する羽目になります。

侵入してくるエネルギーまたは霊体とは、妥協し合うとか、一緒に暮らすことはできないのです。その存在の人道的な行き場所は、自然の中に還るか、「スピリット」の世界に還るか、どちらか一つです。

もしも侵入してきた霊体が助けを求めてきた、愛する人だった場合には、クライアントにその人との関係で癒す必要のある、まだ未解決の問題は何だったのかと聞きます。私は、クライアントがその物語の中でどのような役柄となっているのか、またなぜ現世でその役を務めようと思ったのかを見つけ出したいのです。

そして、この機会に「あなたを愛しています」「あなたを赦します」と伝えてもらいます。それができたなら因縁は解消され、そのクライアントは、将来また同じような体験をする必要がなくなります。

◆7.水晶を浄化し、エネルギーまたは霊体を還す

水晶を火で浄化する際、クライアントはヒーラーと一緒にその儀式に参加します。

まずクライアントに、このエネルギーまたは霊体を手放す準備ができているかを聞きます。次に、クライアントに何かお別れの言葉を伝えるように言います。それがどんなにつらい体験だったとしても、良い学びがあったことに対して感謝を送ります。

それから、私の場合は自分のオフィスの室内で、真鍮のボウルの中にエプソムソルトと消毒用アルコール（訳注：九十九・六パーセントの無水エタノール）を入れて、その場で火の浄化を行います。生徒には、金属のボウルに継ぎ目や溶接がないかどうかを確認するようにと伝えています。高熱なので、継ぎ目に亀裂が入る可能性があるためです。アルミのボウルでも厚みがあって継目がなければ大丈夫です。ボウルに深さ二センチ程エプソム・ソルトを入れ、その上に消毒用アルコールを三十ミリリットル入れて、注意しながら火を点けます。これは非常に高温の火を発生させる方法で、三分程持続します。火が点いている間は、アルコールを足さないでください。もう一度火を付ける場合には、完全に火が消え、ボウルの熱も完全に冷めてからにしてください。

アルコールによって発生する炎は昼間の光では非常に見づらいため、部屋を暗くして炎が見える状態で水晶を炎に通します。火傷しやすいので、よく注意して行なってください。

伝統的なヒーラーは、野外の焚き火を使い、夜に行います。彼らは聖なる空間を開き、ヒーリングが必要なスピリットたちに声をかけ、火で手を温め、「必要な癒しを受け取ってください」と伝えます。クライアントは、死の矢を準備します。小さな枝を見つけ、自分の中で死ぬ必要のある一部分、自分の性質、病状、利益をもたらさない態度などを、その枝にしっかりと想念で祈りに変えて刻み込みます。そして焚き火の中に託します。

家の庭や暖炉などで火を焚いて、水晶を浄化することもできます。この場合、水晶を炎の中にしっかりと通すことが重要です。私のやり方は、水晶を炎の中に三回通し、クライアントに私の横に立ってもらい、その状態のまま南を向きます。そして南の方角に水晶を掲げて、口に含んだ聖水を水晶に向かって吹きます。西、北、東の方角にも同様に行います。最後に水晶を冷たい水で洗浄します。

勝手に侵入したエネルギーまたは霊体は、炎の中に入ることで焼け付くような熱を感じます。その熱によってエネルギーまたは霊体は、水晶から抜け出します。私は、この時点で、その存在がエネルギーだったのか霊体だったのかを知ることになります。

霊体であった場合には、スピリットの世界からあなたの安全な聖なる空間に参加していた光輝くヒーラーたちによって連れ去られます。侵入してきたのがエネルギーの場合は、炎の中で燃やされ、その光と熱は自然界へと戻っていきます。

ジャングルの魔術師がクライアントから霊体を摘出し、水晶を炎に近づけ、その熱で苦しむように、ずっと水晶を持っていたのを一度目撃したことがあります。魔術師は、その霊体が敵対する他の魔術師からクライアントを苦しませるために送られてきた存在であることを見抜き、痛い学びを与える意図でそうしていたのです。私たちはそのようなやり方をしません。炎によってその霊体を自由にさせ「スピリット」の世界へ送り還し、そこでようやく平和を味わうことができるようにしてあげるのが目的です。

時々、勝手に侵入してきたエネルギーの中に、霊体が隠れ潜んでいる場合があります。「摘出（エクストラクション）プロセス」を完成させた後で筋肉テストを再度行なった際、クライアントの体の反応は強いはずです。もしもまだ「弱い」という反応が出た場合には、もう一度トラッキングを行う必要があります。

ここでテリースの事例を挙げましょう。

シンシナティから来たテリースは、私の学校に入学したカトリック教会の宣教師でした。ナバホ族の居住区にある国立公園キャニオン・デ・シェリーで最後の訓練を行なった時のことです。

彼女はカトリック教会において、長年軽視されていると感じていました。教会を訪れる信者の誰もが、彼女を良い指導者として認めていましたが、正式な神学の訓練も受けていながら、女性であるがゆえにカトリックの信仰上、牧師として儀式を行う権利や特権がありませんでした。カトリックのドグマに従うと、彼女が教会で発言できるのは、教会の牧師の前置きとしてだけでした。教会の中で、彼女は特に自分が、そして女性全般が、第二級の市民であるかのように感じていたのです。

私たちは三百メートルの高さの赤い岩壁に囲まれていました。その中腹には古代アナサジ族の遺跡が見えます。私は一人の生徒にテリースの背中にエネルギーを流すように伝え、もう二人に勝手に侵入してきたエネルギーの位置をトラッキングするよう頼みました。

背中にエネルギーを流し始めてからしばらくすると、トラッキングしていた二人が彼女の光輝くエネルギー・

フィールド内に黒い塊が跳躍していると報告してきました。まるで黒い彗星が、彼女の光体(ライトボディ)を浮遊しているようだというのです。

私は目を閉じて、テリースの手を持ち、そのエネルギーをイメージしました。そして、ゆっくりとそのエネルギーを彼女の指先へと誘導し、摘出するための水晶の中に入れました。あまり抵抗する力を感じません。その黒い塊は水晶の中に流れ込み、安全に確保されました。トラッキング担当の二人は、その黒い塊が消えた、と言いました。

そこで私たちは、テリースを再度テストしました。摘出の作業の間、彼女は「何も変わった感覚はなかったけれど、今はフラフラする」と反応しました。そしてテストすると、驚いたことに「弱い」という反応が出たのです。彼女は腕を上げるのもやっとという感じで立っていました。私はアシスタントにもう一度背中にエネルギーを流すように頼みました。

そして私がスキャンすると、彼女の光輝くエネルギー・フィールドの中にカトリックの牧師のような黒い衣服を着た男性たちが見えたのです。私の頭の中で、一人が笑いながら「彼女は俺たちのものだ。彼女を連れていくのは、決闘を申し出ているようなものだ」と言っているようでした。その声が頭の中に響き、声のトーンからは憎しみや敵意を感じました。

つまり、この侵入したエネルギーは、霊体を下に隠していたのです。私はテリースにその存在について説明しました。彼女は、「その人が遠い過去世で自分をとても惨めな存在にさせたと感じる」と言いました。賢い女性であったため、教会にとって脅威となることを理由に罰せられた様子を、彼女は見たことがあったのです。この男性は彼女を拷問し、彼女を苦しめることを生きる糧にしていました。この霊体が肉体を持っていたなら、おそらく彼女に磁気的に惹かれ、関係を持ち、同様に破壊的な状況を招いていたことでしょう。実際に、彼女は現世でも、教会と同じような問題にぶつかっていた訳です。彼女は今日も教会から脅威的な存在と認識されているのです。もちろん、現代での拷問の手口は、もっと見えにくいかたちで、その人に恥をかかせる、軽視する、追放するなどの方法です。

これは本当に「悪どい奴」でした。彼は自分がテリースの所有者であると信じ切っており、彼女の第三チャクラから彼女のエネルギーを吸い取っていました。寄生虫のような霊体が、肉体の持ち主の「所有者」であると思い込んでいることはよくあるのです。

彼は、テリースの脊髄から神経組織へと自分の悪質なエネルギーを絡ませていたので、自分という存在が複雑に彼女と絡み合い、テリースとの境がわからなくなってしまっていたのです。

勝手に侵入してくる霊体は苦しんでいて、ヒーリングを必要としています。私が最初に「摘出（エクストラクション）プロセス」を習った頃は、時々「悪どい奴」に会えるのを楽しみにしていました。自分の技量を試すよい機会だと思っていたからです。

今は理解が深まり、どんなに邪悪に見える霊体でも愛してあげる必要があるとわかりました。彼らも縁あって私たちのもとへヒーリングを求めてきたのです。私たちが彼らを光輝くヒーラーたちへ明け渡し、「スピリット」の世界へ還してあげると、彼らは感謝と愛を送り返してきます。そして、たまに困難な摘出作業に遭遇した際、手伝いに来てくれることさえあるのです。

　私は、テリースの手を持って揺さぶり、霊体を摘出しながら、彼に心の中で語りかけ、彼の苦しみから助け出そうとしていることを伝えました。その霊体は、私の声をまったく無視し、嘲笑っています。その間テリースは膝が抜け、後ろでトラッキングしていた人が支えないと倒れそうです。体の力がまったく入らず、今にも吐きそうな気配でした。

　私は霊体に「テリースから何が欲しいのか」と聞きました。彼は彼女のことをひどく嫌っており、彼女の女性性、勇気、スピリチュアリティのすべてが嫌いだと答えました。私は彼に、「ヒーリングを受け入れたなら、自分自身にもそのような性質があることに気づきますよ」と言うと、霊体はまた嘲笑いました。

　すると私は目眩を感じ始めました。クラクラして、口の中に金属の味がします。私はテリースに二十から逆に数え始めるように言い、彼女が半分まで数えた頃に、その霊体をグイッと引っ張り抜きました。テリースは床に倒れ、私の目眩も瞬時に消えました。そして、手の中に持っている水晶が熱くなり、ズキズキと鼓動しているのが感じられたのです。

　水晶を生徒たちに回し、中のエネルギーを感じてもらうと、全員がその水晶の熱と強く放たれている鼓動を感じ取ることができました。

　摘出が終わったら、水晶は必ず縦に持ち、尖っている先を自分に向けないように注意します。もしあなたがその霊体と何か類似性を持っていたとすると、そのエネルギーが抜け出して、あなたのチャクラに侵入することがあるからです。それが起きてしまった場合、今度はあなたに対して摘出法を行う必要があります。

　生徒たちがこの手法を最初に練習する際は、注意が必要です。無意識に自分と類似性のある人、同じような心理的問題を持っている人をパートナーとして選んでしまう場合があり、そうするとエネルギーまたは霊体は単にホストを変えるだけで、クライアント側を離れ、ヒーラー側に乗り移ることがあるからです。

最後にテリースに水晶を渡しました。彼女はまだ少し体が震えたまま床に座っていましたが、こう言いました。

「私の人生でこの問題がずっと尾を引いていました。ずっと自分は間違った性別に生まれてきてしまったと思っていました」

私はテリースに、この霊体をどうしたいかと聞きました。

「彼を火の上でしばらく丸焼きにしたい気分です。私がずっと味わってきた痛みを少しでも感じてほしい」

私は、テリースにその水晶を数日間持ち続けて、その霊体から何を受け取るか瞑想するように伝えました。勝手に侵入してくる霊体がクライアントに与える良い学びは必ずあるのです。それは時には、目的を見いだすことだったり、何かに対して戦う理由だったり、あるいは自分の反面教師として歪んだ鏡の役割を果たしている場合もあります。

二日後、彼女が私の所へ来て、「この霊体が自分にとってどういう役割があるのかが理解できた」と言いました。それは彼こそ教会の規則に対する自分の怒りの元であり、男性性に対する怒りの元でもあったということです。その怒りが強さとなり、一人で二人の娘を育て、教会の女性信者への感情的なサポートをこなすことができたのだと思う、と彼女は言いました。そして、この霊体を赦し、価値ある学びを与えてくれたことに感謝する心の準備ができたそうです。
テリースが自分を癒す手段として、一般的な心理療法を選んでいても同じような内観に到達していたかもしれませんが、内観だけでは大きな変容は起きないのです。侵入した霊体は依然として、彼女の光輝くエネルギー・フィールドの中に心地よく居座ったままだったでしょう。

その夜、私たちは大きな焚き火を作りました。渓谷に暮らす古代からの人々にも儀式に参加してもらうように呼びかけました。そしてテリースと一緒に火の側に寄り、彼女の中に長く居座っていたこの霊体に別れを告げるように伝えました。彼女が彼を赦し、彼を自由にする準備ができたところで、私は水晶を炎の中に三回通しました。私が水晶を掲げて南の方角に向けて聖水を吹くと、光の玉が水晶から飛び出していくのを皆が目にしました。この傷ついた魂が、天界のスピリットたちによって受け入れられたのを全員が感じ取りました。そしてスピリットたちは、この魂を母親が赤子を持つように優しく抱いて、光のほうへと連れていったのです。

テリースは、その後キリスト教を信じる人々の中で儀式を挙げる祭司として注目されるようになりました。彼女は、既成のキリスト教会を去り、結婚式を挙げる神官や他の通過儀礼の祭司として多忙な日々を送っています。

第９章　死、死に逝く過程とその先の世界

赤土の道路と乾いた河床が交差した場所で我々はバスを降りた。ここからアントニオの先生である九十代のエル・ビエホの家まで、さらに徒歩二日間かかる。

私の師アントニオは、風の便りで自分の恩師の死が近づいていると聞いていた。そこで弟子たち全員が師匠に最期のお別れをするために集まるようだ。

アントニオは私を誘ってくれた。私は必要最低限の物として、テント、寝袋、水用フィルター、ドライ・フード、キャンプ用ストーブをバックパックに詰めた。アントニオは、私が「絶対に必要」と思って詰めた荷物を見て微笑んだ。彼の手にはポンチョ一枚と小さな袋にはキヌア（訳注：インカの時代からある地元の穀物）が入っているだけだ。バックパックも寝袋もなく、肩には何も重い物を背負っていなかった。

到着したのは我々が最後だった。泥と石でできた小屋の中で、エル・ビエホは藁の上に毛皮の

カバーをかけて横たわっていた。ロウソクがたくさん灯されていて、部屋の中には蜜蝋の匂いが立ち込めていた。窓から沈んでいく夕日の日差しが入り、その薄明かりの中に日に焼けた褐色の肌をしたたくさんの男女がいるのが見えた。全員ポンチョを着ていた。ポンチョの下は、スカートとセーターの人もいれば、村固有のデザインの織物でできた衣装を纏（まと）っている人もいた。ほとんどが五十代から六十代だった。

一番若い一人の男性が、部屋の角で竹笛を吹いていた。皆エル・ビエホへの贈り物を持ってきていた。花束、メディスン・ストーン、木製のケロ（訳注：儀式の際に何かを飲む時に使う器）などだった。

老人は今夜この世を去るであろう。

私は、部屋の片隅で竹笛を吹いている奏者の隣に座り、できるだけ影を潜めていたが、アントニオに目で合図され、彼と一緒に老人の横に座った。彼はエル・ビエホの手をとっていた。その老人の顔は見たことのない程、優しく、また恐れのない表情だった。老人が頷いた。そしてアントニオは、私にまた部屋の角に戻るように合図した。

エル・ビエホの弟子たちは、一人ひとり彼にお別れのキスをした。彼は一人ひとりに祭壇にあった石を渡し祝福を送った。そして彼はアントニオに何か光るものを渡した。後にそれは金色のフクロウだったことがわかった。先コロンブス期以前のものだ。おそらく代々、師から弟子へと受け継がれてきたものであろう。

すると彼は、少し苦しそうに最期の息をし、その後穏やかで平和な表情になった。老人が息を吐いた時、アントニオが老人の口に自分の口をつけ、師の最期の息を吸い込んだ。次に隣の女性に口をつけた。このようにしてエル・ビエホの息は、口から口へと部屋にいた弟子たち全員に送られた。

誰かが窓を開けた。そして最後に息を受け取った人が沈む夕日に向かって、その息を放った。

エル・ビエホは自由になった。

日記より

生まれてくる時、最初に呼吸をするのと同様に、人生の最期も呼吸で終わります。

私たちの多くは、善人であれば死んだ後は天国に行くことができ、悪いことをしたならば死んだ後地獄に行くという思想を植えつけられて育ちました。天国と地獄という概念は、ヨーロッパから生まれました。シャーマンにとっては、超自然の天国というものは存在しません。シャーマンの理解では、自然界のみが存在し、その中に見える世界と見えない世界があり、後者が「スピリット」の世界になります。さらに「悪魔」という存在が宇宙にいるという原理もありません。逆に私たちは恵み深い宇宙に住んでおり、宇宙は個人の幸福に関心があるといいます。一方で、悪魔は人間の心の中でのみ存在し得るといいます。悪魔は、自分の外に存在し、その力から身を守らなければならないという存在ではありません。

宣教師たちが地獄について説教すると、先住民たちは「それはどこにあるのか」と聞きました。それに対して宣教師たちは「見えない世界にある」と答え、彼らは想像できる最も近い場所として、立っていた場所から指で下を指し、地獄は地面の下にあると示しました。しかしアメリカの先住民にとって大地は、すべての命を育てる場所だったため、彼らは非常に混乱しました。

肉体が大地に還ると同時に、魂は家に還るための壮大な旅の準備を始めます。

脳の機能が止まると、中枢神経から発生していた電磁波が消え、光輝くエネルギー・フィールドは、肉体という家から離れます。これが起きると光輝くエネルギー・フィールドは透明な卵形のトーラスになり、ほかの七つのチャクラもその中に取り込まれ、死んでから数時間は、そのまとまった光が一点で輝きます。すべてが上手く進めば、本質あるいは個人の魂であるこの光の玉が光体（ライトボディ）の中軸を通って、大いなる「スピリット」と再び一つになります。

光輝くエネルギー・フィールドが肉体から離れると、この過程は非常に早く進行します。光輝くエネルギー・フィールドのトーラスは、光体（ライトボディ）の中軸によって形成されているポータルの中を、ドーナツが自分の真ん中の穴を搾（しぼ）り込んで通るように通過します。

死んだ人が自分の意識を保持したままでいられると、光へと楽に移行できます。私の師は、この光は雲のまったくない澄みきった夜明けの光に似ている、と表現しました。それは原始の純粋さであり、例えようもない壮大かつ広漠なもの。すべての感覚の崩壊から死という暗黒が訪れ、それが大いなる「スピリット」の光により一掃されるのです。

アマゾン上流のウアチパイルの人々は、死の向こう側の世界へ、アヤワスカという幻覚を起こさせるアマゾンの聖なる植物を摂取することで旅することができるといいます。アヤワスカの儀式では、人々は死の恐怖をよく経験します。ジャガーに食べられたとか、巨大なアナコンダに飲み込まれたという人の話も聞いたことがあります。

私も一度この植物を摂取した時に、巨大な白頭鷲に顔を口ばしでつつかれた体験をしました。つつかれるたびに、顔の肉に深く突き刺さる痛みも感じました。

エジプトやギリシャ、シリアなどの古代の通過儀礼的なものでも、これに似た象徴的な死を体験する方法があり、その死は生きている自分の自我に反映されて現れるのです。

アマゾンのメディスン・ピープルのもとで訓練を受けていた時、私は複雑な死の儀礼を体験し、自我を真っ裸にされました。アヤワスカの儀式では、想像もしていなかった様々な恐怖を体験しました。あらゆる悪魔的存在が目の前に現れ、私の体は何百通りにも崩壊していきました。それから白い光に飲み込まれ、それと一体にもなりました。

何年もの間、アヤワスカのシャーマンのもとへ戻り、体験を続けてきましたが、ある日、もう恐怖を通過しなくても無限の光を体験できると悟り、その修行を終えました。その夜、ドン・アントニオは私に向かって、こう言いました。

「もう君の中には死は住んでいない。君はそれを追いやった。もう死が主張してくることはないだろう」

私の師は、人生をかけてこの旅の準備をしていました。彼が死ぬ少し前、私に死と向き合う準備ができていない人と、自分のようなシャーマンの死に逝く旅の道のりの違いについて説明してくれました。

彼は、死ぬ瞬間に、大いなる「スピリット」の光の夜明けによって、自由を獲得すると完全に信じていました。その瞬間、世界の頂点から夜明けを見ているような感じになると、彼は説明しました。世界一高い山々よりも、自分のほうが背が高くなるのです。

そして夜明けは外で起きているばかりでなく、腹の中でも同時に太陽が昇り、生きとし生けるすべての命が内側で融合します。自分が夜明けの光と一体であることを知覚します。光輝に身を委ね、包まれ、それと一つになります。

この段階で、光輝く存在であるメディスン・ピープルたちと遭遇し、光へ委ねる方向へと誘導されます。インカの伝統では、私たちは皆、星の旅人であり、死を通過することで、壮大な天の河の旅を再び始めるのだといわれています。

もしも夜明けが自分の意識の目覚めであると気づかなかった場合でも、太陽は変わらず幾千もの眩しい光彩を放ちながら昇っていきます。自然界のすべての命が音と光を放ち、驚くほど生き生きとしています。まるで天地創造の最初の日が再生されているかのようです。

この段階では、自然界の力は、最も純粋な本質的な状態で見えています。一なるものは無数に分裂しています。水は流れる光となり、地球も光に見えます。すべてが輝いていて、エネルギーの玉でできています。さらにこの段階で、自分の光輝く性質を認識する二度目の機会を与えられます。輝かしい光と、取り巻くエネルギー環境と自分が分かれていないことがわかるでしょう。

この瞬間のために、ずっと一生をかけて準備してきているシャーマンは、死んでからこの最初の二つのステージの段階で、完全なる自由を獲得します。しかしシャーマンでない人々は、瞬間的に完璧な覚醒を体験し、その後、無意識へと戻ってしまいます。これは一瞬の眩しい光の発光を体験するような感じで、通過したことさえも気がつかないかもしれません。

死という嵐は非常に強烈であるため、多くの人は無意識に入り、旅の第三ステージでようやく目を覚ますことになります。ここでは男性や女性としてまだ形を持っていることに気づきます。見た目は若返っていて、病気になることもありません。しかし意識の夜明けは過ぎ去り、薄明るいトワイライトの中にいます。色は鮮明ではなくなりボヤけていますが、意識は非常に鋭くなっています。通常のいろいろな感覚を感じていますが、その感覚は個々に分かれていません。自分という存在全体からの共感覚となり、周りのすべてが生きているとわかります。

この段階では、パノラマで人生を見直す作業があり、人生の中でとったすべての行動、放った言葉、態度が目の前に映像となって現れます。

自分の人生物語の映像がひと通り終わると、自分より先に死んだ人々、両親、友人、傷つけてしまった人などと再会します。私の師が説明するには、この領域では階層がいくつかに分かれていて、下の層よりも上の層のほうが振動数が高くなります。

低い層は、とても深い層で「ストーン・ピープル」（訳注：石のことだが意識がある存在という意味）と「プラント・ピープル」（訳注：植物のことだが意識がある存在という意味）の領域です。この層に入ってしまった人間は、真っ暗闇の中での浄化過程を通らなければならない人たちで、目も見えなくて、何かを感じる手もない状態です。ただ何となく他の人の気配を感じるだけです。これは人間の地球界に縛られた領域です（原注：ストーン・ピープルにとっては快適な場所）。ここでは生きていた時の痛みや苦しみを再度味わうことになります。

上の層は、平和で喜びに満ちていて、次の生まれ変わりの時が来るまで愛する人々とともに過ごし、大いなる「スピリット」の光を浴びながら過ごします。

私たちはどのような人生を過ごしたのかによって、いずれかの層に自然と惹きつけられます。上から下層を見ることはできますが、下から上層は見えません。そして同じ層の人たちとしか、会話したり、やり取りすることができません。

第四層が私たちのスピリチュアルな家の在るところです。そこには先祖や家族がいます。

第五層の領域には、人類全体を助けることに奉仕する光輝く存在たちがいます。死の向こう側への旅をマスターしたシャーマンたちはこの領域に戻ります。

ずっと昔、最初にシャーマンが死の儀礼を見いだした頃は、この段階まで到達するのは至難の技でした。しかし今日(こんにち)は、ずっとたやすくなっています。私たちの前を歩いた、勇敢な先達たちのおかげです。

ホピやインカの預言によると、地球全体が第五の世界に突入するといわれています。それにより、天使の領域に私たちが入るのです。私の師が以前に、「私たちはとうもろこしを育てるためだけにここに来たのではない。人々を神へと育てるために来たのだ」と言ったのは、このことであると私は確信しています。

死ぬ時どうなるのか

私たちが死ぬ瞬間、非常に素晴らしい現象が起きます。神経活動や脳が停止すると、次元間のポータルが開かれます。一つの世界ともう一つの世界の間のヴェールが開かれ、死に逝く人が「スピリット」の世界に入れるようになるのです。

しかし、この人がまだ現世にやり残したことがある場合、このポータルへ楽に入ることはできません。聖書の中に、大金持ちの男が天国に行くことよりもラクダが針の穴を通ることのほうが遥かに簡単だという話がありますが、この話はスピリチュアル面を怠り、物質的満足に身を投じていた人は、苦労することになるという意味です。私たちは、現世の地位や名声をあの世には持っていけないのです。

感情的重荷を抱えている人も、地球の次元に縛られてしまいます。その人の魂は、向こう側にいった時、すぐにつらい強烈な人生の見直しをさせられることになります。

臨死体験を経験した人の中には、自分の「人生の見直し」の映画を見せられたことを覚えている人もいますが、それは非常に細かく人生を理解する審判の日となります。地球の時間ではほんの数分ですが、とても長く感じます。

臨死体験ではなく実際に死んだ場合には、その「人生の見直し」は何年もかかるように感じます。光輝くエネルギー・フィールドからその毒素を燃やす必要があり、地上で行うのに比べ、空気の薄い環境では浄化するのがより難しくなるからです。

死後、光輝くエネルギー・フィールドは肉体から外れます。肉体と光輝くエネルギー・フィールドを繋ぐ力は二つあります。

一つは、神経組織が発している電磁波に拠(よ)るものです。脳内の電子活動が停止し電磁波の発生がゼロになった時点で、光体(ライトボディ)と肉体を繋げていた、肉体を取り巻く電磁波フィールドが消えてなくなります。

二つ目の力は、光輝くエネルギー・フィールドを脊髄に接続していたチャクラです。最期の通過儀礼において、私たちは肉体の中にある七つのチャクラを解放し、光体(ライトボディ)と肉体を分裂させ、チャクラを封印します。それは、魂が死体に再び戻らないようにするためです。肉体からチャクラを外すことで、自然界に戻るべき部分は大地に戻り、「スピリット」に属する部分は天界へと向かいます。

私が師のもとで訓練を受けていた時、何度か葬儀場に行き、死んだ人の光輝くエネルギー・フィールドを観察する機会がありました。何人も見ましたが、皆、光体（ライトボディ）が死体のお腹の部分でまだ繋がっていました。その数日後、墓地を訪れると、光体（ライトボディ）がまだお墓の上に浮いて留まっており、もう家ではない劣化した死体に繋がったままでした。

死んだ瞬間からしばらく経つと、次元間の扉が開きます。私の師事したシャーマンが言うには、最期の呼吸から四十時間経つと、この扉が閉じるそうです。その時を逃すと、魂は意識的に死ねなかった者たちがいる、すべての階層を通過し、それぞれの階層において浄化の経過を経ることになります。

心の平和への準備

人は自宅で家族に囲まれて居心地の良い環境で死ぬことを許されるべきだと思っています。現代では、自宅で死ぬことができるケースは少なくなっています。ほとんどの人が病院で死を迎えています。

医者や看護師も我々と同じように死に対して当惑しますが、日々死に逝く人々を見ている分、慣れてしまっているかもしれません。死に逝く人やその家族の意向を、病院側のスタッフが尊重し聞く耳を持ってくれるように、注意してください。当事者あるいは最も近い家族から指示がない限り、病院側は何がなんでも延命する処置を取ります。これは病院側が提訴されないための防御策であり、死に逝く人やその家族に対して、人生の質を考慮したものではありません。

あなたの愛する人が病院にいて、もう医学的には何も手の施しようがない場合には、個室への移動を依頼し、すべてのモニターを外してもらってください。そして、蘇生させる行為などの、無理に生き返らせるような処置は一切行わないようにする意向を伝え、その意向がきちんとカルテに書かれていることを確認してください。カルテに書かれた指示とあなたの静かな毅然とした態度によって、人命救助のヒーローになる必要はないことを、医療スタッフに伝えてください。

病床に寝ている患者が死ぬ前の最期の段階に入ったなら、痛みを暖和させる薬の投与以外の注射や、本人にとってつらいと思われるような治療はすべて止めるように依頼してください。つらい治療を続けることで、死に逝く人に痛み、怒り、混乱を与えることになるからです。

あなたが最も近い家族であるなら、医師にそう依頼する権利があります。痛みを暖和させる最低量の薬の投与以外の治療は、あなたの愛する人を意識のない状態にさせてしまうのです。

人は静寂の中で死ぬことを許されなければなりません。愛する人に与えることのできる最も貴重な贈り物は、安らかな死です。安らかな環境は、その人の感覚を研ぎ澄ませることができますが、特に聴覚が敏感になります。小さな音でも、とてもうるさく感じ、不安や混乱を引き起こすので、この困難な移行の過程をできるだけ楽にしてあげることが大切です。

愛する人の死に逝く部屋は、平和な寺院のようにしてあげる必要があります。できるだけ優しい声で、頻繁に話しかけてあげてください。その人が昏睡状態にいても呼吸が止まった後でも、魂にはあなたの声が聞こえています。あなたの愛は、想像を絶するほど遠い次元まで届くのです。

死後は、その体をできる限り長い時間、そっとしておいてください。病院では難しいかもしれませんが、ちょっと想像力と知恵を使って、せめて数時間は触らずに静かな時間を作ってあげることは可能だと思います。

死んだ人の光輝くエネルギー・フィールドは、チャクラから外れるとすさまじい流れを通過します。光体（ライトボディ）は渦巻き状に拡張してから、激しく収縮して肉体の中に入ろうとしますが、もう入ることができません。

チベットでは、遺体は三日間見守られます。病院では防腐処理を行うため、そんなに長い期間、遺体を置いておくことができません。その理由もあり、次に紹介する儀礼を行うことが重要です。

私の父が死んだ時、彼の光体（ライトボディ）は、肉体から解放された後も部屋の中で葬式の日までの二日間浮遊していました。母が地元の教会で簡素な葬儀を行いましたが、その葬儀の終わり頃、さっと風が祭壇をよぎるのを感じました。父が光となって高速で飛んでいったのでしょう。その一時間後、墓地に到着しましたが、棺桶の中には何もエネルギーが残っていませんでした。

死の儀式

私はアンデスに住むドーナ・ローラから、死の儀式の技法を習いました。彼女は才能溢れる助産婦であり、シャーマンであり、さらに「スピリット」の世界に人を送り込む達人としても知られています。

私はもう一人の弟子と一緒に、彼女の助手をさせてもらえる時にはできるだけ手伝わせてもらいました。もう二十年以上前のことになりますが、この儀式がどれだけ重要なものであるかを知ることになりました。

家の手伝いの者が、「誰かが死んだ」という訃報を聞いた。ドーナ・ローラは、「視る」練習のために、私とホアンを町へ送り出した。町へは、これが二回目の旅だったが、アンデスからクスコまでの土煙の立つ山道をおんぼろバスで行く長い道のりは、あまり楽しいものではない。

葬儀屋には、若い十代後半の少年がいて、その日に出入りした人々が持って入ってきた泥を掃き出していた。もう夜中近い。葬式が終わり二人の年配の女性が残っていた。私とホアンは、その二人が肩に黒いショールをかけ、少年に小銭を与え、ドアから出ていくのを見ていた。

少年への交渉はホアンに任せた。しばらくして、少年は私たちを部屋の中に入れてくれた。

神への祈りの言葉が刻まれた簡素な木の棺桶の中に、死人が横たわっていた。少年が会釈してドアを閉めると、私の相棒は、バッグの中から三本の蜜蝋でできたロウソクを取り出し、木のお棺の周りに設置した。お棺から六歩くらい下がった位置で椅子に座り、「第二の気づき」の練習を始めた。

始めてからすぐに、ホアンが押し殺したような叫び声を発した。私はおののいて椅子から半分ずれ落ちた。ただでさえ葬式はあまり好きではないのに、遠い親戚になりすまして葬儀場に忍び込んでいるのは、じつに気まずい。

「見ろ」と彼は言った。私は目を細めてお棺のほうを見たが、見えるのはロウソクの灯りだけだった。

「お棺の上にキラキラした光が漂っている！」

ホアンはとても興奮していたが、私にはそれがまったく見えず苛立った。私は立ち上がり、前回と同じように老人が横たわっていると想定して、開いたままの棺桶の中を覗き込んだ。

そこに寝ていたのは、予想外なことに地元のインディオの少女だった。十二歳くらいだろう。頬紅が塗られ、新しい赤いドレスを着ていた。私の顔に涙が流れた。私は木箱の横にあった段に膝まずき、できる限りの祈りを捧げた。

「さあ、もう行こう」と言って、私はホアンのいるほうへ歩いた。そして振り向くと、光輝くエネルギー・フィールドが見えたのだ。金色の玉（オーブ）がその開いた棺桶の上に浮遊していた。その玉（オーブ）の底辺が肉体の腹と心臓の間の辺りにまだ繋がっていた。

「あれが見えるか？」とホアンに言うと、「クラロ（もちろん）」と彼は言った。

「どうすればいいの？」と聞くと、ホアンは「何もしない」と答えた。

彼はアントニオから「視る」練習のために、離れていく光体（ライトボディ）を観察するだけだと言われていること、祈りはしたければするとよいと言われたことを私に再度伝えた。

前回の探検では、私とホアンは墓地に行き、つい最近死んだ人の光体（ライトボディ）を見た。まだ肉体と繋がっており、光体（ライトボディ）が実際に大地から突き出ていた。ローラが言うには、人が無意識の状態で死んでしまうと、次元間に挟まれてしまい、死んだことに気づかず、光体（ライトボディ）が死んだ肉体からまだ離れることができない。シャーマンであるなら、その人の光体（ライトボディ）を肉体から解き離してあげるのだ、と彼女は説明した。

私はどうにかホアンを説得した。するとホアンも賛同してくれたため、彼女を自由にしてあげることにした。

ホアンは、その小さな体の各チャクラを切り離していった。私は少女の足元に立っていた。しばらくして私たちは少し後ろに下がって見ると、光輝くエネルギー・フィールドは、玉（オーブ）となり遺体の上で鼓動し輝いていた。まるで独自の心拍を持っているようだ。ホアンと私は頷き合い、満足した。少女の魂は自由になり解放されたのだ。

師匠の家に戻ると、アントニオがダイニングテーブルに座っていて、ドーナ・ローラとロウソクの灯りの下で静かに会話をしていた。私たちが部屋に入るやいなや、彼らは私たちのほうを向いて「何をしてきたのか」と聞いた。私たちは「何もしていません」と二人同時に答えた。

「葬儀場から出て、帰りにセビチェを食べてビールを飲みました」

ドン・アントニオが、お酒を絶対飲んではいけないと厳しく言っていたので、私はそのことで怒られたのかと思い正直に告げたが、「それはどうでもいい」と彼は言った。

そして、ローラがこう言った。

「一体誰を連れて帰ってきたのかい？」

なんと、少女の魂が、私たちのあとをついて家まで一緒に来てしまったのだ。アントニオとローラは、私たちの頭の上に彼女がいるのが見えたのだ。私とホアンは、光体（ライトボディ）を肉体から解き放つ方法を習っていたが、最後の儀式はまだ習っていなかった。

アントニオは怖い目つきで私たちを睨んでいた。そしてローラの横に座れ、と言った。その夜は、ローラが、少女の魂が「無限」に還れるように儀礼を行い、私たちもそれを横で見せてもらった。

日記より

死の儀式は、死んだ人が「無限」に還れるように見送る儀礼です。これには三つの手順があります。

【死の儀式のステップ】

1. 「人生の振り返り」と赦し
2. 死ぬことを承諾する
3. 「最期の儀式」

◆1.「人生の振り返り」と赦し

愛する人が死を目前にしている時、人生を悔いのないように終わらせてあげたいものです。「スピリット」の世界から「あなたを赦します」と言っても、なかなか届きません。夢の中で「あなたを赦します」と言っても、実際にその相手には聞こえないのと同じことです。死ぬ前に人生を見直し、悔いがなかったら、死後の旅も楽に自然なかたちで通過していくことができるでしょう。

それには、「人生の振り返り」と赦しを行うことで、幕を閉じる準備ができます。生きている間に行なっておくことで、あの世に行ってからの「人生の見直し」の過程で、過去の出来事について赦しを請う必要がなくなります。

臨死体験者によるほとんどの記録が、良い体験だったと報告しています。しかし、モーリス・ローリングという心臓外科医が手術中に蘇生処置を行なったすぐ後に患者から聞いた話では、半分近くの患者がとても怖い体験をしたと言っています。ローリング医師が言うには、多くの患者が蘇生した数日後には、その地獄的な体験の記憶を抑制し忘れているのだそうです。ほかの研究家たちは、怖い体験は自分の内面が反映されて出てくると主張しています。

臨死体験の研究家で最も著名なレイモンド・ムーディーは、「光の存在は、どんな人でも愛し受け入れてくれるようですから、私の研究結果からみると、最後の審判は、光の存在から下されるのではないようです。最後の審判は、自分の内側から自分を審判しているのです」と本に書いています。

つまり私たちは、自分で加害者、被告人、裁判官、裁判員のすべての役柄をこなすのです。自分を赦す心の準備がどのくらいできているでしょうか？「人生の振り返り」の目的は、生きている間に赦し、悔いなく最後の幕を閉じることです。

生きている間に、家族の間で赦しと愛を声に出して伝えることは、とても大切です。人が平和な心で他界するために、家族の間で過ちを償うことは、とても大切です。死に逝く者から子どもへ、あるいは子どもから親へ、「愛しているわ」という一言は、驚く程大きな癒しとなります。これはもちろん、たやすいことではないですが、でも一生の過ちを人生最期の一言で償うことができるかもしれないのです。

「人生の振り返り」とは、あなたの愛する人が自分の人生物語をあなたに語る、良い機会を作ることです。人にとって、自分の人生の物語を語ることは、浄化と癒しの作用があります。これは、まだ生きている間に行う「人生の見直し」となるのです。

「人生の振り返り」は、過去の出来事に対して繰り返し非難することではありません。この過程では、愛する家族の話に耳を傾けてあげましょう。「人生の振り返り」を早く始め、しっかりと時間をかけて「人生の見直し」を行うことで、死後の世界への移行が楽になります。

愛する家族と何年も深い会話をしていなかった場合、このような会話を始めるのは難しいかもしれません。何か話すきっかけを探してください。たとえば、お母さんにお父さんと出会った時のことを聞いて、初めてのデートはどこに行ったのかと聞いてみるのもよいでしょう。お母さんの感情が出てくるように、詳細な質問をします。未来の夫となるその男性は、その時何を着ていたのか?初めて会った時、「この人だ」と思ったか?など、良い聞き手となって、いろいろ質問してみましょう。人は興味を持つ相手に、自分の人生を語りたがるものです。驚く程、詳細に答えてくれることでしょう。

愛する人の両親や幼少期のことも聞いてみましょう。学校はどこにあったのか?　制服だったのか?　高校の時に好きな人はいたのか?　家庭環境はどんなふうだったのか?

そこから少しずつ、個人的な質問へと深めていきます。誰かまだ憎んでいて赦す必要のある人はいるのか?もし「いる」のなら、赦しや祝福を祈りの中で伝えるのはどうかと、勧めてみましょう。

最終的には、死に逝く人は自分を赦し、人生のすべてが赦されることを知る必要があります。

最後に、人からどのような人だったと思われたいか、と聞きます。孫たちにどのような物語の中で思い出してほしいか、とも聞きましょう。

「人生の振り返り」は、赦すことで完成します。愛する人が過ちを犯したと感じていること、あるいは、まだ心のシコリとなっている相手がいるならば、その感情を解放できるように手助けしてあげてください。

私の父が他界する前の数週間、私と父は毎日一緒に座り、父は自分の人生物語を話してくれました。最初は躊躇していましたが、すぐに過去の記憶が次から次へと蘇ってくるようでした。まるでダムが崩壊したかのように、振り返りながら感情が自由に溢れ出てくるのです。

最初は、私がガイドして、川の岸にある大きな岩に一緒に座っている光景を想像してもらいました。父は川の流れとともに思い出すイメージを説明してくれました。最初の日の川の色は、グレーで暗い感じでしたが、数日後、自分の幼少期の思い出が流れてきたと言うと、まるで夢の中のようなその光景を私に話してくれました。父は語りながら時々静かに泣いていました。

しばらくして、父は少年時代に、ある男性に良からぬことをしたことを語り始めました。もう何十年も忘れていたことだったようです。私は父に赦されたことを感じてみてほしい、そしてその男性にも赦すことを伝えてみて、と言いました。最後に、私の母のイメージが浮かんできて、二人でもうけた子どもたちが現れたそうです。すべてとても詳しく話してくれた後、安らかな顔で居眠りを始めました。

この過程は二人だけで始めたものでしたが、最後に父は家族全員を集め、一人ひとりをとても愛していると伝えることができたのです。家族全員にとって、父から「愛している」という言葉を聞いたのは、これが初めてでした。父はずっと言いたかったけれど、今まで言えずにいたのです。

「人生の振り返り」を行うことで、とても大きな赦しが起きる可能性があります。ただ長い人生の間に癒すことのできなかった出来事を、数時間で奇跡のように解消できるという期待をもたないでください。

人は人生の生き様の通りに死んでいく傾向があります。あなたの愛する人が死ぬ前に怒りを表し、その後悔へのトバッチリがあなたに向けられることもあり得ます。その際は、それに反応せず、個人的なものとして受け止めないように注意しましょう。

死に近づいてくると、予期せず、強烈な気づきが押し寄せてくるものです。その幾つかの例としては、もっと違う人生を歩むことができたはず、もっと充分に愛することができたはず、もっと躊躇せずに赦しを求めることができたはず……などです。

このような怒りは、直接的にあなたに向けられているのではありません。あなたの愛する人が自分の抱いている感情を自由に声に出すことを良しとし、その怒りに対して、身体に触れながら慰めてあげてください。泣きながら憤りを表している間、手を持ってあげてください。嵐のような怒りの中でも、揺るぎない愛と無条件の心で受け止めてあげてください。あなたの愛する人が自分を赦そうと努力すればする程、怒りは、早く慈愛へと変換されていきます。

あなたの愛する人の命が、もうあまり長くないことを医師より本人に知らされていない場合には、教えてあげることが大事です。部屋がとても静かになったり、家族が小声で囁き合っている、または無理な笑顔を作っているなど、家族の態度が変わることで、本人はどちらにしても察知します。

優しい思いやりのある態度で、正直に伝えてあげることが最善です。あなたの実直さは、愛する人の心を開き、あなたには何でも言えるという気持ちにさせます。その人は、あなたになら、正直に真実を話せると思うことでしょう。

◆2．死ぬことを承諾する

「死の儀礼」の中でおそらく最も大事なのが、愛する人に死ぬ許可を与えることです。家族の心配をしないように、大丈夫だと伝えてあげてください。

私の生徒の一人であるダイアンは、死に逝く母親の側に数週間ずっと一緒にいました。母親はもう食べることもできず、痛みで苦しんでいたにもかかわらず、去ることができないでいました。ダイアンは、母親に何度か「イルミネーション」をして、自分と妹の間に長いことあった摩擦を徐々に解消し、お互いに赦し合えるようになりました。そこで気づいたのが、自分も妹も母親に「もう逝っても大丈夫。心配しないで」と伝えていなかったことでした。彼女は、ようやく母親に「お母さん、私たちはここに一緒にいますよ。あなたをとても愛しているわ。私たちはもう大丈夫だから心配しないで。お互いに助け合って家族仲良くしていきます。お母さんがいなくなるのは寂しいけど、それは自然なことだから。たくさんの良い思い出を宝物にします。だからもう苦しみを我慢しないでね。無理にしがみついて生きなくていいのよ。私たちはもう心の準備ができているから逝っていいのよ。いつまでも愛しているからね」と言いました。その数時間後、母親は安らかに息を引き取ったのです。

もう死んでも良いのだという許可を与えてあげないと、無理にこの世にしがみつき、不必要に苦しみ、家族にも苦悶を与えることがあります。許可は、近い家族の人から与えられる必要があり、家族全員の同意を元に伝えることが理想的です。もしも受け入れられない人がいたなら、いずれにしても愛していることを伝え、許してあげることを薦めてみてください。

私の経験からみると、別れを受け入れられない人は、死に逝く人との間のシコリを解消できていないか、自分の「死」を何よりも一番恐れています。そして、部屋にいる人全員が言いたいことを声にする必要があります。あなたのクライアントであるならば、死に逝く人の近い家族の人たちが、必ず自分の気持ちを表せるように誘導しましょう。あなたが死に逝く人のヒーラーであるならば、あなたが許可を伝えることもできますが、家族からの許可が最も重要であることを覚えておいてください。近い家族、あるいは親友や腹心の友も同じくらい大事な存在となります。

◆3.「最期の儀式」

「最期の儀式」を行うのは、シャーマンや神官である必要はありません。あなたが、愛する人のために空間を保ち、光輝くスピリットたちの援助を受けることができます。

「最期の儀式」では二つのことをします。それは、「イルミネーション・プロセス」と、光輝くエネルギー・フィールドの解放です。

多くのクライアントから、「イルミネーション・プロセス」を施している間、他界した親戚や光輝く存在たちが来ているのを感じたという報告を受けています。それは、まるでスピリチュアルな助産婦たちが向こうの世界から死に逝く人を迎える準備を整えてくれているような感じです。

「イルミネーション・プロセス」を通して、愛する人が恩恵と自由を体験できる空間を創ります。数日間で一生分のヒーリングを完了させることを考えると、大変だと思ってしまいがちですが、それ以上に愛する人がもうじきこの世を去るということに直面すると打ちのめされてしまうでしょう。しかしヒーリングは、最後の瞬間まで起きる可能性があることを忘れてはなりません。死が近づいていることを察知したなら、もう時間を無駄にしないでください。もう明日はないかもしれないという気持ちで、人生で起きている他のことはすべて保留にして、ヒーリングを施すことに集中します。

ローマ・カトリック教会の神父である友人が、もうじき死を迎える人の懺悔（ざんげ）が最も重要だ、と言っていました。それはその人の人生の中で一番素直で心のこもった内容だからです。この時期に起きるヒーリングは、人生の中で最も素晴らしい力を発揮することになります。

「イルミネーション・プロセス」は、愛する人が死に逝くとわかったなら、早めに始めることが最善です。なぜなら、現世で刻んでしまった刻印の周りにある毒素を消去するのに、数回のセッションを要する場合があるからです。

その人のチャクラから発せられる毒素を受けてしまうのではないかと、恐れる必要はありません。聖なる空間の中で行うことで、そのエネルギーは燃焼され光へと変換されます。あなたへの危害の心配はまったくありません。この過程は、エネルギー・レベルで起きるものであって、心理的なものではないので、そのエネルギーが怒りや後悔という感情として表れるわけではありません。

あなたの愛する人が宗教的な理由で「イルミネーション・プロセス」を受けることができない場合には、無理に強いることは決してしないでください。あなたの信じる思想のために改宗させる必要はありません。あなたは、その人がこれから始まる人生最上の旅に向けて、精神面でガイドとして力を添えて助けてあげることが目的です。

私は、八十代前半だった、友人の父親の最期の時期に会う機会がありました。とても信仰深いキリスト教の信者だったため、友人が父親に私を紹介し、私のやっているヒーリング・ワークについて説明すると、その老人は息子を見つめ信じられないという驚きの表情をしていました。父親は息子にお礼を言い、病院の部屋に毎日神父が来て祈ってくれているので、それで充分だ、と言いました。

友人の父親はたくさん旅行をしていた人で、若い頃にはペルーの熱帯雨林にも行ったことがあったので、私たちはそのことについて話をしました。アマゾン川にある幾つかの港のことを話し始めると、数分でうたた寝してしまいました。

三回目に面会に行った際、一緒に祈らせてもらっても構わないかと聞くと、老人は構わないと答えたので、私は彼の手をとり一緒に祈りました。訪問の際、気がついたのは、彼の手をとるのは彼の奥さんだけでした。心に沁みる深い話し合いをしている時でさえ、子どもたちは父親の手に触れることがなかったのです。まるで死が感染することを恐れているかのように、身体的接触を恐れていました。私が目を閉じて祈るたびに、彼は私の手をぎゅっと握りしめ、数分後には眠りについてしまいました。

愛する人に「イルミネーション」や「最期の儀式」を施す場合には、必ず本人の許可を得る必要があります。友人の父親は、私が彼と一緒に祈ることに対して許可を与えてくれました。私にとってはそれで充分であり、「イルミネーション」を行う許可をもらったとみなしました。

病院のベッドのすぐ後ろに壁があったため、頭の上に座りディープニング・ポイントやリリース・ポイントを押すことはできないので、隣に座ったままで行いました。彼の手を持ち、手にあるツボを押しながら体の意識にディープニング・ポイントを活性化させるように伝えました。リリース・ポイントでは異なるツボを押し、同様に活性化させるように伝えました。老人の体は、ヒーリングの準備に参加してくれていました。彼の体の意識は、私の誘導に従い、頭の後ろのツボと手のツボの経絡を繋げてくれたのです。

手首にも同様のディープニング・ポイントとリリース・ポイントとなるツボがあります。ディープニング・ポイントは、手首の外側の関節にあるシワのところにあります。リリース・ポイントは、手首より腕に向かって二センチ程上の位置で、前腕の上面と下面両方にあります。

働きかけるチャクラを開いて、終わりにまた閉じます。

三回のセッションで、七つのチャクラすべての「イルミネーション」が完了しました。友人の父親は「イルミネーション」が終わると必ず目を覚まし、とても深い良い眠りだったとか、何か夢を見た、と伝えてくれました。

私は旅に出る予定があったため、友人に「最期の儀式」の方法を教えました。旅から帰って、老人の訃報を知りました。彼は眠っている間に、安らかに息を引き取ったとのことでした。

「イルミネーション・プロセス」は、チャクラに残存していた毒素を燃焼し、光輝くエネルギー・フィールドから刻印を消去させます。これを行うことにより、感情的な記憶の中から大きな負の力を持っていたエネルギーが浄化されるため、死んだ後「スピリット」の世界で行われる「人生の見直し」の過程が楽になります。

「最期の儀式」では、七つのチャクラすべてに「イルミネーション」を行うことになるので、一番問題のあるチャクラを探す必要はありません。第一チャクラから汚泥を浄化し、時計回りに回転させて調和を取り戻します。そして「イルミネーション・プロセス」のやり方に従い、第二チャクラも同様に行います。おそらく一回のセッションで七つすべてを完成させることは、とても時間がかかり難しいでしょう。

身体は、生まれてくる方法を知っているのと同様に、死ぬ方法も知っています。光輝くエネルギー・フィールドは、十回のうち九回は、簡単に「スピリット」の世界へと還っていきます。出産も同様ですが、九割は問題なく生まれてきます。出産で問題が起きるケースが一割というのはリスクが高いわけではありません。本来は自然分娩すら病院で医者が問題なく行えるものです。

「最期の儀式」でチャクラを解放する過程が必要なのは、解放が自然に発生しない場合のみです。これは人が死んだ後に行う儀式です。

光輝くエネルギー・フィールドを解放したら、すぐにチャクラを閉じます。なぜなら、光体（ライトボディ）が再び肉体という殻に戻れないようにするため、さらに肉体に残存しているエネルギーによって光体（ライトボディ）が汚染されないようにするためです。

「最期の儀式」で行うチャクラの渦状の流れ

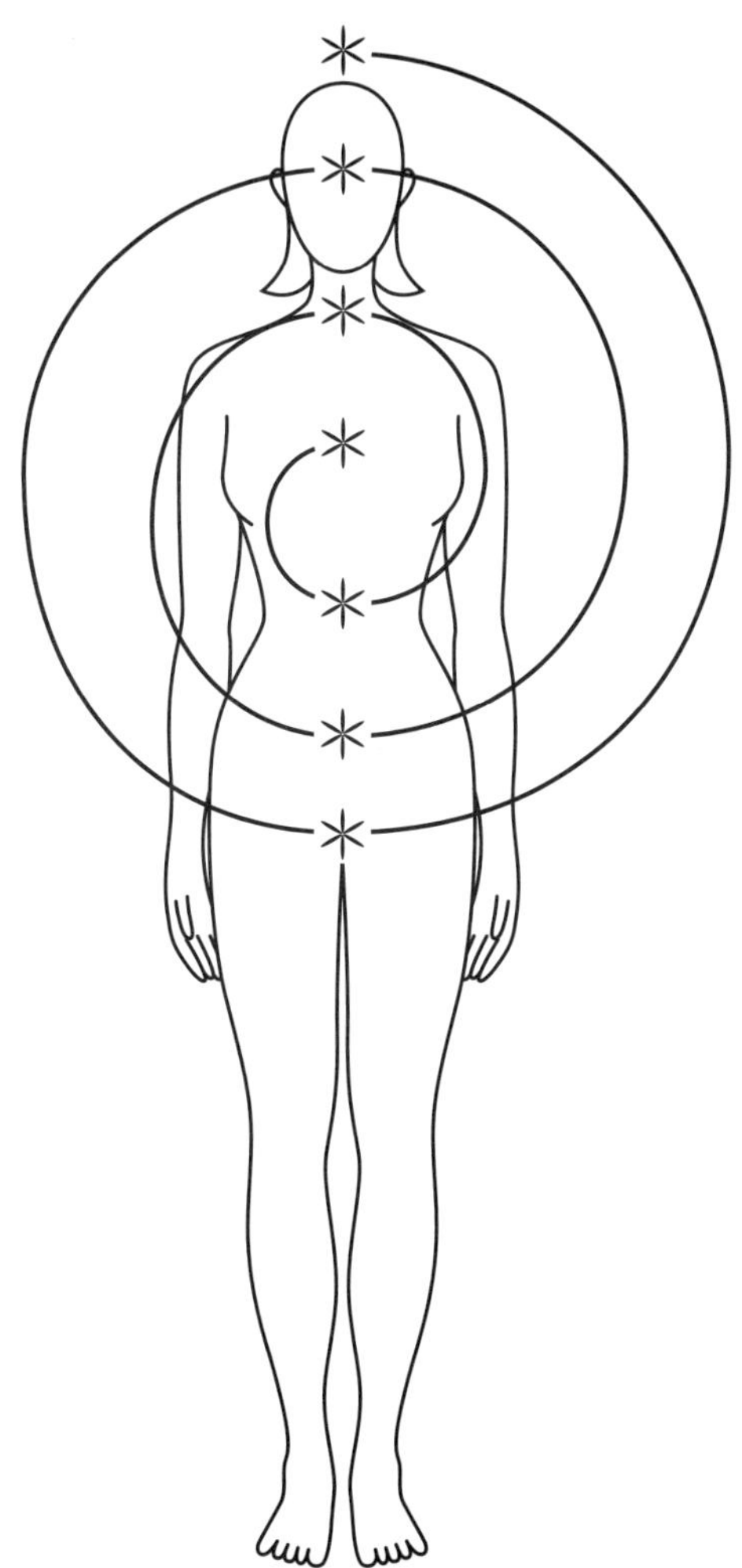

1. 四つの方角と天と地に呼びかけ、聖なる空間を開く（第6章参照）
2. 自分の光体（ライトボディ）を拡張させ、自分と愛する人を覆う

1と2の行程で創る二重の聖なる空間の中で作業することが重要です。聖なる空間の中にいることで、外から邪魔するために侵入しようとするエネルギーから、自分たちを守ることができるからです。

アマゾンの人々の言い伝えによれば、人が死んだ瞬間、生きていた時に傷つけたことのある飢えた幽霊たちが、寝床の周りにやって来て償いを請うのだそうです。そして報われるまで、その死人をずっと追いかけていくといわれています。この飢えた幽霊のことを私は、「過去から引きずってきた、まだ解決していない問題を抱えた心理的な悪魔」と呼んでいます。そのため、人生の振り返り作業がとても重要なのです。

その作業をきちんと終えたなら、飢えた幽霊たちの負のエネルギーは溶解し、謝罪の行為によって彼らは消えていきます。光輝くフィールドを愛する人の上に覆うことで、大嵐の中に静寂の島を作っているような感じになります。この島には、「スピリット」の世界からヒーラーたちや他界した親族が迎えにきて、死ぬ過程を手助けしてくれます。

アマゾンの上流に住むシャーマンにとって、自分たちが一生かけて行う訓練は、生きたままあの世に行くことが目的だ、といい伝えられています。これは肉体を持ったまま逝くという意味ではなく、意識を維持した状態で次の世界に行く旅の過程を進む、ということです。

3. 愛する人が息を引き取った後にチャクラを解放する

死んだ瞬間に行うのが理想的ですが、少なくとも最期の息から四十時間以内に行う必要があります。死んだ直後、チャクラは過去の様々な出来事と繋がる、光り輝く糸を解放し始めます。それによりチャクラのリズムが変わり、それぞれのチャクラの周波数と振動数が上がるのを感じることができます。光輝くエネルギーが肉体から離れようとしますが、汚泥によって、離脱が妨げられます。チャクラのエネルギーが急速に変化しているので、渦巻きを描くようにハート（第四）のチャクラから解放していきます。そして、各チャクラを反時計回りに回転させます。

まずは、あなたの愛する人のハートチャクラの上で指を三～四回、回転させ、チャクラを反時計回りに回し、そのセンターを開きます。次に太陽神経叢（第三チャクラ）、喉（第五チャクラ）、第二チャクラ、第六チャクラ、第一チャクラ、最後に第七チャクラの順に、次に記述した4からの順序で行います。各チャクラを開いていく過程で、ハートチャクラから大きな渦巻きを描くようなイメージで動かしていきます。次の手順を注意深く追ってください。

4．弓なりの渦巻きを描くように、太陽神経叢（第三チャクラ）に、3で記述した作業（チャクラの上で指を三～四回、回転させ、チャクラを反時計回りに回し、そのセンターを開く）を繰り返しながら手を動かす

第三チャクラを開いたら、ハートチャクラに戻り、チャクラを感じます。再度、弓なりの渦巻きを描きながら第三チャクラに戻り、今度は喉のチャクラ（第五）に移動します。

5．毎回チャクラを開いた後は、ハートチャクラに戻る

最後に開くチャクラは、クラウンチャクラ（第七）です。この時点では、この人の身体に何度も大きな渦巻きを描いたことになります。もうこれであなたの愛する人の光体（ライトボディ）は、七つのチャクラのどこからでも離脱することができます。

6．光体（ライトボディ）が自由に解き放たれるように、あなたの愛する人の足の下をそっと突き、エネルギーを押し出す

両手をあなたの愛する人の足元に当てます。あなたの右手がその人の左足の下にあり、左手が右足の下となります。あなたの両手からエネルギーが強く押し出され、その人の身体の中を突き抜ける様子をイメージします。

チャクラをすべて開いても、たまに光輝くエネルギー・フィールドがチャクラに貼りついて離れないことがあります。この手順を追うことで、光輝くエネルギー・フィールドを身体から押し出すことができます。ほとんどのケースでは、チャクラがすべて解放された時点で光体（ライトボディ）は即座に離脱するため、6の手順と7の手順を踏む必要がありません。

7．光体（ライトボディ）を抜き出す

その人の頭の上に移動し、両手で頭をそっと優しく揺らします。そのまま頭をしばらく持って、もう離れていいのだということを優しく伝えます。「私は大丈夫だから心配しないで。あなたを愛しています」と伝えてください。まだあなたの声は聞こえているのを忘れないでください。優しくかつはっきりした声で伝えてください。

頭から両手を後ろに引いていきます。その際に、優しく圧をかけながら、光体（ライトボディ）をクラウンチャクラから引き出します。

押し出され、自由になった光輝くエネルギー・フィールドのものすごい波動を感じることでしょう。一人の生徒からの報告によると、母親の光体（ライトボディ）が自由に飛び立った時、彼と彼の兄妹は哀しみから喜びの涙へと変わっていったそうです。その部屋全体が言葉ではとても言い表せない程の平和に包まれていた、と言っていました。

光体（ライトボディ）は必ずしもクラウンチャクラから出るわけではありません。最初に準備ができたチャクラから飛び立っていきます。私の経験では、第二チャクラやハートチャクラから飛び立ったケースを何度か目撃しました。

8．各チャクラを親指で十字を描くようにして栓を閉める

栓を閉じることで、光体（ライトボディ）が再び生きていない肉体の中に戻っていくことを防ぎます。聖水や精油を使って振りかけてください。

十字というのはキリスト教よりも遥か昔からあったことを覚えておいてください。それは、身体への侵入

が二度とできないように、扉に結界を貼る象徴として用いられてきました。

キリスト教の伝統でも、この最期の儀式と似通ったものがあります。ただ本来の儀式の意味が大幅に忘れ去られてしまっています。神父が額と心臓に聖水を用いて十字を描くのですが、神父は、この行為が光輝くエネルギー・フィールドを身体の中に封印し、命をもう持たない遺体という物質に魂を封じ込めてしまうものであることを自覚していません。これを行なってしまうと、腐敗していく身体に死後も光体（ライトボディ）が依存してしまう場合があります。この死人が自然に「スピリット」の世界に回帰できなかった一割の人だったとすると、遺体が完全に形をなくし分解されるまで、光体（ライトボディ）がその身体に付着することになってしまいます。

師の監督外で私が「死の儀式」を初めて行なったのは、父が死んだ時でした。父が昏睡状態に陥った際、私は側にいました。最期の数日、母と姉と私は、徹夜で父の手を握り、彼が愛されていることを伝え、私たちは大丈夫だから心配しないように、と伝えました。

最期の日、私と姉が部屋から出てサンドイッチを食べに行き、戻ってくると、すでに父は息を引き取っていました。ローマ・カトリック教の若い神父がベッドの横に立ち、最後の祈りを捧げています。私は神父を優しく説き伏せて、部屋の外に出てもらいドアに鍵をかけました。そして、父のチャクラをすべて解放すると、光体（ライトボディ）がハートチャクラから出ていきました。チャクラが解放されてすぐに、光体（ライトボディ）が肉体から解き放たれていったのです。足元から愛を送って、ちょっと押し出しただけですっと出ていきました。その瞬間、部屋の質に変化を感じました。病院の室内というより、教会の中のような静寂さが広がりました。

母は泣き終わり、私たち三人はお互いに抱き合いました。父がその部屋にいる感覚を皆、感じました。そして最後の一年間、身体が不自由になっていた痛みからも解放されたのです。
私はすべてのチャクラを封印してから、ドアを開け、若い神父に儀式を続けてもらうように伝え、部屋に招き入れました。

精神的な手助け

ヒーラーは、死に逝く人に対するサポートをできるだけ控えめな態度で行う必要があります。死に逝く人だけでなく、その周りの家族や友人たちも癒しを必要としていることも忘れてはいけません。死に対して恐れが強い場合、家族はヒーラーにその最期の過程を任せたいと思うこともあります。このような状況に追い込まれないように注意してください。ヒーラーがするべき最も重要な役割は、聖なる空間を保持することです。

死に逝く最期の段階では、すべての感情が増幅されます。過去のつらい記憶や、死に対する困惑、部屋にいる家族の哀しみなどが混じり合い、混沌とした状況になります。しかし光輝くエネルギー・フィールドを開き、愛する人を包み込んであげることで、そこには平和なオアシスが創造されます。この穏やかな空間の中で死に逝く人は、再度家族や愛する人を認識し、お迎えに来ている光輝くヒーラーたちを見つけ出すことが可能になるのです。

死の疑似体験

シャーマンたちは、「スピリット・フライト」（原注：「幽体離脱」とも呼ばれる）によって死の向こう側の世界を旅することを学びます。彼らは、生きて戻ってくる肉体を持っている間に、「無限」への道を体験することが大事だと考えています。死の向こう側に行く疑似体験となる儀式を行い、そこでとても大きな癒しを授かって戻ってきます。

「スピリット・フライト」と瞑想を修練することで、シャーマンは死後の世界の地図を学びます。死後の世界には、生命だけが存在することを知って、戻ってくるのです。

死を超える旅は、変革の元型的象徴として、世界中の文化に見ることができます。イエス・キリストも神聖な現実（リアリティ）へ旅し、三日間死んだ人々と過ごしてから再び地上に出現したといわれています。

先住民の口伝では、光への旅の間に体験した、数々の困難についての話が多く語られています。試練の中では、悪魔的生き物、多頭の怪物、餓鬼、幽霊や妖怪など、ありとあらゆる悪夢のような光景を通過していきます。伝説では、その悪魔的存在との遭遇についての詳細が描かれているだけでなく、打ち勝つための方法が教えられています。そのような物語を深く学んでいくと、その方法は実際に戦うのではなく、意識をシフトさせることで成功すると説かれています。

ギリシャ神話に登場する英雄ヘラクレスが多頭の大蛇ヒュドラーに直面した時、一つの頭を切ると二つの頭がまた生えてくることを知りました。アマゾンのシャーマンの一人が「スピリット・フライト」の旅をしている途中で、巨大なアナコンダに遭遇した時の話を聞いたことがあります。どんなに早く走って逃げようとしても、大蛇に追いつかれてしまいます。最後には、後ろに付かれて、洞窟のような大きな口が開かれていました。口内の上部にうねうねした上顎が見えており、これで呑み込まれてしまうのか……と思ったそうです。仕方なく恐怖に震えながら、アナコンダの喉の中に飛び込み、呑み込まれました。彼の体はぎゅっと絞られ、すべての骨が砕かれました。次の瞬間、その大蛇の目から外が見えることに気づき、腹の下に大地を感じ取ることができました。彼の旅は、大蛇の姿になった時点で完了したのです。それ以降は「スピリット・フライト」の旅をする時に、必ず大蛇がガイドとして案内をしてくれるようになったそうです。

どんな宗教にも、必ず死後の世界への旅の話があります。到着したあと、何が起き、どのように自由を獲得するかという方法が描かれています。

最もよく知られているのは、『チベット死者の書』です。エジプトの話と同様に「スピリット」の世界の図解を描いているだけでなく、人生というものの秘密を明かしています。その話が死ぬ時に活用できる地図であるだけでなく、さらに重要なのは、生きていることに対する神秘への理解が解説されていることです。永遠に人生が続いていくことを理解した時、私たちは自由になります。もはや死につきまとわれることはなくなり、無限の中にいる自分を発見することになるのです。

エピローグ

マチュピチュは、インカの九代目の王パチャクティにより建てられました。当時の帝国は、現在の米国と同じ広さでした。彼の名前の意味「世界を新しく再生させる者」は、時の終わり、あるいはパチャクティに、再生される時代が訪れるというインカの預言の本意が盛り込まれています。

パチャというインカの言語の意味は、「地球」あるいは「時」です。クティは、「上下が逆さまに回転する」という意味です。つまりパチャクティとは、地球において激動の時代のことを指し示しています。

前回のパチャクティは、スペインからの征服者たちが到来した時でした。先住民の世界は真っ逆さまにひっくり返され、異なる法律により裁かれて大混乱が起きました。インカの王家や族長たちは殺され、メディスン・ピープルは奴隷にされ、先住民は農園や鉱山で過酷な労働を強いられました。

インカのシャーマンたちによると、次のパチャクティはすでに始まっており、激動と混乱は二〇一二年まで続き、この期間に世の中は上下が逆さまになるであろうといわれています。ヨーロッパの文明により略奪された大地の時代は終わり、地球人としての生き方が戻ってきます。征服者たちは自滅していくでしょう。そして地球にはバランスが取り戻されていきます。

インカの人々にとって、パチャクティとは「世界の終わり」を表しています。預言には絶滅の可能性もあるとしながら、この激動の後には、平和が続く新しい千年の幕開けになるともいっています。

シャーマンたちにとってさらに重要な内容は、時間の流れに亀裂が生じ、未来への新しい扉が開き、そこから新人類が出現するという預言です。ドン・アントニオは「ホモ・サピエンスはもう消滅する。新しい人類は『ホモ・ルミナス』（訳注：光輝く人）だ。もうこの瞬間にもどんどん生まれてきている」とよく話してくれました。興味深いことに、私の師は「生物学者たちが言っているように進化は時代の間で起きるのではなく、一つの時代の中で起きる」と言っていました。つまり、私たちが新しい人類だということです。待っていた救世主は、自分たちだったのです。もはや「なりたい自分へ大きく飛躍できるのか？」ではなく、「突き進むしかない」のです。

ドン・マヌエル・キスペは、本当に世界的な視点を持っていました。彼は、地球に暮らす人類の運命は、皆お互いに絡み合っていることを理解していました。インカの預言は、ホピやマヤのものと同様に、すべての人種、世界中の人々への預言です。その基盤は「ムナイ」、つまり無条件の愛の力です。

ドン・マヌエル・キスペは、とても個人的な儀式にも、私を何度も招いてくれました。クスコの郊外で行われた儀式では、インカでダライ・ラマに匹敵する最高齢のメディスン・マンと対面する機会がありました。皆でインカの遺跡の中に座っていました。そこはすでに標高三千三百メートルありましたが、周りにはさらに二千メートル程高い山々がそびえ立っています。

シャーマンが三枚のコカの葉を指の間に持ち、祈り始めました。祈りを葉っぱに吹きかけ、母なる大地と山々のスピリットに呼びかけました。私には雪に覆われた山々が、その儀式に参加しているように感じられました。突然、山々は周りから消え、上に移動したり、また横に来たり、もしかしたら私が山の緑の渓谷の間に移動したのかもしれません。彼は、その癒しの儀式とインディオの叡智は地球全体のものであると信じていました。聖山であるアウサンガテへ探究の旅をした時、このことは私の中でも明確な真実となったのです。

私たちはパチャンタ・パンパの標高四千三百メートルのキャンプ場まで行く、最後の旅の準備をしていました。私は、次の六日間をインカの長老たちとともに暮らし、食事をともにし、儀式に参加することになりました。

アウサンガテ山は海抜約六千七百メートルあり、「嵐に包まれた山」として知られています。私たちは、南米では真冬にあたる七月から登り始めました。伝説によるとシャーマンたちが「ファカ」と呼ばれる、最も力があるとされる山の心臓部に当たる場所で儀式を行う時には、通常雲に覆われている山から雲が切り開かれていくといわれています。

「馬に乗る前に馬の目隠しをする必要がある。怖がるからな」と、一人のインディオがスペイン語とケチュア語を混ぜて言いました。私はポニーより少し大きい程度の私の馬を見ながら、バンダナで目を覆い「やれやれ」と吐く息の中で呟(つぶや)きました。

「彼は良い馬だよ」と、インディオは私のためらいを見て言いました。

「小さいけど良い馬だ。大きい馬はこの標高では心臓がもたないんだ」

私は空を見上げました。青空は少しも見えません。それどころか、今にも雪が降りそうな気配です。今日はついてないと思いました。目隠しをされた私の馬を持ってくれている人に向かって、こう言いました。

「やっぱり歩こうと思う。ムーチョス・グラシアス」

ファカは、聖なる場所であると同時に危険な場所でもあります。次元の境が薄くなり、時空的な感覚がぼやけます。このような場所は、カウサイ（原注：創造主の源のエネルギー）がこの世に染み込んでくる場所であり、シャーマンが過去の事象に影響を与えたり、未来を読むことを可能にします。

インカのファカの中で最も力のある場所が、このアウサンガテ山です。毎年七万人の巡礼者、多くはメディスン・ピープルがこの山に集結しますが、この場所で「コロー・リイティ（Collor R' iti）」（訳注：プレアデスの再来を祝う祭典）と呼ばれる、南米で最も大きな祝祭が行われます。祝祭は、山でも公衆が集まる場所で行われますが、我々はドン・マヌエルと長老たちだけが知る氷河の麓にある山の心臓部に向かいました。これからの時代を読み解くインカの預言を目撃するためです。

標高四千三百メートルでは、一歩一歩が瞑想でした。トレッキング三時間を経過した時点で、私は目隠しの有無に関係なく、馬をおいてきたことを後悔しました。しかし思いがけない祝福は、五十人のシャーマンたちと一緒に歩く体験ができたことです。私の横にはドン・マヌエルがいました。彼は私に、インカの人は馬には乗らないと説明しました。「馬はスペイン人のものだ」と彼は言います。

もう一派は、馬で登るのに適した迂回ルートを辿っていました。私たちは膝まで氷河の溶けた川の中を登っていくルートでした。私のゴアテックスのブーツでさえ、水が浸透してきています。女性群が、古いタイヤで作った自分たちのサンダルのほうがよっぽど良いと笑っていました。酸素の薄い空気の中でも早く乾くからです。

ドン・マヌエルが、こう説明しました。

「私たちは時の始まりの頃から山に住んできた。クスコの町ができるずっと前からだ。ナーウパ・ルナ（原注：この世以前からいた人々）が、『太陽の子どもたち』によって追放された後、先祖たちは山頂に住むようになったんだ。私たちはずっとアプ、つまり聖山に住んできた」

スペインから征服者たちが来た時、インカのシャーマンの一部が教会や征服者から逃れるために山頂に戻ってきました。彼らは、何百年と遠い昔の伝説の中だけの存在だと思われていましたが、五十年近く前に、彼らがコロー・リイティの祭典の際に山頂から降りてきたのです。そしてメディスン・ピープルによって、彼らが最後の「太陽の子どもたち」だと認識されたのでした。

伝説によると、彼らが太陽の紋章の付いたポンチョを着て最初に現れた時、何千人もの集会の中に道が自然と開け、長老たちが彼らを歓迎し、「あなたたちが来るのを、五百年の間待っていました」と言ったそうです。

ドン・マヌエルに、なぜ山頂から降りてきたのかと聞くと、預言の中で告げられた、と答えました。五百年の間、彼らはスペインの征服者たちの成り行き、川の汚染、都市の建設、気象の変動、他の予兆などをずっと観察していました。彼らは預言を信頼し、時の終わりが来るまで待っていたのです。

ドン・マヌエルは、説明してくれました。

「誰だってただの占い師になることはできる。私たちは、技法や通過儀礼の母体の守り人であり、地球と地球人の本来のあり方、これからどう進化するべきなのかを示す案内人だ。これらの儀礼は、我々先住民だけのものではなく、世界人類全体のためだ。これは『モソック・カーパイ』、つまり来たるべき時の通過儀礼だ」

ドン・マヌエルに、「その儀礼とは、どのような内容ですか？」と私は聞きました。

「我々の預言は石に書かれている。我々は君たちのように文字を持たない。織物と石があるだけだ。古代都市マチュピチュとその石が理解できたらわかるだろう」

彼は続けて説明しました。

「クスコはわかるか？　マチュピチュはクスコの縮小版なのだ。クスコを理解すればインカ帝国全体が理解できる」

この時点で、彼は少しの間、話すのをやめました。私は息を整えるために、大きな石にしばしもたれかかりました。あと二キロ程でアズルコチャ、山の心臓部であるブルー・ラグーンのあるベース・キャンプに到着します。周りには、私たちと同じく巡礼の旅に来た人たちが残していった、たくさんの「アパチェタス」と呼ばれる祈りの石積みが見られます。石積みは、とても注意深く重ねられており、高さ百五十センチから百六十センチ程ある塔になっています。私がもたれかかっていた石の上にも、アパチェタスが造られていました。

ドン・マヌエルは、その石がここから山の心臓部の内なる空間に入ることを印している、と言いました。

彼は私の隣にしゃがんで、自分のメサ、つまりシャーマンなら誰もが持って歩く、自分の石のコレクションと儀式用の道具の入った包みを開きました。

「メサを理解できたなら」と言いながら、ドン・マヌエルは大事そうにゆっくりと包みを開き、中に入っている石を見せ、「マチュピチュと預言が理解できる」と言いました。

シャーマンは、自分のヒーリングの過程でメサを手に入れていきます。それぞれの石は、自分の負った傷が叡智と勇気に変換された象徴です。

この過程を通じて、シャーマンは、カルマの刻印を自分の光輝くエネルギー・フィールドの中から消去し、さらにチャクラの中に籠っていた毒素を消去していきます。シャーマンは、過去の刻印から解放され、将来どのような存在になるのか、その情報を得ることができるようになります。そしてシャーマンのチャクラは光輝く糸を出し、その糸は時間という生地の中で伸びていき、無限にアンカーを降ろします。この光の繊維を通して、過去や未来の叡智と教えが流れてきます。

それにより、シャーマンは古代の物語を思い出し、まだ語られていない未来の物語も思い出します。そして、シャーマンの新しい体は、今までとは異なる歳の取り方や癒しを体験し、死に方も変わっていきます。シャーマンはインカの太陽の子となり、ホモ・ルミナスへと変貌していくのです。

暴政の時代の終結については、すべての宗教書物に預言されている。ユダヤ教ではメシア、つまり救世主が終末期に出現するとされている。キリスト教では、イエス・キリストが出現した時に終末が訪れ、「生者と死者が蘇り審判を受ける」といわれる。時の流れが一方向にしか流れないと想定されており、終末とは分や秒がなくなった時に起きるように思われているのは興味深い。

アントニオ、ローラ、マヌエルとその弟子たちからの話で、時間の外に出ることは、一つの過程であり、遠い未来の話ではないことに気づいた。

その鍵となる要素は「イルミネーション・プロセス」だ。

聖なる空間を開き、しばらくの間その空間を保持し、ヒーリングの目的のためのカウサイのエネルギーを取り込む代わりに、彼らはその空間に入り、「テクセムヨ」と呼ばれる源へ還るのだ。イエズス会の神父である友人に、この儀式に連れていってくれないかとずっと頼まれているが、私は断っている。この儀式では、シャーマンはいまだ神と対話をしていて、「エデンの園」から追放されていない、死ぬことのない自己を取り戻しに行くのだ。これは恐れ知らずでないとできない。他のすべての人々は永遠性を切望しているのに、シャーマンたちは「今夜やるか？」といった感じだ。

問題は、私たちが思っている時間というものは、因果関係と結びついていることだ。原因があって結果がある。今日、自分がどのような人物になっているかは、昨日起きたことや十年前に起きたことの結果なのだ。

因果関係という呪いをかけている人の一部は、心理学者だ。彼らはクライアントの幼少期に植えられた種から出た芽を摘み、葉っぱをかき集め、茎を切り落とすが、根っこから抜く作業をしない。病気の原因ばかり探り、未来の可能性という種を植えることを忘れている。因果関係に縛られていると、普通の一般的な世界から脱出できない。

私は、因果に囚われない関係に興味を抱く。アントニオいわく、私と彼の出会いは、彼が仕組んだことだそうだ。彼は見つけようとしても見つかる場所にはいないと主張する。五百年の間、スペインの侵略者たちや宣教師らも彼と彼の民を見つけることができなかったのに、どうして私ごとき者が彼と出会うことができたのだろうか？

今夜は時の流れの外に出るにはちょうど良い。「無限」は辛抱強いから。

日記より

訳者あとがき

「インカの民は、魂には三つの部分があると信じています。人が死んだ時には、魂の一部（変化する部分）は大地に還り自然の中に吸収され、すべての命と一つになっていくといいます。もう一部（パワーと叡智の部分）は、聖なる山々に還り、三つ目の部分（不変の部分）は、太陽に還るといいます」

本書の中で、この部分が印象に残っています。

シャーマニズムから学べることとは、大地や天、それから動物のスピリットが象徴する特徴から、自然界の中に答えを見いだすことだと思います。その性質は、自分の中にもあることを思い出すために、もっと自然の中で時間を過ごすことが大事だと教えてくれています。

自然界とかけ離れた生活をしている人々が増えてきた現代で、本当の人生の豊かさ、人間である意味や目的を、今一度、この本を通じて思い返してもらえたら嬉しいです。

そして、第9章は、私の中で一番印象に残っている章です。

一生の中で、生まれる時と死ぬ時が一番ドラマチックな瞬間だと思いますが、特に、今生の幕をどう閉じるかというのは、本当に大事だと思います。

死が近づくと、人生を振り返る時間も増えてくると思いますが、それを周りの家族が手助けしてあげることができたなら、本当に素晴らしいことです。日本ではキリスト教の方は少ないので、幸い最後に胸に十字をかけ、魂を封印されてしまうことはないと思いますが、この最後の解放のプロセスを行うことができたら、魂にとっては、本当に素晴らしい旅立ちになるだろうなと想像します。

私は、著者ヴィロルド博士の学校『ヒーリング・ザ・ライトボディ・スクール』で学んだ生徒の一人ですが、死ぬ練習を皆でしました。死んだことにして、葬儀をしてもらいました。葬儀で皆が集まり、私のことをいろいろと良く言ってくれているのを聞くのも嬉しかったです。

そして、魂を解放する擬似体験をしました。これは不思議と、なんとも晴れ晴れとした気持ちになるものです。

「死」は、怖いものだと思っている人が多いと思います。しかし、死への恐怖を手放すことも、この本を通じて理解してもらえたら嬉しいです。

「彼は、死ぬ瞬間に、大いなる『スピリット』の光の夜明けによって、自由を獲得すると完全に信じていました。その瞬間、世界の頂点から夜明けを見ているような感じになると、彼は説明しました。世界一高い山々よりも、自分のほうが背が高くなるのです。

そして夜明けは外で起きているばかりでなく、腹の中でも同時に太陽が昇り、生きとし生けるすべての命が内側で融合します。自分が夜明けの光と一体であることを知覚します。光輝に身を委ね、包まれ、それと一つになります」

ここを読んだ時に「早く死を体験したい！　死ぬのが楽しみだ！」と思いました。本当に病院で薬づけになって死ぬような状態を避ける必要があると痛感したのです。

私の両親は、「絶対に病院には連れていくな」と言っています。家で安心した状態で最期を迎えることができたら、最高だと私も思います。

＊＊

「因果関係に縛られていると、普通の一般的な世界から脱出できない」

時の流れの外に出る必要がある……私もアヤワスカのセレモニーをペルーで二十回程体験し、時間の流れの外に出た世界を見ましたが、これも深く理解していかなければいけない課題だと思っています。

＊＊

南米で最も大きな祝祭「コロー・リイティ」は、「プレアデスの再来」という意味があり、プレアデス星団が見える季節に行われます。

かつて私はハワイ島に住み、ハワイの叡智もずっと学んできましたが、ハワイでも一番大きな祭りは、「マカヒキ」と呼ばれる収穫祭で、やはりプレアデス星団が見える秋から始まるのです。

何万年も前にあったといわれるムー大陸に住んでいたムー人の末裔であるハワイアンと南米のインディオたちは、やはりプレアデスから来ているのかもしれないと想像を膨らませています。

「ホピやインカの預言によると、地球全体が第五の世界に突入するといわれています。私の師が以前に、『私たちはとうもろこしを育てるためだけにここに来たのではない。人々を神へと育てるために来たのだ』と言ったのは、このことであると私は確信しています」

「インカのシャーマンたちによると、次のパチャクティはすでに始まっており、激動と混乱は二〇一二年まで続き、この期間に世の中は上下が逆さまになるであろうといわれています。

インカの人々にとって、パチャクティとは『世界の終わり』を表しています。預言には絶滅の可能性もあるとしながら、この激動の後には、平和が続く新しい千年の幕開けとなるともいっています」

この原書は二〇〇〇年に出版されました。当時はマヤのカレンダーが二〇一二年の冬至で終わっていることから、そこで大きな変化が起きるといわれていましたが、人類の目覚めが実際には予定より遅れており、今まさにその激動の時代が終わり、世界が大きく変わろうとしていると感じます。

そういう意味でも、これからの新しい世界に必要な知識を、今ご紹介できることを嬉しく思います。

イモムシがさなぎになり、そこから蝶に変貌していくのと同様に、人類はホモ・ルミナスに変貌する瞬間が来ています。これからの輝かしい時代がとても楽しみです。

この本は、何度も読んで、理解を深めたい本だと思っています。

私のつたない翻訳を読みやすくしてくださった編集者の澤田美希さん、サモス礼子さんと、この本の出版を可能にしてくれたナチュラルスピリットの今井社長にも深く御礼申し上げます。

カミムラ　マリコ

【ふ】

【へ】

【ほ】

【す】

【く】

【け】

【こ】

【さ】

【し】

索引

＜著者＞

アルベルト・ヴィロルド　Alberto Villoldo, Ph.D.

20代の頃はサンフランシスコ州立大学にて医療人類学の非常勤教授をしていたが、西洋医学の知識をすべて捨て、15年間ペルーのアマゾンとアンデス山脈のシャーマンのもとで修行を重ねてきた。

インカのシャーマンとして最高位の認定を受け、その後エネルギー・メディスンを毎年、多くの医療関係者やセラピストたちに教えている。

食事療法とエネルギー・メディスンを組み合わせた内容を教える学校『Four Winds Society』の創設者であり、南米チリに住まい兼学校があり、米国ロサンゼルスにも事務所を構える。

ヴィロルド博士はこの本以外にも10冊の著書を出版。

アマゾンやアンデス山脈での冒険については著書『Dance of the Four Winds』や『Island of the Sun』（邦訳未刊）に綴られている。

邦訳本に『ワン・スピリット・メディスン』（ナチュラルスピリット）がある。

ウェブサイト：https://thefourwinds.com/

＜訳者＞

カミムラ マリコ

山梨県清里在住。古代ハワイの叡智を15年ほど学んだ後に、南米のシャーマンの世界に興味を待ち始め、2016年からペルーのシャーマンのもとに通う。その後ヴィロルド博士の存在を知り、チリの『ヒーリング・ザ・ライトボディ・スクール』にて学び、2019年にコースを修了。
著書『アロハ・スピリット　笑顔の幸則』（ナチュラルスピリット）
　　オラクルカード『アロハ・ウハネ・カード』
訳書『老子の言葉』（谷川太一 著）、英訳『Tao Te Ching for
　　Everyday Life』（電波社）
ブログとYouTubeチャンネルは、Ma'at（マータ）の名前を使っている。
ブログ：https://blog.goo.ne.jp/apu-medicina
ヒーリング・セッションについてなどのお問い合わせ先
Eメール：apumedicina48@gmail.com

シャーマン・ヒーラー・賢者
南米のエネルギー・メディスンが教える自分と他人を癒す方法

●

2023年5月26日　初版発行
2023年11月5日　第3刷発行

著者／アルベルト・ヴィロルド
訳者／カミムラ マリコ

装幀／森脇智代
DTP／小粥 桂
編集／澤田美希

発行者／今井博揮
発行所／株式会社 ナチュラルスピリット
〒101-0051 東京都千代田区神田神保町3-2 高橋ビル2階
TEL 03-6450-5938　FAX 03-6450-5978
info@naturalspirit.co.jp
https://www.naturalspirit.co.jp/

印刷所／モリモト印刷株式会社

ISBN978-4-86541-439-2 C0011